Study on Credit Financing of Small and Medium Enterprises
-Basis on Perspective of Symbiosis Theory

赵玉珍 著

中小企业信贷融资研究
——基于共生理论的视角

图书在版编目（CIP）数据

中小企业信贷融资研究：基于共生理论的视角/赵玉珍著.—北京：经济管理出版社，2014.8

ISBN 978-7-5096-3212-3

Ⅰ.①中… Ⅱ.①赵… Ⅲ.①中小企业-信贷-研究-中国 ②中小企业-融资-研究-中国 Ⅳ.①F832.42

中国版本图书馆 CIP 数据核字（2014）第 147960 号

组稿编辑：高晓霞
责任编辑：张　马
责任印制：司东翔
责任校对：吴　霞　超　凡

出版发行：经济管理出版社
（北京市海淀区北蜂窝 8 号中雅大厦 A 座 11 层　100038）

网　　址：www.E-mp.com.cn
电　　话：（010）51915602
印　　刷：大恒数码印刷（北京）有限公司
经　　销：新华书店
开　　本：720mm×1000mm/16
印　　张：15.25
字　　数：242 千字
版　　次：2014 年 8 月第 1 版　2014 年 8 月第 1 次印刷
书　　号：ISBN 978-7-5096-3212-3
定　　价：48.00 元

·版权所有　翻印必究·

凡购本社图书，如有印装错误，由本社读者服务部负责调换。
联系地址：北京阜外月坛北小街 2 号
电话：（010）68022974　邮编：100836

序

臧跃茹

中国改革开放30多年以来,在相关政策引导下和激烈的市场竞争中,中小企业从无到有、从小到大,日益成长为我国经济社会发展的重要基础,对国民经济的贡献率已经超过一半以上,是拉动中国经济增长、带动经济转型升级、保持社会和谐稳定、支撑经济可持续发展的重要力量。中小企业具有市场反应灵活、运作高效、成长性强等特点,在发挥促进就业、增加税收、满足多样化需求作用的同时,顺应国际上创新载体具有小型化、网络化、信息化、去集权化、个性化的趋势,中小企业"专精特新"发展对于提升创新能力作用逐步增强。当然,点多面广的中小企业是微观市场竞争的主体,中小企业健康成长对于完善市场主体结构、推动经济社会发展更有效率、更加公平方面的贡献也在逐步增大。

然而中小企业在国民经济发展中的上述地位和作用,并不能消除其发展过程中面临的困境。当前中小企业在我国仍属于"强位弱势"群体,面临发展层次不高、成本压力大、金融支持不足、投资壁垒较多等问题,其中最主要"瓶颈"仍然是融资难问题。由于我国金融开放不足、体系不健全等原因,资本市场和债券市场远远不能满足中小企业的资金需求,80%以上的中小企业资金需求是通过间接融资渠道获得的。然而,面对我国行业覆盖广泛且日益增长的中小企业信贷融资需求,供给方面的融资支持严重不能满足需要,将中小企业信贷融资问题作为本书研究的切入点,具有重要的现实紧迫性和研究价值。

本书系统地梳理了中小企业的主要融资理论和金融共生相关理论,对我国中小企业现状及信贷融资现状、面临的问题进行了分析,并对美、日、韩三国中小企业信贷融资经验进行了借鉴,以此为基础,构建了自己的中小企业信贷融资共生体系分析框架,提出了以社区银行为核心,以现有银行业金融机构和民间金融为两翼，其他融资主体为补充的中小企业信贷融资共生体系，这是前人没有做过的、具有一定开创性的尝试。在构建了中小企业信贷融资共生体系的分析框架之后，对中小企业与银行类金融机构、与民间金融的关系进行共生度的测算，其实证分析有一定价值。然后面向未来构建了中小企业与银行类金融机构、与民间金融的共生模式，并从多个角度提出缓解中小企业融资难的对策建议。作者在本书的最后部分还对共生环境展开了论述，分别包括政策和制度因素、担保体系、信用体系以及技术和人才支持等因素，为中小企业信贷融资共生体系的发展提供有力的支撑和保障，对于完善我国中小企业信贷融资体系具有较强的参考价值，也使本书体系更加完整。

基于共生理论这一全新的视角来研究中小企业信贷融资问题，是一项涉及面广、实践性强、内涵丰富的工作，本书主要创新之处表现在：

(1) 从共生理论的视角出发研究中小企业融资问题，突破了前人的研究范式，实现了理论方面的创新。现有的中小企业融资支持体系研究，多从新制度经济学、信息不对称、博弈论、社会资本等视角展开研究，而作者将共生理论引入中小企业的融资研究中，在进一步完善中小企业融资理论的同时，开拓了共生理论新的研究领域。

(2) 作者构建了中小企业信贷融资共生体系，创新性地提出了以社区银行为中心、以现有银行业金融机构和民间金融为两翼的"一体两翼"共生模式。

(3) 作者测算了中小企业和银行业金融机构、中小企业和民间金融的共生度和共生系数，实现了实证研究方法的创新。在测算中小企业和民间金融共生关系时，利用柯布—道格拉斯函数建立了共生关系模型，也具有一定的创新性。

当然，鉴于中小企业融资特别是民间金融相关数据获取具有一定的困难，因此共生系数的测度可能有不完善之处。写作中对于其他融资模式，特别是新兴的互联网金融也没有被纳入分析研究的视野。但是，值得肯定的是，作者努力的方向是正确的，其理论意义和实践价值都很强，带动相关研究在共生的平台上，搭建起理论体系和共生环境，包括政策支持体系，促进共生系统中各主体、各机构协调配合运转顺畅，为解决中小企业融资困难、支持中小企业健康发展提供了系统性保障。

2014 年 6 月 12 日于北京

前 言

中小企业作为各国经济发展和社会稳定的重要支柱，在拉动内需、增加就业、转变经济增长方式和调整产业结构方面具有重要意义。然而我国中小企业在经济发展中属于"强位弱势"的群体，面临很多困难。人才、技术、资金是中小企业健康发展最为关键的三个要素，人才和技术的短缺在很大程度上是由于没有足够的资金支持造成的。目前中小企业主要的外来资金来源是信贷融资，本书从共生理论的视角出发，构建了中小企业的信贷融资支持体系，研究内容包括如下三部分：

第一部分是研究基础，包括引言、理论综述、现状和国外研究经验。第一章重点分析研究背景、研究意义以及本书的结构安排、研究框架和研究方法。第二章从中小企业、信贷融资的概念界定开始，对中小企业信贷融资的相关基础理论进行阐述和简要述评，并重点介绍金融共生理论，为后续研究打好坚实的理论基础。第三章首先介绍了我国中小企业的发展现状，提出目前中小企业面临的主要问题是融资问题，然后重点论述中小企业信贷融资的现状，并从企业自身和外部环境两方面分析企业融资难的原因，为后续研究做好铺垫。第四章重点介绍美、日、韩三国中小企业信贷融资状况，为我国中小企业信贷融资提供经验和借鉴。

第二部分是核心内容，包括共生体系的构建和实证分析部分。第五章重点构建了中小企业信贷融资共生体系，提出"一体两翼"的共生模式，即以社区银行为核心，以现有银行业金融机构和民间金融为两翼，以其他融资主体为补充，共同为中小企业提供信贷融资支持。第六章从实证的角度分析我国中小企业和银行类金融机构之间的共生度和共生系数，明确我国中小企业和银行类金融机构的共生关系。第七章构建了中小企业和银行类金融机构的共生模型，将银行类金融机构分为小银行和大银行进行了优势比较。明确指出小银行的发展重点是社区银行，在对中小企业与社区银行的共生模式、共生机制和共生关系进行分析的基础上，提出鼓励民营资本组建社区银行的观点。同时明确了大银行在为集群中小企业提供融资服务方面具有优势，并详细分析了中小企业集群与大银行的共生模式、共生机制和共生关系，探讨了几种中小企业集群发展模式。第八章从实证的角度分析我国中小企业和民间金融之间的共生度和共生系数，明确民间金融与中小企业之间存在共生关系。第九章在对民间金融和正规金融进行比较的基础上，构建了中小企业与民间金融共生模式，并详细分析了其共生机制和共生关系，最后对民间金融的发展提出具体的对策建议。第十章对共生环境展开论述，分别包括政策和制度因素、担保体系、信用体系以及技术和人才支持等因素，为中小企业信贷融资共生体系的发展提供有力的支撑和保障。

第三部分是结论部分，重点阐明了本书的基本结论与研究展望。第十一章在对全文进行总结的基础上，对我国中小企业信贷融资的未来发展与研究进行展望。

总之，我国中小企业信贷融资共生体系的研究是一项涉及面广、实践性强、内涵丰富的工作，对于解决我国中小企业的融资难题具有非常重要的理论意义和现实意义。展望未来，我国将逐步建立起中小企业和信贷机构之间的共生体系，进而建立全面的融资支持体系，促进我国中小企业的快速发展。

作　者

2014 年 6 月 13 日

目　录

第一章　绪论 ………………………………………………………… 1
　　第一节　问题的提出 ……………………………………………… 1
　　第二节　体系结构 ………………………………………………… 6
　　第三节　创新点、难点和不足 …………………………………… 11

第二章　相关概念和理论综述 ……………………………………… 13
　　第一节　相关概念的界定 ………………………………………… 13
　　第二节　有关信贷融资的理论 …………………………………… 22
　　第三节　金融共生理论 …………………………………………… 33

第三章　中小企业发展和信贷融资现状 …………………………… 41
　　第一节　我国中小企业发展概况 ………………………………… 41
　　第二节　我国中小企业信贷融资概况 …………………………… 54

第四章　中小企业信贷融资国际经验 ……………………………… 73
　　第一节　美国小企业信贷融资 …………………………………… 73
　　第二节　日本中小企业信贷融资 ………………………………… 78
　　第三节　韩国中小企业信贷融资 ………………………………… 83
　　第四节　各国经验对中国的启示 ………………………………… 87

第五章　中小企业信贷融资共生体系构建 ………………………… 91
　　第一节　共生体系的一般性分析 ………………………………… 91

第二节 总体框架和基本思路 …………………………………… 103
第三节 构建中小企业与信贷机构的 Logistic 共生成长模型 ………… 111

第六章 我国中小企业和银行共生关系实证分析 …………………… 118
第一节 研究基础 ………………………………………………… 118
第二节 数据检验 ………………………………………………… 122
第三节 实证分析 ………………………………………………… 125

第七章 构建中小企业与银行的共生模式 …………………………… 133
第一节 银行定位问题研究 ……………………………………… 133
第二节 中小企业和社区银行的共生 …………………………… 138
第三节 中小企业集群和大银行的共生 ………………………… 153

第八章 中小企业和民间金融共生关系实证分析 …………………… 165
第一节 我国民间金融规模的测算 ……………………………… 165
第二节 模型建立和检验 ………………………………………… 171
第三节 实证分析 ………………………………………………… 175

第九章 构建中小企业和民间金融共生模式 ………………………… 179
第一节 民间金融的比较优势 …………………………………… 179
第二节 中小企业和民间金融共生性分析 ……………………… 183
第三节 民间金融的发展建议 …………………………………… 191

第十章 中小企业信贷融资共生环境 ………………………………… 196
第一节 共生环境的概况 ………………………………………… 196
第二节 政策和制度保障 ………………………………………… 197
第三节 信用担保体系 …………………………………………… 202
第四节 征信体系的建设 ………………………………………… 206
第五节 技术支持和人才支持 …………………………………… 210

第十一章　基本结论和研究展望 ………………………… 214
　　第一节　基本结论 ……………………………………… 214
　　第二节　研究展望 ……………………………………… 216

附表　中小微企业划型标准参考 ……………………………… 217

参考文献 ……………………………………………………… 218

后记 …………………………………………………………… 232

第一章 绪 论

第一节 问题的提出

一、选题背景

当前世界经济仍处在深度调整和缓慢复苏的态势当中,中国经济进入了一个新的发展阶段,经济增长速度呈现逐渐放缓的态势。中小企业是各国经济发展和社会稳定的重要支柱,是一个国家经济活力所在。在现代经济体系中,中小企业的发展离不开金融的支持,必须通过金融市场获得资本支持从而进行扩大再生产。如果没有金融体系的支持,中小企业仅依靠自身的积累难以满足自身发展和扩张的需要,外部融资已成为其发展壮大的必由之路。

(一)中小企业在经济发展中处于"强位弱势"

尽管中小企业为经济的发展做出了重要贡献,然而中小企业在我国仍属于"强位弱势"群体。一方面,中小企业作为一个整体对于推动一国经济增长具有非常重要的作用,中小企业的发展,不仅可以繁荣市场、扩大就业,增加税源、开辟新的经济增长点,还可以带动相关产业的发展,并发挥调整优化经济结构和维护社会稳定的作用,是我国经济社会中最活跃的细胞。另一方面,单个中小企业由于先天的劣势和自身的不足在社会中始终处于弱势地位,在融资、技术、管理模式、人才、市场竞争环境等方面，存在着诸多制约因素，其中融资难成为当前制约中小企业发展的最大"瓶颈"，而且金融约束对越小的企业产生的影响越大。尽管有研究表明我国新增贷款的52.5%贷给了中小企业，但小企业只获得了8.5%的贷款，微型企业的份额则更低，这说明银行发放的中小企业贷款都流向了中型企业或大型企业的子公司，小企业获得信贷融资的机会相对较少。由于缺乏有效的金融支持，中小企业在进行研发活动时可能由于资金不足导致研发活动的中止乃至新技术产业化的进程，这不仅影响企业自身的发展，也会影响整个国家技术进步和经济增长方式的转变，因此完善的融资支持体系对中小企业来说尤为重要。

（二）国家高度重视中小企业的融资问题

近年来，我国对中小企业的融资问题非常重视，科技部、财政部、一行三会（中国人民银行、中国银监会、中国证监会和中国保监会）以及金融机构等多个部门不断探索建立新兴金融合作机制，加强对中小企业的金融支持。2005年8月，中国银监会制定和发布《银行开展小企业贷款业务指导意见》，提出了可持续的中小企业贷款模式，从政策层面引导和支持对中小企业的贷款发放。2009年，在国务院《发挥科技支撑作用 促进经济平稳较快发展的意见》的影响下，为了进一步贯彻落实《国家中长期科学和技术规划纲要（2006~2020年）》和《国务院办公厅关于当前金融促进经济发展的若干意见》，进一步加大对中小企业的信贷支持。2011年，国务院常务会议通过研究确定了支持小型和微型企业发展的九项金融财税政策措施，重点提出银行业等金融机构对小型和微型企业的贷款增速不能低于全部贷款的平均增速，同时明确增量要高于上年同期水平，并对达到上述要求的小型金融机构继续执行较低的存款准备金率，细化对小微企业金融服务的差异化监管政策，清理对金融机构的不合理收费，促进小金融机构改革发展以及民间借贷的健康发展。2012年2月初又专门开会确定了进一步支持小微企业发展的4项措施，中央安排150亿元设立中小企业发展基金支持初创小微企业，并安排一定比例的政府采购专门面向小微企业。2012年4月通过《关于进一步支持小型微型企业健康发展的意见》，出台8个方面29条支持中小企业健康发展的政策措施，致力于缓和中小企业的融资难题，支持中小企业发展。2013年7月，中央发布《关于金融支持经济结构调整和转型升级的指导意见》，提出整合金融资源，鼓励地方政府建立中小企业信贷风险补偿基金和融资性担保公司等支持中小企业发展。2013年8月，国务院公布的《关于金融支持小微企业发展的实施意见》，确定了继续坚持小微企业贷款增速和增量"两个不低于"的金融服务目标。结合中央政策，发改委、工信部、财政部、科技部、税务总局等多家部委相继出台了落实政策，这对于中小企业融资问题的解决具有一定的指导意义。

（三）信贷融资是我国中小企业主要的外部资金来源

尽管我国已经出台了一系列政策支持中小企业的发展，但融资难一直困扰着我国中小企业的发展，成为制约其持续、健康、稳定发展的主要因素。由于存在融资难的问题，我国中小企业创业初期的资金主要来源于自有资金或向亲友借款。当企业发展到一定阶段之后，在自有资金无法满足其经营需求的情况下，需要进行外部融资，发达国家中小企业融资的方式一般有两种，即以信贷市场为主的间接融资和以资本市场为主的直接融资。但尽管目前我国资本市场发展较快，中小企业板、创业板、新三板扩容等对于促进发展较好的中型企业融资起到了积极的作用，但对于广大中小企业来说还是望尘莫及。在债券市场上，中小企业集合债、中小企业集合票据发展相对缓慢，而且风险投资体系不健全，缺少专门向创业期中小企业提供股权融资的风险投资机构，因此其成长期持续的、不断增长的资金需求只能由信贷融资来满足。根据《中国中小企业金融服务发展报告（2013）》的研究资料显示，32%的中小企业全部依靠业主资本和内部留存收益维持生产经营，只有不到1%的中小企业能够实现公司债券和资本市场股权融资，大部分企业的外来资金是依靠银行和民间金融等信贷融资。

我国中小企业大部分都是民营企业，难以从正规金融机构获得足够的资金支持，不得不求助于民间金融。民间金融借助地缘、血缘和业缘优势可以有效地克服融资过程中的信息不对称问题，而且担保形式和贷款程序相对灵活，可以跨时间、跨空间、跨主体地去配置资源，正好契合了中小企业短、少、频、急的资金需求特点。同时民间金融依赖于嵌入在社会关系网络中的集体惩罚机制和声誉机制，借助于隐含的保险、关系型信用替代实物抵押，达到了社会性约束和自律相结合的履约机制。然而我国民间金融起步相对较晚，在缓解中小企业融资难的同时，呈现出趋利性、隐蔽性、无序性和分散性的特点，而且国家对民间金融的监管较严，导致其难以满足中小企业的融资需求，甚至带来一定的金融风险和社会风险等。

（四）建立完善的信贷融资支持体系是缓解中小企业融资难的关键

中小企业具有一定的金融弱质性，与各融资主体之间处于不对等的关系，在融资过程中始终处于劣势地位，而且各融资主体在对中小企业进行融资支持时几乎处于分离状态。而金融体系改革较为复杂，与我国其他方面的改革具有很强的依赖性，改革的速度和政策的推进比较缓慢，不能单纯通过金融体制改革和金融体系创新来缓解中小企业融资难。因此有必要将体制改革、金融创新、金融机构、信用评级、保险、担保等各个独立的主体纳入到统一的系统中来，进行系统设计、整体考察来解决中小企业融资难的问题。共生理论是指不同种属的生物生活在一起，这些生物之间保持着永久的某种程度的互相联系，在相互依存的过程中实现了协同进化。而信贷机构必须服务于企业才能体现其价值，而企业的发展离不开信贷机构的支持，因此信贷机构与企业这两个经济主体之间存在着一种相互依存的共生关系。因此本书从共生理论的视角出发，推动中小企业和信贷机构之间按一定的方式相互作用或结合，实现各主体之间的互利共生关系，构建中小企业信贷融资支持体系。这不仅将中小企业和信贷机构紧密地联系在一起，而且有助于改善中小企业的弱势地位、降低信贷机构的风险，从而有效地缓解中小企业的融资难题。

综上所述，实现和谐社会、和谐金融是社会经济和金融内生机制的最佳状态，尽管国家出台了一系列政策来缓解中小企业的融资难题，我国中小企业在融资过程中始终还处于弱势地位。由于我国资本市场发展缓慢，在缓解中小企业融资过程中的作用相对较弱，导致我国中小企业的外源融资主要来自银行和民间金融等信贷机构。而单纯依靠金融体制改革、金融体系创新或某一信贷机构的力量难以从根本上解决中小企业融资难题，需要将各融资主体纳入到一个系统中来进行整体设计，从而实现利益共享、风险共担的互利共生关系。从共生理论的视角出发，构建中小企业信贷融资支持体系，考虑了各融资主体的利益、利益的平衡以及风险的分担，对于各融资主体来说都具有非常重要的意义，也易于保证各融资主体之间稳定的合作关系，从而达到缓解中小企业融资难的目的。因此，从共生理论的视角出发，建立起中小企业和信贷机构之间的共生体系来支持中小企业的发展具有非常强的必要性和可操作性。

二、现实意义

从共生理论的视角出发研究中小企业融资难题是新时期发展中小企业的必然选择，具有十分重要的现实意义。

（1）对国民经济发展具有重要意义。从共生理论的视角出发将各个相互独立的融资主体与中小企业联系在一起，通过各融资主体之间的互利共生缓解中小企业的融资难题，不仅有助于解决就业和加快城镇化步伐，而且有助于中小企业自身科技含量和竞争力的提高，加速企业的转型升级，带动我国产业结构的调整和经济增长方式的转变，推动国民经济的可持续发展。

（2）有利于推动我国银行类金融机构的改革和发展。建立中小企业与银行类金融机构的共生模式，使中小企业和银行等机构之间实现利益共享、风险共担，降低了银行类金融机构的风险，有助于银行类金融机构开拓新的客户群，优化银行的客户和业务结构，并通过更多中小银行的建立形成多层次的银行结构，加强银行类金融机构之间的竞争，推动银行类金融机构的改革和发展。

（3）对于推动民间金融的发展具有重要意义。建立中小企业和民间金融的共生模式有助于推动我国民间金融为中小企业提供更多的融资支持，并降低民间金融的风险；有助于推动民间金融的正规化和阳光化，使民间金融得到政府政策上和法律上的认可，推动民间金融的可持续发展；有助于形成民间金融与正规金融竞争的格局，从而促进金融体系效率的不断提高，在缓解中小企业融资难、支持地方经济发展方面发挥重要作用。

三、理论意义

本书从金融共生理论的视角出发，借助企业信贷融资的相关理论展开研究，理论意义主要包括如下三个方面：

（1）丰富完善了中小企业信贷融资理论。现有的中小企业融资支持体系研究都是从新制度经济学、信息不对称理论、博弈论、社会资本等视角展开的，本书从金融共生理论的视角研究中小企业的信贷融资支持体系，从强化共生单元、构建共生模式和改善共生环境三个方面对中小企业信贷融资共生体系进行总体设计，通过研究各共生单元之间运作机制和共生模式，缓解各共生单元之间信息不对称和收益风险不平衡问题，完善了中小企业的信贷融资支持理论。

（2）对金融共生理论的发展和完善。目前金融共生理论被应用于经济学中的多个学科，本书将其应用于中小企业融资体系的构建中，创建中小企业和信贷机构之间的互动共生体系，有利于不断完善和发展金融共生理论。

（3）为我国各产业的顺利融资提供了新的视角。目前融资难的问题影响着我国不少产业的顺利发展，如战略性新兴产业、老龄产业等，从整体来看，系统分析融资体系的构成，形成各融资主体之间的共生体系，才能从根本上解决融资难的问题，为建立各产业的融资支持体系提供了新的视角。

综上所述，从现实意义来说，本书不但有利于国民经济的发展，而且对于推动银行业金融机构和民间金融发展均具有重要意义。从理论层面来说，在中小企业信贷融资理论、金融共生理论以及产业发展理论等方面都具有一定的创新性。因此，对于完善中小企业融资机制和健全中小企业融资制度提供了有力的依据，具有较强的现实意义和理论意义。

第二节　体系结构

一、结构安排

本书从中小企业的强位弱势地位展开研究，最终构建了中小企业和信贷机构之间的信贷融资共生体系，主要内容如下：

（一）研究基础

第一章是绪论部分。重点对研究背景、现实意义和理论意义进行了分析，并明确了研究的结构安排、研究框架和研究方法，指明创新点和难点，以此突出本书的意义。

第二章是理论基础。从中小企业、信贷融资的概念界定开始，对中小企业信贷融资研究的相关基础理论进行梳理和简要述评，并用于指导研究，最后重点介绍了金融共生理论，形成对研究的完整理论支撑体系。

第三章是我国中小企业发展现状与融资情况的基本研究。该部分首先研究我国中小企业发展的现状与问题，在上述分析的基础上，明确提出信贷融资问题是我国中小企业面临的主要"瓶颈"问题。随后详细论述目前我国中小企业信贷融资的现状，并从企业自身和外部环境两方面分析中小企业融资难的原因，为后续的研究做好铺垫。

第四章是发达国家中小企业信贷融资经验借鉴研究。发达国家中小企业发展早于我国，在应对融资难方面有很多值得借鉴的经验，本书将重点分析美、日、韩等发达国家银行体系和民间金融体系对中小企业的支持，并在详细分析发达国家中小企业融资经验的基础上，明确提出值得我国中小企业信贷融资借鉴的经验，为研究奠定经验基础。

（二）核心内容

第五章是本书的核心部分，在对中小企业和信贷融资的共生关系进行一般性分析的基础上，对中小企业和信贷机构共生体系构建的基本思路、总体框架和构建机制等问题展开论述，提出以社区银行为核心，以大银行和民间金融为两翼的中小企业信贷融资共生体系。最后构建中小企业和信贷机构的 Logistic 共生成长模型，明确了中小企业信贷融资共生体系具体的发展方向。本章将内容分解为两部分展开详细论述，第一部分是中小企业和银行类金融机构之间共生模式的研究，第二部分是中小企业和民间金融之间共生模式的研究。

第六章从实证的角度分析我国中小企业和银行类金融机构之间的共生关系现状，利用调研数据详细分析我国中小企业和银行之间的共生度和共生系数，发现在我国中小企业和银行类金融机构共生的过程中，中小企业对银行的影响要大于银行对中小企业的影响，说明目前我国银行对中小企业的支持和促进作用明显不够，需要不断加强。

第七章构建了中小企业和银行类金融机构的共生模型，将银行类金融机构分为小银行和大银行进行了优势比较，明确指出小银行的发展重点是社区银行，在对中小企业与社区银行的共生模式、共生机制和共生关系进行分析的基础上，提出鼓励民营资本组建社区银行的观点，并对民营资本组建社区银行存在的问题和建议进行了阐述。同时明确大银行在为集群中小企业提供融资服务方面具有优势，并详细分析了中小企业集群与大银行的共生模式、共生机制和共生关系，并探讨了几种中小企业集群发展模式。

第八章从实证的角度分析我国中小企业和民间金融之间的共生关系。在对民间金融进行测算的基础上，分析了中小企业和民间金融的共生度和共生系数，发现在我国中小企业和民间金融共生的过程中，中小企业对民间金融的影响要小于民间金融对中小企业的影响，说明民间金融对缓解中小企业融资难发挥了积极作用。

第九章在对民间金融和正规金融进行比较的基础上，发现民间金融具有为中小企业提供融资服务的优势，从而构建了中小企业与民间金融的共生模式，并详细分析了其共生机制和共生关系。但我国对民间金融的监管较严，导致地下金融泛滥，并带来了一定的社会风险和金融风险等，因此提出了推进民间金融阳光化、规范化，从而更好地为中小企业服务的对策建议。

第十章对共生环境展开论述，分别包括政策和制度因素、担保体系、信用体系以及技术和人才支持等因素，为中小企业信贷融资共生体系的发展提供有力的支撑和保障。

（三）结论

第十一章结论部分，对研究的基本结论进行了详细阐述和总结，并在总结全文的基础上，对我国中小企业信贷融资的发展前景进行了展望，明确我国将逐步建成中小企业和信贷融资之间的共生体系。

二、研究框架

本书具体的研究框架，如图1-1所示：

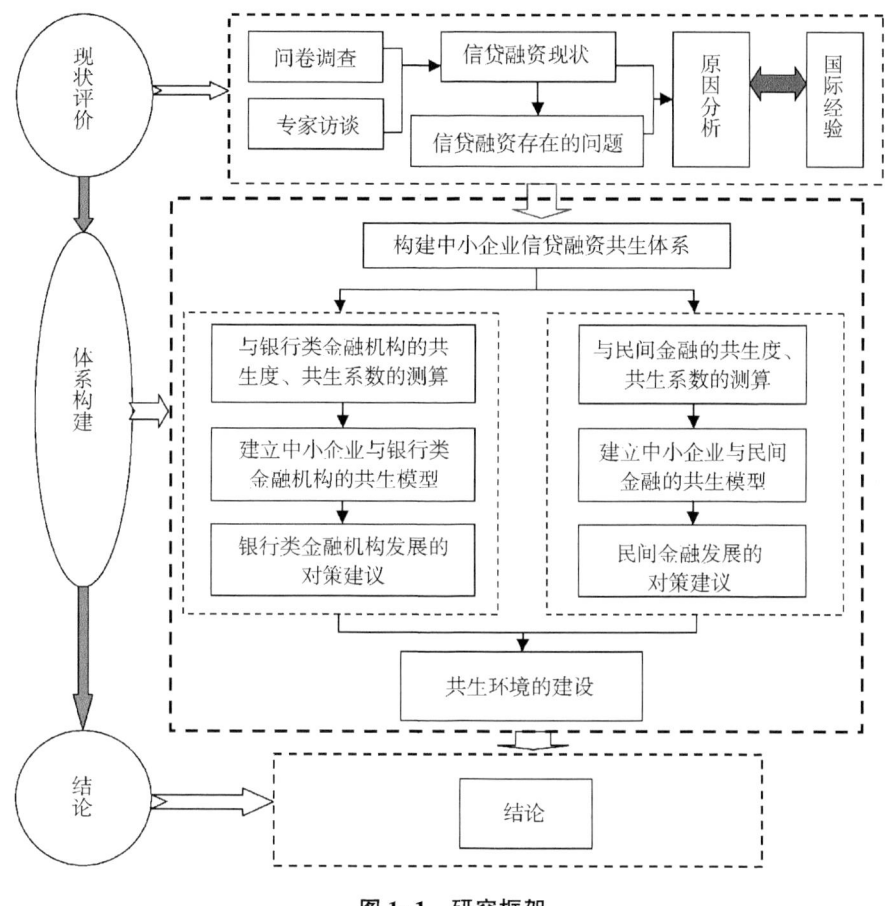

图 1-1 研究框架

本书将共生理论和中小企业信贷融资相结合,运用实地调研法、理论与实践相结合、比较分析和综合分析相结合、定性分析和定量分析相结合的方法,展开研究。第一部分现状评价,首先介绍了绪论和理论基础,然后详细分析了我国中小企业发展和信贷融资的现状,并对发达国家的信贷融资经验进行了介绍,为后续的研究做好准备。第二部分是中小企业和信贷机构共生体系的构建,首先构建了中小企业信贷融资共生体系,然后将其分解为两部分展开详细论述。一部分对中小企业和银行类金融机构之间共生模式展开研究,先从实证的角度分析了中小企业和银行类金融机构的共生关系现状,然后从面向未来的角度构建了中小企业和银行类金融机构的共生模式,最后从银行类金融机构的角度提出了缓解中小企业融资难的建议。另一部分对中小企业和民间金融之间共生模式的研究，同样先从实证的角度分析了中小企业和民间金融的共生关系现状，然后从面向未来的角度构建了中小企业和民间金融的共生模式，再从民间金融的角度提出了缓解中小企业融资难的建议。最后，为保障中小企业和信贷机构之间共生体系的有效运转，针对共生环境的建设问题展开详细论述。第三部分是结论，提出了未来研究的方向。

三、研究方法

（一）文献查阅和实地调研相结合

文献查阅和实地调研是本书最基础的研究方法。本书通过国内外顶级文献的研读，为研究方案的确定、研究方法的选择以及理论分析框架的构建提供支持。同时通过对全国二十几家银行类金融机构和部分中小企业进行实地调研，掌握了一手资料，并借助相关文献资料，详细分析了我国中小企业发展和融资现状，充分实现了文献查阅和实地调研相结合的方法。

（二）理论与实践相结合

理论与实践相结合的方法是本书最核心的研究方法。本书在对中小企业发展和融资现状进行实地考察和文献查阅的基础上，借助银行类金融机构获得的部分中小企业数据，对我国中小企业的融资现状和制约因素进行系统分析。同时借鉴国外中小企业信贷融资经验，依托中小企业信贷融资理论和金融共生理论，构建我国中小企业信贷融资共生体系，很好地实现了理论与实践的结合。

（三）比较分析和综合分析相结合

本书采用比较分析的方法对美、日、韩中小企业信贷融资体系进行比较，为我国中小企业信贷融资共生体系的构建提供了借鉴，并对社区银行和以现有银行业金融机构为主的大银行进行了比较，确定了不同银行业金融机构在服务中小企业方面的不同定位，以便银行业金融机构充分利用自身优势为中小企业提供更好的融资支持。本书将金融共生理论应用于中小企业信贷融资研究，阐释中小企业信贷融资支持体系的共生单元、共生模式和共生环境等部分采用了综合分析的方法，很好地实现了比较分析和综合分析的结合。

(四) 定性分析与定量分析相结合

本书对中小企业和银行类金融机构之间的共生度和共生系数的测算采用定量分析的方法，分析了我国中小企业和银行类金融机构的共生现状；同时对中小企业和民间金融之间的共生度和共生系数的测算采用定量分析的方法，分析了我国中小企业和民间金融之间的共生现状；同时用定性分析的方法构建了中小企业的信贷融资共生体系，此后建立中小企业和银行类金融机构之间的共生模型、中小企业和民间金融之间的共生模型都是采用定性分析的方法，很好地实现了定性分析和定量分析的结合。

第三节　创新点、难点和不足

一、创新点

创新主要集中在如下三个方面：

(1) 理论方面的创新。现有的中小企业融资支持体系研究，或从企业融资理论视角间接审视企业的融资问题，或从新制度经济学、信息不对称理论、博弈论、社会资本等视角直接分析企业融资支持模型与体系研究，目前还没有学者从金融共生理论的视角研究中小企业的信贷融资支持体系。将共生理论应用到中小企业的信贷融资体系中，拓宽了共生理论的研究范围，降低了信贷机构的风险，完善了相关融资理论和金融创新理论。

(2) 实证研究方面的创新。研究测算了中小企业和银行、民间金融等信贷机构的共生度和共生系数，其中在测算中小企业和银行共生关系时，建立了两个模型进行实证检验，并从两个角度测算共生度和共生系数；在测算中小企业和民间金融共生关系时，利用柯布—道格拉斯函数建立了共生关系模型进行数据的测算，均具有一定的创新性。

（3）政策上的创新。针对中小企业的融资现状，构建一体两翼的共生体系，明确民营社区银行是我国中小企业融资的主导力量，并对建立社区银行的模式、民间金融的阳光化等方面提出创新性的对策建议。

二、难点和不足

难点集中在如下两个方面：

（1）相关数据的获取面临困难。分析中小企业的现状需要数据的支持，测算共生度和共生系数需要数据的支撑。然而我国没有专门的机构统计中小企业的相关数据，更没有关于中小企业获得银行信贷资金和民间金融资金的具体数据，导致测算中小企业与信贷融资支持主体之间的共生度和共生系数难度较大。

（2）搭建出的中小企业信贷融资共生系统的落地性和可操作性，使共生系统中各机构协调配合运转顺畅存在一定的困难。

本书不足之处在于，构成中小企业信贷融资体系的机构和主体非常多，鉴于银行和民间金融是中小企业主要的外部资金来源，因此重点分析了中小企业和银行类金融机构、中小企业和民间金融之间的共生模式。由于篇幅和时间所限，没有针对其他融资主体和中小企业之间的共生展开研究，特别是互联网金融作为一种新兴的融资形式，应该引起较大的关注。

第二章 相关概念和理论综述

第一节 相关概念的界定

一、中小企业的界定

世界各国由于各自的社会历史背景、所处的经济发展阶段不同，各国未来经济发展的侧重点不同，中小企业在各国经济发展中的作用也不同，导致各国对中小企业的界定存在较大差距，国际上对中小企业也没有形成统一的定义和划分标准。即使对同一个国家来说，由于中小企业的数量、规模和结构在不断变化，在不同的历史发展阶段和不同的产业部门也有不同的标准。国内外关于中小企业的界定如下：

（一）国外中小企业的界定

首先，世界各国对"中小企业"的提法存在差异。在美国，只有大企业和小企业之分，没有中小企业的提法；而在日本和韩国，企业被划分为大型企业、中型企业和小型企业三种，中小企业就包括中型和小型企业；在欧盟，企业通常被划分为四种类型，包括大型、中型、小型和微型企业，中小企业包括中型、小型和微型企业。由此可见，不同的国家对中小企业有不同的提法。

其次，对于中小企业的界定问题。各国政府有关部门和学者在不同时期就不同行业提出过不同的标准,而且判定标准随着经济的发展而不断变化。例如,雇用人数在100人左右的企业,尽管在今天被视为中小企业,然而在18世纪中期就被归为大企业的行列。

"二战"后初期,美国经济学家卡普兰对小企业的定义为:小企业是指企业的管理权和所有权相一致,在所有者和雇员以及消费者之间直接发生联系的企业。卡普兰强调了小企业的独立性,认为它属于个人所有者,而且不是其他企业的一个部分或分支机构。而经济学家罗斯·罗伯逊则从相对的角度定义了小企业,他认为只要企业的主要出资者和经营者一致,并与企业的管理人员以及大部分员工之间直接保持着稳定的联系,这个企业就是"小企业"。而美国1953年颁布的《小企业法》规定:小企业是指被企业主独立拥有和经营,并且无法在某一领域占据支配地位的企业。自20世纪80年代以来,美国比较通行的划分标准主要有两个:一是来自于美国经济发展委员,该标准认为小企业至少应具备下列四个特征中的两个:①经营权与所有权相统一,经营者就是企业主;②企业资本掌握在一个人或少数几个人手中;③产品主要在当地销售;④企业规模在本行业内相对较小。二是来自美国小企业管理局对小企业的界定,该标准根据行业不同进行了划分,如对于制造业或采掘业的雇员不超过500人,对于大多数非制造业年营业额不超过700万美元。但界定标准的不一致,造成了一定的混乱,于是2011年颁布的《美国小企业法》将界定标准单一化,仅规定雇员人数不超过500人的企业为小企业,并授权美国小企业管理局制定更为具体的量化标准。而英国1971年的波尔顿委员会报告中提出的小企业定义主要包括三个特征:①小企业占有较小的市场份额;②小企业由企业主亲自管理,实现了所有权和管理权的合一,而不是通过专门的管理机构来管理;③小企业是独立的,不是某一大企业的分支机构或组成部分,在进行重大决策时不受外部控制。综上所述,中小企业都是指在特定的历史时期和特定的行业内,不处于市场主导地位的、生产经营规模相对较小以及所有权和管理权统一的企业。

国际上采用的划分标准主要有企业资产总额、注册资本额、营业额、雇员人数等指标,有的国家采取两个或两个以上的指标来划分,对于不同的行业,各国的划分标准也有所不同。以英国为例,小企业的标准根据部门而不断变化:在建筑业、采矿业,雇员人数的上限是25人;而在制造业,雇员人数的上限却可以达到200人；在公路交通部门，小企业根据投入运营的车辆数而定；而在零售业、汽车销售业及各种服务业中，小企业的定义却是以营业额为标准划分的，汽车销售业的上限是20万英镑，零售业和服务业的上限为5万英镑。关于世界各国对于中小企业的划分标准可以参考表2-1。

表2-1 各国中小企业的划分标准

国家及地区	划分标准	标准来源
美国	雇员人数不超过500人	2001年《美国小企业法》
欧盟	雇员少于250人，不被一个或几个大企业拥有25%以上的股份，并且年营业额不超过5000万欧元或者资产负债表上的资产总额不超过4300万欧元的企业	2003年欧盟委员会修订
日本	制造业人数300人以下或资本金3亿日元以下；服务业人数100人以下或资本金5000万日元以下；批发业人数100人以下或资本金1亿日元以下；零售业人数50人以下或资本金5000万日元以下；旅馆业资本金人数200人以下或5000万日元以下	2010年日本《中小企业宪章》
韩国	建筑业：从业人数50人以下或资产总额5亿韩元以下 商业服务业：从业人数50人以下或资产总额5000万韩元以下 批发业：从业人数50人以下或资产总额2亿韩元以下	2007年韩国促进大中小企业相生合作的法律
新加坡	小型企业：固定资产500万新元以下，且生产用固定资产200万新元以下 中型企业：固定资产额在500万~1000万新元	小工业金融计划
中国台湾	金融保险业、商业、运输业、工商服务业、农林牧渔业、水电燃气业： 小型企业：经常雇员小于5人 中型企业：前一年营业额小于1亿元新台币，或经常雇员小于50人 土石采掘业、制造业、矿业 小型企业：经常雇员小于20人 中型企业：实收资本小于8000万元新台币，经常雇员小于200人	中国台湾地区中小企业白皮书(2000)

(二) 中国中小企业的界定

随着经济的不断发展,我国中小企业的界定和划分标准也处于不断变化的过程中。1984年《中国企业管理百科全书》将中小企业定义为:劳动力、劳动对象和劳动手段集中程度相对较低而且生产规模相对较小的企业。2003年1月1日我国颁布了第一部关于中小企业的专门法律《中华人民共和国中小企业促进法》,该法对中小企业的定义为:中小企业是指有利于满足社会经济发展需要和增加就业,并符合国家的产业政策,在中国境内依法设立的生产规模相对较小的各种所有制和各种形式的企业。经济学家郎咸平(2011)提出,中小企业是中型企业、小型企业、微型企业、家庭作坊式企业和个体工商户的统称。目前我国学者普遍认为中小企业是在同一行业内,相对来说人员、资产与经营规模都比较小的企业,这类企业通常由单个人或少数人提供原始资金,其雇用人数与营业额相对较小,多半由企业主直接管理,受外界干涉较少的企业。

自1949年以来,我国对中小企业的界定先后进行了七次,其中第七次单独划分出了微型企业。

第一次是在20世纪50年代以企业职工人数为标准进行的划分,划分标准比较单一,将3000人以上的企业划为大型企业,将500人以下的企业划为小型企业,500~3000人的企业则为中型企业。

第二次是在1962年以固定资产价值作为标准围绕大企业进行的界定,将大企业划分出来之后剩余的企业则划为中小企业。

第三次是原国家计委在1978年颁布的《关于基本建设项目的大中型企业划分标准的规定》,该规定将企业的综合生产能力作为划分标准,取消了以往的固定资产价值标准。1984年国务院颁布了《国营企业第二部利改税试行办法》,该办法按照企业的生产经营能力和固定资产原值建立了我国国营企业的划分标准,主要包括物资回收、零售、公交等国营小企业,如规定京津沪三市年利润不超过40万元而且固定资产原值不超过400万元,京津沪以外的地区年利润不超过30万元而且固定资产原值不超过300万元的属于国营小型公交企业。

第四次是在1988年颁布了《大中型工业企业划分标准》,按照不同行业的特点将企业规模分为特大型、大型(分为大一、大二两类)、中型(分为中一、中二两类)和小型四类六档,中二类和小型企业被划分为中小企业。关于划分标准,按照生产能力作为划分标准对产品比较单一的企业如炼油厂、水泥厂、手表厂等进行划型;按照生产设备数量作为划分标准对一般企业如发电厂、棉纺厂等进行划型;按照固定资产原值数量作为划分标准对于产品和设备比较复杂的企业进行划型。1992年《大中小型企业划分标准》的颁布,对1988年的规定做了细节上的调整和补充,采用生产能力标准作为生产单一产品行业的划分依据,对于其他企业则以固定资产原值作为划分的标准,将企业划分为特大型、大型、中型和小型四大类。

第五次是1999年8月颁布的《工业企业划分标准》,统一按照销售收入、资产总额和营业总额作为划分标准,其中三项数额均在5亿元以上的划为大企业,其中特大型企业的年销售收入和资产总额均在50亿元以上;中型企业的年销售收入和资产总额均在5000万元以上;其余企业划为小型企业。

第六次是国家经贸委、财政部、统计局于2003年4月联合发布《中小企业标准暂行规定》,该标准结合行业的特点,对我国各类所有制和各种组织形式的企业按照资产总额、销售额、企业职工人数等指标进行了统一划分,让不同所有制形式的中小企业享有同等待遇,如工业的中小型企业必须符合职工人数2000人以下,或资产总额4亿元以下,或销售额3亿元以下的标准,其中同时满足职工人数300人及以上,资产总额3000万元及以上和销售额3000万元及以上标准的企业划为中型企业,其余为小型企业。而对于住宿和餐饮业,职工人数800人以下,或销售额1.5亿元以下的为中小型企业,其中中型企业必须同时满足职工人数400人及以上和销售额3000万元及以上的条件,其余为小型企业。

表2-2 中国大中小企业划分标准

序号	行业	主要指标	单位	大型企业	中型企业	小型企业	微型企业
1	农、林、牧、渔业	营业收入(R)	万元	R≥20000	500≤R<20000	50≤R<500	R<50
2	工业	从业人员(P)	人	P≥1000	300≤P<1000	20≤P<300	P<20
		营业收入(R)	万元	且R≥40000	且2000≤R<40000	且300≤R<2000	或R<300
3	建筑业	资产总额(A)	万元	A≥80000	5000≤A<80000	300≤A<5000	A<300
		营业收入(R)	万元	且R≥80000	且6000≤R<80000	且300≤R<6000	或R<300

续表

序号	行业	主要指标	单位	大型企业	中型企业	小型企业	微型企业
4	批发业	从业人员(P)	人	P≥200	20≤P<200	5≤P<20	P<5
		营业收入(R)	万元	且 R≥40000	且 5000≤R<40000	且 1000≤R<5000	或 R<1000
5	零售业	从业人员(P)	人	P≥300	50≤P<300	10≤P<50	P<10
		营业收入(R)	万元	且 R≥20000	且 500≤R<20000	且 100≤R<500	或 R<100
6	交通运输业	从业人员(P)	人	P≥1000	300≤P<1000	20≤P<300	P<20
		营业收入(R)	万元	且 R≥30000	且 3000≤R<30000	且 200≤R<3000	或 R<200
7	仓储业	从业人员(P)	人	P≥200	100≤P<200	20≤P<100	P<20
		营业收入(R)	万元	且 R≥30000	且 1000≤R<30000	且 100≤R<1000	或 R<100
8	邮政业	从业人员(P)	人	P≥1000	300≤P<1000	20≤P<300	P<20
		营业收入(R)	万元	且 R≥30000	且 2000≤R<30000	且 100≤R<2000	或 R<100
9	住宿业	从业人员(P)	人	P≥300	100≤P<300	10≤P<100	P<10
		营业收入(R)	万元	且 R≥10000	且 2000≤R<10000	且 100≤R<2000	或 R<100
10	餐饮业	从业人员(P)	人	P≥300	100≤P<300	10≤P<100	P<10
		营业收入(R)	万元	且 R≥10000	且 2000≤R<10000	且 100≤R<2000	或 R<100
11	信息传输业	从业人员(P)	人	P≥2000	100≤P<2000	10≤P<100	P<10
		营业收入(R)	万元	且 R≥100000	且 1000≤R<100000	且 100≤R<1000	或 R<100
12	软件和信息技术服务业	从业人员(P)	人	P≥300	100≤P<300	10≤P<100	P<10
		营业收入(R)	万元	且 R≥10000	且 1000≤R<10000	且 50≤R<1000	或 R<50
13	房地产开发经营	资产总额(A)	万元	A≥100000	5000≤A<100000	2000≤A<5000	A<2000
		营业收入(R)	万元	且 R≥200000	且 1000≤R<200000	且 100≤R<1000	或 R<100
14	物业管理	从业人员(P)	人	P≥1000	300≤P<1000	100≤P<300	P<100
		营业收入(R)	万元	且 R≥5000	且 1000≤R<5000	且 500≤R<1000	或 R<500
15	租赁和商务服务业	从业人员(P)	人	P≥300	100≤P<300	10≤P<100	P<10
		资产总额(A)	万元	且 A≥120000	且 8000≤A<120000	且 100≤A<8000	或 A<100
16	其他未列明行业	从业人员(P)	人	P≥300	100≤P<300	10≤P<100	P<10

第七次划分标准是在 2011 年,财政部、工信部、国家发改委、国家统计局联合发布的《中小企业划型标准规定》中作了新的划分,将中小企业划分为中型、小型、微型三种类型,主要从营业收入、从业人员以及资产总额这三

个角度进行分类，不同行业的主要指标要求相差较大，具体分类标准整理如表 2-2 所示。从中可以看出，在不同行业之间大、中、小型企业的差别较大，若采取放之四海而皆准的政策包括信贷融资支持政策，可能无法达到预期效果，或只被大中型企业占了先机，细分企业、细分融资支持的制度安排和政策安排，无疑具有非常重要的意义。

二、信贷融资的界定

（一）融资的界定

英国经济学家伊特韦尔 1987 年 9 月出版的《新帕尔格雷夫经济学大词典》指出，融资是指为取得新资产而集资所采取的货币手段，或者是为支付超过现金购货款而采取的货币交易手段。从广义上讲，融资是指货币资金的融通，当事人通过各种方式到金融市场上筹措或贷放资金的行为；从狭义上讲，融资是一个企业筹集资金的行为与过程，经济主体根据自身的生产经营状况、企业经营发展的需要和资金拥有状况，通过科学的预测和决策，通过一定的方式，从一定的渠道向公司的投资者和债权人筹集资金，保证企业正常生产经营需要的行为。

国内大部分人对融资的定义有两种，一种是指资金融通，另一种是指把储蓄转化为投资，企业融资是作为资金需求者的企业进行的资金融通活动。从融资来源的角度，可以将融资划分为内源融资和外源融资。内源融资是指企业通过自身的经营活动获取经营性资金用于满足企业经营需要和扩大再生产的一种融资方式，主要包括企业资本金、折旧基金和留存利润等。内源性融资不仅具有低成本和低风险的特点，而且使用时具有很大的独立性和自主性，也不会因为出现支付危机而导致财务风险，但是内源融资的来源有限，可获得的资金量难以满足企业自身各种需要，因此需要进行外源融资。外源融资是指各个企业通过各种特定的融资方式向企业以外的其他经济主体融通资金用于满足企业经营需要和扩大再生产的融资方式。外源融资主要包括股权融资、债券融资、银行信贷和民间金融等。

(二) 信贷融资

信贷融资是指企业为满足自身生产经营的需要,向金融机构签订协议,借入一定数额的资金,在约定的期限还本付息的融资方式。本书将针对融资方式中的银行和民间金融两种信贷融资方式展开研究。

1. 银行信贷

银行信贷是指企业为了自身生产经营的需要按照一定的期限和规定的利率向商业银行或者其他银行类金融机构借入资金的一种方式。商业银行在贷款过程中非常注重安全性、盈利性和流动性,其业务性质决定了银行更注重资金的安全性,因此经常要求企业具有一定规模的资产作为担保,要求企业有确定的盈利能力和还款能力,以保证按时还本付息。因此,银行信贷存在门槛较高、手续复杂、附加条件较多等不足之处,对于中小企业来说获得银行信贷存在一定的困难和限制。

2. 民间金融

民间金融是一个普遍存在的现象,国内外学者对民间金融进行过多方面的研究。但到现在为止,理论界对民间金融的概念界定仍未达成共识。国外关于民间金融的研究主要围绕正规金融和非正规金融展开讨论,Malcolm Gillis, Dwight H., Perkins, Donald R. Snodgrass (1998) 提出,非正式金融 (Informal Finance) 是指经政府批准并监管下的正规金融活动之外的,游离于现行法律制度边缘的金融。斯蒂格利茨 (1986) 提出,非正式金融是指未纳入政府金融监管体制的非正规金融部门。Heiko Svhrader 指出,在国家正规的信用体系和相关金融法规控制之外的金融就是非正式金融。而 Ronald I. Mckinnon (1998) 从金融抑制的角度指出,民间金融是金融抑制下正规金融机构的利率被扭曲,而投资者和放贷者自愿形成均衡利率进行资金借贷的民间金融市场,而且民间金融具有信息优势和交易成本优势。

随着我国中小企业的不断发展及发展中融资问题的凸显,国内对于民间金融的研究日益增多。江曙霞、秦国楼 (2000) 从国家监管的角度提出,民间金融是相对于官方金融而言的,是处于正规金融体制之外的,没有纳入中国人民银行等管理机构的常规管理系统的金融活动或组织。何田（2002）从民间金融服务对象的角度提出，民间金融是劳动者之间、个人与集体之间相互发生的借贷行为，这种行为具有明显的"地下经济"特征。张曙光（2001）从资金供给主体的角度提出，民间金融是民营机构或个人提供的各种金融服务和其他相关金融交易的总和。陈时兴（2005）对民间金融的概念作了全面的界定，指出民间金融是相对于个人独立自主地开展金融服务和与其相关的金融交易活动，将民间金融分为正规民间金融和非正规民间金融，那些在我国正式金融体制内并受到金融监管部门监管的为正规民间金融，包括农村信用社、城市信用社等；而没有纳入我国金融管理机构，游离在正式金融体制之外的为非正规民间金融。目前学者普遍认为非正规民间金融包含三大类：一是在政府规定范围内从事金融活动的合理且合法的"非正规金融"；二是合理不合法的"灰色金融"，尽管它们在不同程度上适应了市场经济发展的需要，但不符合目前的法律规定，主要包括农村社区性融资组织、民间集资和金融合会等；三是既不合法也不合理的"黑色金融"，主要指高利贷、金融投资诈骗等违法犯罪的金融活动。民间金融有广义和狭义之分，广义的民间金融是与官方金融相对的，可以定义为非官方金融，包括非正规金融和部分官方承认的正规金融，如小额贷款公司、典当行等。狭义的民间金融仅仅指其中的非正规金融部分，包括非正规金融、灰色金融和黑色金融。

本书从中小企业融资的视角研究民间金融，将民间金融定义为：从正规金融机构得不到资金支持的家庭、个人或企业之间或其他组织之间形成的未受到法律承认的各种投资和资金借贷活动，它游离于正规金融体系之外，没有规范的机构和营业场所，属于非正规金融体系的一部分，构成了对正规金融的有力补充。认为民间金融不仅是资金来源和所有权是属于民间的，同时经营管理权也是属于民间的，且不受行政干预。从我国的情况来看，正规民间金融已经被纳入政府监管和常规的金融管理系统范围内，无论其资金来源还是经营管理都和政府有着千丝万缕的联系，受行政干预较多，不是真正的"民间"金融，不属于本书的研究范畴。此外，高利贷、金融投机诈骗等形式在法律和道德的范畴之外，这种民间金融损害了居民和企业的生产积极性，不可能对经济发展产生正面的促进作用，这种"黑色金融"注定是要被取缔的，所以这部分民间金融也不在本书的研究范畴之内。因此，这里所讨论的民间金融主要是在我国国家金融法规监督和管理范围之外的，属于"民有、民营"的那部分非正规民间金融，仅包括非正规民间金融中合理且合法的"非正规金融"和合理不合法的"灰色金融"。

第二节 有关信贷融资的理论

一、信贷融资中的信息不对称理论

根据信息经济学理论，信息不对称是指某些市场参与者拥有另外一些参与者不拥有的信息，而拥有信息优势的一方利用另一方掌握不到的信息为自己谋求最大的利益，以及与此相对应的制度安排。学界一致认为信贷融资中的一个重要问题就是借贷双方之间的信息不对称问题。Stiglitz 和 Weiss（1981）的《不完全信息市场中的信贷配给》指出，企业规模的大小与企业的信息可得性呈现正相关的关系，企业规模越大，企业内部信息越容易获得，而且信息的可信度越高；如果企业规模越小，企业内部信息越不容易获得，信息的可信度也存在问题，导致外部投资者无法了解企业的真实情况，引发企业的逆向选择和道德风险。信息不对称导致银行业金融机构更愿意服务于大企业，从而对中小企业的信贷融资需求形成了一定程度的"歧视"。同时许多学者采用实证的方法发现银行等正规金融机构对中小企业的贷款存在"软预算约束"和"关系型贷款"等问题。如 Ang（1991）指出，中小企业在与金融服务机构谈判时处于劣势，银行往往增加许多苛刻的限制性条款，来减少信息不对称的程度，从而降低银行的风险。Dewatripant 和 Maskin（1995）也发现，银行在中小企业信贷中会存在"预算软约束"的问题，使银行更趋向于"大客户"的业务，导致中小企业获得信贷融资比较困难。Martin（1997）发现，中小企业贷款期限一般较短，相关信息较少，正规金融机构难以获得风险判断的相关信息，导致银行对中小企业存在"信贷约束"。Aryeetey（2005）指出，非正规部门的信息甄别很大程度上依赖于借方的私人信息，他们利用个人网络关系和地缘优势以减轻逆向选择和道德风险,来减少信息不对称的影响。Geertz 和 Shirley Ardener 指出,民间金融往往发生在邻里之间,邻里之间的关系比较密切,了解对方的信息相对较多,因此在对成员资格的甄别和选择上具有优势。

在国内学者的研究中,张维迎(1998)指出,在信息不对称的条件下,银行的市场理性行为宁愿选择以低利率将资金贷给大企业,也不愿意在高利率水平上贷款给中小企业。赵胜(2009)指出,中小企业与信贷机构之间存在严重的信息不对称,信息不对称导致的逆向选择和道德风险对中小企业融资特征和资金使用都产生了一定的影响,提出中小企业的融资环境、融资基础、融资平台等都需要进行一定的创新,才能缓解中小企业与信贷机构之间的信息不对称问题。陈建明(2010)指出,在企业成长的生命周期各阶段,中小企业的融资能力和资金需求有不同的特点,而融资缺口主要是源于信息不对称,并建立了一个信息不对称与中小企业信贷配给缺口模型。袁中兵(2011)提出,目前我国中小企业融资的弱势地位,难以在经济中发挥更重要的作用,发现与大企业相比,在信贷市场上中小企业和银行之间的信息不对称问题更加严重,于是从信息不对称的角度对中小企业融资展开研究,发现银行对中小企业实施信贷配给的主要原因是信息不对称导致的逆向选择和道德风险。如果中小企业能定期向贷款人提供财务、生产等相关信息,可以减少借款人和贷款人之间的信息不对称问题,也可以在一定程度上避免中小企业的逆向选择和道德风险,降低信用风险的产生,从而提高中小企业的金融契约合同履约性,提高贷款的可得性。但这类企业一般都属于信用比较高的企业,容易得到贷款,而很多中小企业不愿意也没有能力定期提供银行所需信息来缓解银企之间的信息不对称问题,因此融资难的问题可能会持续困扰中小企业。

二、信贷配给理论

信贷配给理论最早是在 20 世纪 30 年代由英国议员麦克米兰提出的,他在向英国国会提交的关于中小企业的调查报告(Macmillan's Report,1931)中指出,当企业的外源融资规模少于 25 万英镑时,它们就很难在资本市场上融得所需资金,即中小企业的长期资本供给存在严重短缺,面临着"金融缺口"。麦金农等人发现在发展中国家这种资金缺口尤为明显。在发展中国家由于市场机制不够完善，政府出于控制有限资源、增加社会认购国债需求、控制本国银行的目的，把大量廉价的信贷资金通过正规渠道配给政府希望优先发展的部门，导致居民和企业中的很大一部分无法从正规金融体系获得融资支持。随后的大量研究表明，中小企业在发展过程中面临着融资双缺口，即"资本缺口"和"债务缺口"，而出现金融缺口的原因在于银行业存在的"信贷配给"（Credit Rationing）。

信贷配给是资金不足和信息不对称的产物，是信贷市场中一种典型现象，也是融资理论研究的经典问题。信贷配给是在一般利率条件下和其他附加条件下，银行从利润最大化的目标出发，对中小企业存在惜贷行为，导致信贷市场不能完全出清的情况。尽管西方经济学家研究信贷配给的相关文献较多，但到目前为止并没有一个被一致认可的定义。扎菲和莫迪格利安尼（Jaffee & Modigliani，1969）提出，信贷配给是在银行贷款利率确定的情况下，银行所能提供的贷款供给不能满足人们贷款需求的情况。根据《新帕尔格雷夫经济学大辞典》的解释，信贷配给是借贷市场上贷方提供的资金少于借方需求的一种状况。Baltenperger（1978）认为，信贷配给是指借贷合同中的所有价格条款和非价格条款都被借款人接收，但银行仍旧无法满足其贷款需求的情况。其中价格条款是银行自主确定的，不受货币当局管制的贷款利率，而如果货币当局规定和限制了贷款利率，肯定会出现信贷配给问题。非价格因素具体指担保、抵押等条款，如果借款人因为缺乏所要求的担保或抵押物品而被银行拒绝提供贷款，属于借款人不能满足合同条款，不能认为出现了信贷配给。Jaffee和Russell（1976）为了更好地描述在信息不对称的情况下借款人选择违约还是偿还贷款，构建了一个简单的博弈模型，假定：银行无法强制要求借款人偿还贷款，在借款人的现金流量 y_i 的情况下，借款人可以选择偿还贷款 R_i，也可以选择违约，但需要支付违约成本 D_i，可能发生的结果如下：

（1）如果 $R_i > y_i$，厂商的现金流不足以偿还贷款，被迫选择违约；

（2）如果 $y_i > R_i$，而且 $D_i > R_i$，厂商在有偿还能力的情况下，面对的违约成本太高，将主动选择偿还贷款；

（3）如果 $y_i > R_i > D_i$，厂商将可能选择违约。因此关键点在于 D_i 的大小，如果企业违约成本 D_i 可以被银行观察到，银行将根据上述各式决定是否发放贷款，这里将产生信贷配给。如果 D_i 不能被银行观察到，银行将面临道德风

第二章 相关概念和理论综述

险和逆向选择问题。

Keeton（1979）指出了两种存在信贷配给的情况：

（1）贷款利率既定的情况下，银行将根据企业风险的大小确定贷款的发放，这将导致一些中小企业的借款需求被拒绝。详细的解释为，当银行发放贷款的利率水平被限定时，银行从资金安全性的角度出发，将对所有借款人进行等级评估，如果企业信用等级较高，满足银行硬性信贷标准，可以得到所申请的贷款，而如果企业信用等级较低，不能满足银行信贷要求，则不能得到贷款，即使企业愿意支付更高的利率，银行也会拒绝为其提供贷款，这类企业多为中小企业。

（2）对于所有借款申请人的借款要求，银行按其设定的额度进行部分授信，而对不能满足企业需求的部分，即使企业愿意支付更高的利息率，银行也无法提供贷款。斯蒂格利茨和韦斯（Stiglitz and Weiss，1981）等人在对Keeton提出的两种信贷配给模型进行了详细分析和总结的基础上，指出信息不对称是信贷配给模型存在的前提条件。他们认为，在一个完全自由市场条件下，市场上资金流可以按企业需求进行配置；但由于银行与企业之间存在信息不对称，这将导致逆向选择和道德风险的产生（在现实的经济生活中，由于银行不能观察借款人的投资风险，银行提高利率将导致低风险的借款人退出市场，高风险的借款人却留在了市场上，从而出现了逆向选择行为，或者是逼迫借款人选择更高风险的项目，导致道德风险的发生）。所以由于信息不对称的存在，银行无法确定单个借款人的风险时，为了避免逆向选择和道德风险的发生，银行不会持续提高利率，而会按照银行预期收益最大化的原则，控制信贷发放规模，对客户进行针对性的授信，从而导致信贷配给的产生。张维迎（2004）提出，银行作为理性的个体，从资金的安全性出发将会实行信贷配给，即拒绝一部分可以提供高利率的企业的贷款，而是在相对低的利率上发放贷款给低风险的客户。信贷配给的存在最终将许多低风险的中小企业挤出了信贷市场，而商业银行为了争夺为数不多的大型企业而展开无序竞争形成了羊群效应，导致银行交易成本高和信贷风险聚集（林声强，2006）。在信贷配给中高风险的贷款申请人即使愿意支付更高的利率也不能从银行得到贷款，因为信息不对称的存在导致借款人可能选择更高风险的项目来偿还高额利息，导致银行可能无法收回贷款，所以即使银行的可贷资金充裕，从安全性的角度出发也不愿意将资金贷给高风险的客户,而更常见的情况是银行可贷资金不足。

Whette(1983)的信贷配给模型从抵押品的角度出发分析了风险中性借款人的借贷行为,银行对抵押品的要求也可能成为信贷配给的内生机制,改变了 Stiglitz 和 Weiss 模型中借款人作为风险厌恶者的前提假设。Whette 认为,银行对抵押品要求的增加提高了企业的借款成本,与提高利率一样,会引起借款人的逆向选择和道德风险,降低了银行的期望收益,带来信贷配给问题。

Williamson(1987)证明了在信息不对称的情况下,由于银行监督成本的存在,同样会导致信贷配给的产生。当银行和企业之间存在信息不对称时,即使不存在逆向选择和道德风险,利率的上升尽管增加了银行的收益,但也减少了企业的收益,增加了企业违约的可能性,最终导致银行期望收益和贷款利率之间也不会呈现单调递增的关系。因此银行不能单纯依靠利率使市场出清,即使企业愿意支付更高的利率,因为银行需要为此付出更高昂的监督成本而选择拒绝提供信贷资金,信贷市场仍旧会存在信贷配给的现象。

三、企业融资周期理论

在研究企业融资周期理论之前,需要先了解企业的生命周期,而对于企业生命周期的认识源于雷蒙德·弗农的产品生命周期理论,实际上产品生命周期与企业的生命周期一样,包括创立期、成长期、成熟期和衰退期四个阶段。而企业发展的不同阶段具有不同的金融需求特性,因此企业融资周期与企业生命周期也是共生的。早期的融资周期理论为了说明不同发展阶段的企业金融资源获得性问题,往往根据企业的资本结构、负债比率、销售额和销售利润等指标来进行,很少考虑企业软信息的影响。如 20 世纪 70 年代,韦斯顿和布里格姆(Weston, 1970; Brigham, 1978)提出了企业融资周期的假说(Financial Growth Cycle Theory),最初,企业融资周期被划分为三个阶段:成长期、成熟期和衰退期。后来学者在研究过程中,将企业融资周期划分为六个阶段,不同阶段的融资来源存在较大的不同,具体可以通过表 2-3 来分析①。

---

① Weston 和 Brigham, 1978; 转引自张捷. 结构转换期的中小企业金融研究[M]. 北京: 经济科学出版社, 2003: 70.

表 2-3　企业融资周期与融资来源

发展阶段	融资来源	存在问题
创立期	基本依靠创业者自有资金和亲友借款	资本化程度低
成长阶段Ⅰ	以上资金+留存利润、租赁、商业信用、透支和银行短期贷款等	存在流动性风险
成长阶段Ⅱ	以上资金+银行业金融机构的长期融资支持+风险投资	呈现金融缺口
成长阶段Ⅲ	以上资金+股票市场、债券市场融资	导致控制权分散
成熟期	以上来源，风险投资撤出	平均投资回报
衰退期	企业并购、股票回购、清盘，资金不断撤出	投资回报下降

在后期的研究中，学者将信息问题作为一个重要因素纳入解释企业融资来源变化的过程中。在 1998 年美国经济学家伯杰和尤德尔（Berger and Udell）提出了企业融资周期理论的修正模型，将企业不同发展阶段的约束信息、资金需求、企业规模、科技含量和发展前景等因素作为影响企业融资的重要因素。在企业的创立期，资产规模相对较小，科技含量低，企业信息相对闭塞，而且缺乏业务记录和信用记录，难以提供经审计的财务报告，因此很难获得外源融资。随着企业规模的不断扩大，企业进入成长阶段，业务记录和信用记录得到积累，信息透明度不断提高，可用于抵押的资产增加的同时，所需要的资金量呈现大幅增加，这时企业可以从金融中介获得一定的债务融资支持。当企业进入成熟阶段之后，进入了稳定增加时期，企业的业务记录、信用记录和财务管理逐渐完备，信息不对称现象减少，企业具备了进入公开市场发行股票的信息条件和资产规模，公开市场可持续融资渠道被打通，从此企业股权融资比重将不断上升，债务融资比重将不断下降，优秀的中小企业具备了成长为大企业资金条件。

根据 Berger 和 Udell（1998）的融资周期模型（见图 2-1）来看，单箭头所指方向是各项指标增加的方向，规模较小，缺乏业务记录的微型企业靠近左边，这是企业的初始阶段，此阶段企业不可能获得外部资金融通，必须依赖内部资金、天使投资和商业信用。随着企业不断地成长壮大，中小企业才有能力进行股权融资和债券融资，风险资本也会愿意进入企业，毕竟这时产品开发的成本和风险还是巨大的，因此风险投资会考虑已经获得天使投资的企业。而银行和金融公司的贷款通常在企业的生产和销售达到一定水平之后才愿意提供，而这时企业已经具备了一定的规模，拥有大量固定资产作为贷款抵押品。国外经验表明，中小企业外源融资的主要渠道是金融公司和商业银行的贷款，如美国中小企业的金融机构贷款占其全部股本和债务额的 26.66%，占债务额的 53%，英国商业银行贷款占中小企业外源债务比重的 50% 左右。

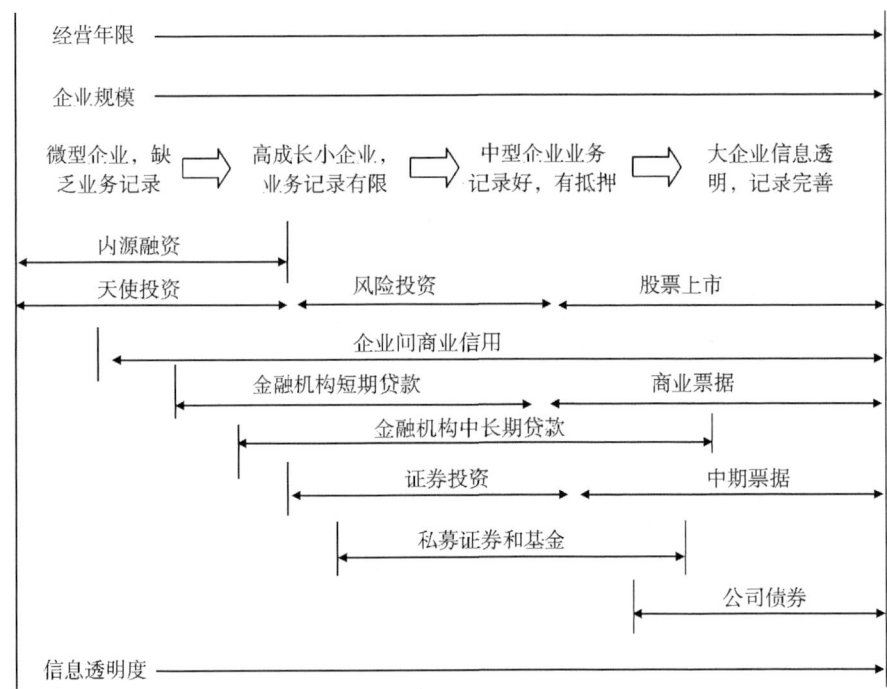

图 2-1　企业融资周期模型

四、关系型信贷理论

美国学者 Berger 和 Udell（1998）指出，中小银行虽然在收集和处理公开信息上处于劣势，但它们可以通过与中小企业保持长期密切的近距离接触而获得各种"软"信息，这些信息因为具有较强的人格化特征，难以量化和传递，因而在向信息不透明的中小企业贷款方面具有某种优势。Boot（2000）列举了关系型贷款（Relationship Lending Theory）的五种潜在收益：一是关系型贷款可以实现银企之间信息交换的帕累托改进；二是关系型贷款可以促进银企之间长期、隐性合约的生成，有利于弥补显性条约的缺陷；三是关系型贷款为了避免利益的冲突允许契约的扩展与调整；四是关系型贷款为银行对抵押资产进行监控提供了便利；五是银行可以在一个较长的时期内，实现贷款的跨期平滑，尽管银行的信贷资金短期内不能实现盈利，但是长期可以实现盈利，从而使银行可以向短期内无利可图但具有一定发展潜力的中小企业发放贷款。

Berger 和 Udell（2002）将西方银行对企业的信贷明确划分为两种类型：一种为交易型信贷，企业所提供的财务报表所反映的财务信息成为信用评分的基础信息，决定贷款的发放决策，这类贷款包括抵押担保型贷款和财务报表型贷款。借款者借助现代数理统计模型和信息技术对客户的信用记录、抵押品的数量以及其他易于量化的硬信息进行计量分析，利用所得结论决定贷款的发放，这类贷款对信息系统和信息积累的要求较高，所要求的信用评分技术比较复杂，因此信息透明度高和发展历史较长的企业比较容易获得交易型贷款，中小企业由于难以满足这类贷款所需的信息条件而难以获得交易型贷款。交易型贷款的基础在于契约经济，从信息的特征来看，它包括的信息不具有人格化特征，主要是易于表达和传递、便于量化的硬信息。另一种为关系性贷款，基于银行和企业主之间长期且多方面的接触得以发生，以银行对借款人保持密切监督和双方隐含的长期合约为基本特征。这些信息不仅包括企业的资产规模、技术水平、财务和经营状况，还包括许多有关企业信用、产品质量和企业主个人品行的相关信息，银行获得的关于中小企业和企业主的特有信息是关系型贷款得以存在的前提。但这些难以量化和传递的"软信息"具有强烈的人格化特征，其获得依赖于银行和企业保持相对封闭和长期密切的交易关系。

由此可以看出，交易型信贷与关系型信贷最大的区别在于交易型信贷中银行对企业进行授信服务时所采取的是"标准化信息"，无论企业的抵押品、财务报表和经营记录，还是经过银行或信用评估机构出具的资信评估证明，所有这些信息都是经过量化的标准信息。关系型信贷则采取的是难以具体量化的"非标准化信息"，这些信息银行无法从企业的经营记录、财务报表或者从其他公开资料中获得，只有通过银行和企业长期积累合作获得，或者从企业的相关利益主体中获得，例如，银行可以通过平时业务积累企业的存款、结算和现金流量等方面的相关信息，也可以通过股东、员工、债权人、供货商和顾客等企业的利益相关者或企业所在的社区获得相关信息。因为关系型贷款不依赖于企业能否提供合格的财务报表和抵押担保品，因而更有利于中小企业。在信息不对称的情况下，关系型信贷减少了中小企业获得银行贷款的阻力，更有利于促进中小企业的持续健康发展。

张捷（2002）在 Berger 等人关系型借贷的基础上，从企业组织理论的视角构建了解释力更强的理论模型。产业组织理论提出决策权和可利用信息匹配可以带来收益，张捷通过研究企业内部的决策权与信息配置问题，发现最优决策点就是分散决策所产生的代理成本与集中决策所耗费的信息成本之间进行权衡的结果，利用这一原理，张捷构建了银行组织结构与对中小企业贷款决策的关系模型。如图 2-2 所示，纵轴既代表决策所需的信息成本，又代表由于决策分散化产生的代理成本，最优决策点位于这两部分相加的最低点，横轴表示贷款决策分散程度。在对中小企业的贷款决策中，由于靠近营业终端的信贷员与企业和业主的距离较近，可以获得更多的软信息，决策所需要的信息成本相对就比较低，所以随着贷款决策权的分散，信息成本曲线不断下降。然而并非贷款决策权越分散，信息成本就越低，因为普通信贷员缺乏宏观经济知识，对银行的整体信息把握不足，所以存在一个最低的信息成本点，当贷款决策权的分散程度超过这一点后，信息成本会不断上升。这个最低信息成本点就是在不考虑代理成本的情况下，关系型贷款的最优决策权配置点。而代理成本曲线却随着决策权的分散程度而不断上升，由于信息成本和代理成本之和构成了交易总成本，所以总成本最小的位置就是银行的最优决策权配置点。而大银行和小银行的信息成本曲线是相同的，但是由于大银行的代理层次更多更复杂，导致大银行的代理成本曲线 L 与小银行的代理成本曲线 S 相比显得更陡峭，从而导致大银行的最优决策配置点 L 离原点较近，而小银行的最优决策配置点 S 离原点较远，这说明大银行适合将贷款决策集权化，而小银行适合分权化，更加靠近最优信息成本点，也就充分说明了小银行在对中小企业关系型贷款上具有优势。

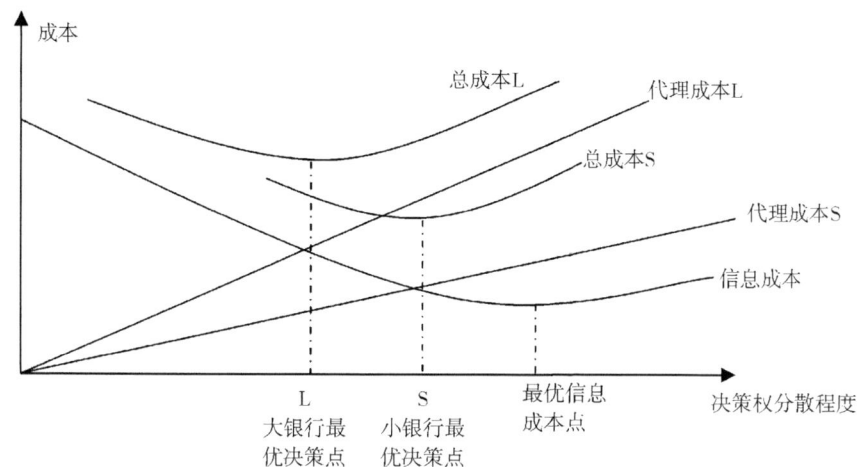

图 2-2　银行组织结构差异与贷款决策权最优配置点

在对关系型贷款进行实证研究时,许多学者采用美联储和美国小企业管理局对于小企业贷款的三次调查数据(National Survey of Small Business Finance, NSSBF)展开研究,发现企业与银行建立良好关系的最大好处是增加了获得贷款的可能性,而对于获得贷款的利率影响却不大。Berger 和 Udell(1995)也利用同样的数据进行了分析,发现中小企业在与银行建立了长期关系之后,所需要提供的抵押和担保都有所减少,而且能够以较低的利率获得贷款。德国经济学者 Haohoff 等研究发现,德国大部分中小企业由于与银行建立了长期关系,其在一家银行的贷款能占到其贷款总额的 2/3。其中 Petersen 和 Rajan(1994)的实证分析被视为关系型贷款的经典实证,他们通过实证发现中小企业和银行机构间关系建立的时间长度对贷款的可获得性和贷款数量有较大影响,而对其贷款利率的影响作用较小,甚至可以忽略不计。而且中小企业从一家银行还是从多家银行贷款的行为对关系型贷款的可得性和利率影响较大,并建议中小企业采用集中性贷款方式。

五、研究评述

(1)信贷融资中的信息不对称理论指出,企业规模的大小与企业的信息可得性呈正相关的关系,信贷机构获得中小企业的相关信息存在较大困难,而且对于所获信息的可信度也难以验证。由于信息不对称的存在，中小企业将更容易产生逆向选择和道德风险，信贷机构从自身的利益出发，不愿意发放贷款给中小企业，并从多个角度提出了缓解中小企业与信贷机构之间信息不对称的对策建议。但现实中，中小企业从自身的利益出发为了获得信贷机构更多的支持，将隐瞒对自身不利的相关信息，而这毫无疑问增加了信贷机构的风险，只有将中小企业和信贷机构的利益融为一体，才能从根本上解决这个问题。

（2）信贷配给理论明确了只要存在资金的稀缺性，就存在信贷配给。而由于中小企业的信息不透明、自身实力薄弱、信用度较差等原因，导致中小企业成为信贷配给的主要对象。即使信息是完全对称的，在信贷市场上中小企业也无法与大企业相竞争，导致信贷配给理论难以解决中小企业的融资难问题。

（3）企业融资周期理论论证了在企业成长的不同阶段，企业融资结构也在不断变化。尽管处于成长阶段的企业融资渠道较窄，但其外源融资的要求却非常强烈，等企业发展到成熟阶段以后，外源融资的渠道才会逐渐增多。因此企业要顺利发展，必须依靠资金来源多样化的金融体系来满足其不同阶段的金融需求，而企业融资周期理论从长期和动态的角度解释了企业在不同发展阶段的融资结构变化规律。通过企业融资周期理论，可以发现中小企业难以获得股票和债券融资，更多地需要依靠信贷融资，只有企业实力不断发展壮大之后，才能获得更多的风险投资、债券、上市等机会。

（4）关系型信贷理论论证了如果信贷机构和企业之间存在良好的关系，保持畅通的信息沟通渠道，那么其贷款所需要提供的抵押和担保品都可以有所减少，而且可以获得更多信贷资金支持。因为关系型贷款对企业提供抵押品和担保品的要求有所降低，更适合信息透明度高的中小企业。

综上所述，随着信息技术的发展和科学技术的不断进步，在相关经济学理论的指导下，已经形成了比较成熟的中小企业信贷融资理论。企业融资周期理论论证了中小企业更适合信贷融资，通过不断的积累和成长，成为大企业之后可以获得更多的资本市场融资渠道。而由于信息不对称的存在和资金的稀缺性，信贷配给理论证明了中小企业在信贷融资的过程中总是处于劣势地位。而关系型信贷理论对于缓解信贷机构和中小企业之间的信息不对称问题具有重要意义，而且有利于激励中小企业从长远的利益出发，提供真实信息维护其与信贷机构之间的长期合作关系。因此，构建中小企业和信贷机构之间的互利共生关系有利于中小企业从信贷机构获得资金支持。

然而已有的中小企业信贷融资研究还存在以下问题：

（1）研究的理论性不足。从已有的文献中可以看出，虽然近年来国家、各个地区、企业、科研机构和学者们已经认识到中小企业融资的重要性，但现有的研究，或从企业融资理论视角间接审视企业的融资问题，或从新制度经济学、信息不对称理论、博弈论、社会资本等视角直接分析企业融资支持模型与体系研究，还没有学者从金融共生理论的视角研究中小企业的融资支持体系。

（2）研究的系统性不强，目前已有的文献中，大都是单独的研究民间金融或者银行信贷对中小企业的支持，而且更强调原因和对策分析，这种研究具有片面性、局部性，难以有效地解决中小企业的融资难题。

（3）政策效用缺乏客观评价。研究更多地把中小企业作为一个弱势群体来看待，提出了各种措施推动中小企业融资，但是对于这些政策措施有没有得到实施，在实施过程中的效果如何，缺乏客观评价。

由此可以看出，尽管中小企业与信贷机构的互利共生对于缓解中小企业融资难题，推动经济可持续发展具有重要意义，但中小企业信贷融资共生体系的研究在中国仅仅处于起步阶段，构建中小企业信贷融资共生体系成为当前亟待研究的课题。

第三节　金融共生理论

一、共生理论的起源

德国真菌学家德贝里（Anton de Bary）在1879年提出生物学上的共生概念，他提出共生是指不同种属的生物生活在一起，这些生物之间保持着永久的某种程度的互相联系，并在相互依存中实现了协同进化。随后大量生物学家对共生现象进行了更为深入的研究，爱德华·威尔逊在对昆虫、鸟类的研究中，对群体共生现象进行了归纳，指出自然界中存在着群体寄生、群体偏利共生、群体互利共生三种现象。苏联一些杰出的生物学家如范明特（Famintsim）、科斯基（Korskii）等在生物进化的研究上取得了突出的成果，其生物历史学家卡肯纳（L. N. Khahina）认为20世纪以来苏联在进化方面取得的杰出成就之一是在研究共生引起的形态、生理变化的进化起源等"共生起源"方面。德国的布克纳（Prototaxis）研究了不同物种间的共生，他将两种不同物种参与者之间不受干扰的有规则的合作生活定义为"内共生"，并认为"动物和植物微生物间的内共生代表了一种补充性的但广泛存在的机制，它能以多种方式提供宿主动物存活的可能性"。合体共生和离体共生的概念是由麦克杜戈尔（W. B. Mcdougall）于1949年提出的，寄生、互惠共生和同住的观点是由柯勒瑞（Gaullery, 1952）以及刘威斯（Leweils, 1973）等人提出的，他们在丰富生物共生理论的同时为其注入了超出生物学领域的更深刻的社会历史意义。Vernon. Ahmadjian（1986）提出，在信息对称的情况下采用关联度规则以及非竞争性亲近度规则，而信息不对称的情况下采用竞争性选择规则，有利于实现共生系统的最优发展。1981年马古利斯（Lynn. Margulis）提出了连续内共生理论，将共生这一思想不断丰富和充实。共生研究所提出的共进化观点包括相关生物体之间的物种共形成和共适应，生物体之间密切的、长期的联系使其之间的交互影响经常导致新物种的出现；共生体之中的生物体进化的历史是彼此密切相关的，这些理论对于研究生物的发展历史具有极其重要的意义，也形成了生物学上关于共生的完整概念范畴和理论框架。可以说共生概念的提出开启了一个新的认知领域和研究领域，为各学科的研究开辟了更广泛的道路。

　　随着共生思想和共生模式社会认同度的不断增加，20世纪中叶后人类学家、社会学家、管理学家和经济学家等将共生概念和共生理论引入工业、社会、经济等学科领域的研究中。1989年Robert Frosch和Nicolas Gallopoulos将共生理论应用到了工业领域，提出可以建立类似于自然生态系统的工业生态系统，正式提出了工业生态学的概念，这也标志着工业生态学的诞生。随后共生理论在工业领域得到运用推广，Lau（1998）和Schwarz（1997）详细定义了卡伦堡生态工业共生体的相关情况，EmestLowe和Hall J.等对生态工业园的设计与操作提出了一套完整的方法体系，有效地证明了共生关系改善是社会发展和进步的必经途径。

二、金融共生理论

最早将共生理论引入金融领域的是斯蒂格利茨（Stiglitz），他（1998）提出了金融体系中的共生概念，明确指出资本市场中的高利率可能来自于规模经济损失或者供应商的负外部性，政府会对正规信贷进行补贴，但补贴在垄断性的资本市场中可能导致其他资本供应者的成本提高乃至最终退出市场。因此，斯蒂格利茨提出资金借贷者共生模式的建立有助于降低垄断部门的市场力量，诱导每个借贷者提供更多的资金供给，而且共生体系使每位借贷者注重自身信誉，从而提高市场的运行效率。

生物学中的共生理论也得到了我国学者的认同，并被引入社会经济系统研究中。1998年袁纯清对我国各种小型经济的共生模式和共生环境进行了系统分析，这是共生理论首次在国内被应用于经济学领域。萧灼基（2002）提出，共生现象不仅存在于生物学领域，也广泛存在于社会体系和经济领域中，经济学上的共生就是指经济主体之间通过连续性物质联系实现共进化、共发展的现象。周浩（2003）认为，自然界中的不同生物之间的共生和经济生活中的不同企业以及企业集群的共生具有共同之处，并利用生物学分析中的 Logistic 模型，构建了中小企业集群形成过程中企业效益的变化模型，动态地展示了企业集群的共生现象。袁纯清在其 2002 年的著作《金融共生理论与城市商业银行改革》中首次在国内提出金融共生的概念，并将共生理论应用到我国城市商业银行的改革中。

（一）金融共生的含义

袁纯清将共生理论引入金融领域，将金融共生定义为：在一定的共生环境中银行与企业之间、银行与银行之间、银行与非银行金融机构之间以一定的共生模式形成的相互依存关系。他明确提出连续对称性互惠共生是最优的金融共生模式，指出金融共生的三要素包括金融共生单元、金融共生模式和金融共生环境，并用金融共生理论研究我国城市商业银行的发展和改革问题，从此共生理论在金融领域内得到了广泛的应用。

金融共生关系的基本能量生产和交换单位是金融共生单元，它也是形成共生体系的基本物质条件。在不同的金融共生体系中，共生单元的性质和特征是不同的，在不同层次的共生分析中，共生单元的性质和特征也是不同的。反映共生单元特征的主要参数有两个：一是反映共生单元外部特征的象参量；二是反映共生单元内在性质的质参量。根据袁纯清对于金融共生研究的范畴，金融机构和厂商构成了主要的金融共生单元。

金融共生模式是指金融共生单元之间相互作用的方式或相互结合的形式，它既反映金融共生单元之间的作用方式和作用强度，也反映共生单元之间的物质信息交流关系和能量互换关系。从行为上分为寄生关系、偏利共生关系、对称性互惠共生关系和非对称性互惠共生关系，从组织程度上来说有点共生、间歇共生、连续共生和一体化共生等多种形式。刻画共生单元的特征指标主要有共生度、共生系数、亲近度、同质度、关联度、共生密度和共生维度等。

金融共生环境指金融共生单元以外的所有因素的总和，金融共生关系存在的环境往往是多重的。按影响方式不同分为金融直接环境和间接环境，按影响程度的不同分为金融共生主要环境和次要环境。根据环境对共生体影响的结果，可以分为：对共生体起激励作用和积极作用的正向环境；对共生体既无积极作用，又无消极作用的中性环境；对共生体起抑制和消极作用的反向环境三种类型。反之，共生体对环境的影响也可表现为三种类型：正向作用、中性作用和反向作用，二者的组合关系如表2-4所示：

表2-4 环境与共生体的相互作用

共生体\环境	正向	中性	反向
正向	双向激励	共生激励	环境反抗，正向激励
中性	环境激励	激励中性	环境反抗
反向	共生反抗	共生反抗	双向反抗

共生与环境的组合关系不是一成不变的，初始环境与初始共生体的关系一旦确定，随着时空条件的变化，不仅环境会发生变化，共生体也会发生变化，这种变化促使两者之间形成新的组合关系。任何共生关系都是共生单元、共生模式和共生环境相互作用的结果，任何共生关系都是一组单元、模式和环境的

组合，在共生关系的三要素中，共生模式是关键，共生单元是基础，共生环境是重要的外部条件。

（二）金融共生理论的基本公理

1. 金融共生能量生成原理

金融共生能量生成原理是反映共生系统发展特性的重要原理，它揭示了共生系统存在和发展的能量条件。金融共生系统 S 包括 $m(m>2)$ 个共生单元，且存在质参量 $Z_s(Z_s = f(Z_1, Z_2, \cdots, Z_m))$，则系统全要素共生度 δ_s 为：

$$\delta_s = \frac{1}{\lambda} \sum_i^m \delta_{si} \tag{2-1}$$

金融共生能量生成原理是共生系统作用的基本原理，也是金融共生系统发展的本质属性。共生能量是金融共生系统存在和发展的必要条件，不产生共生能量的金融系统是不能增值和发展的。金融共生能量生成原理表明：其一，要使金融共生系统获得更快的增长，必须改进金融共生界面，改进界面的核心在于减少界面作用的阻力，提高界面作用的效率。其二，共生能量与全要素共生度具有一定的对应关系，只有 $\delta_s > 0$，才能产生共生能量。而且全要素共生度越高，共生能量越大；反之反是。全要素共生度反映共生系统的内在相互作用关系，是体现共生系统结构和功能的重要变量，对于共生系统能量形成和增长具有决定作用。其三，共生利润受到金融共生密度和金融共生维度的影响。在非密度制约系统中，共生密度的增加将会导致共生利润的持续增长，而在密度制约系统中，共生密度存在一临界值或均衡值，与之相对应的共生利润达到极大值，超过这一点，共生利润将随着共生密度的增加而不断减少。共生维度与共生利润的关系类似。

2. 金融共生界面选择原理

金融共生界面选择原理是反映共生界面作用特征的基本原理，既包括共生对象的选择，也包括金融共生能量使用的选择。在不完全信息条件下，共生对象应采用竞争性的选择规则，而在完全信息条件下，共生对象应采用非竞争性的亲近度规则和关联度规则。在共生能量使用的选择上，完全密度制约条件下采用 r 选择规则，在完全非密度制约下，采用 k 选择规则。

3. 相变是系统状态的突变

金融共生系统相变原理揭示了金融共生系统状态变化的基本规律，金融共生利润的非对称分配、共生利润的不匹配使用和共生度的变化是金融共生系统相变的基本原因。金融共生系统的相变按照关键因子的不同，分为 α 相变、β 相变和 δ 相变三种方式。α 相变主要引起金融共生行为模式的变化，属于 P 型相变；β 相变主要引起金融共生组织模式的变化，属于 M 型相变；δ 相变既可能引起金融共生模式的变化，也可能引起金融共生类型的变化，属于混合相变。相变既影响金融共生系统发展变化，又影响金融共生单元的发展变化，分为进化相变和退化相变。进化相变是促进金融共生单元和金融共生系统发展的推动力量，退化相变是阻碍金融共生单元和金融共生系统发展的破坏力量。

4. 金融共生进化

金融共生进化是金融系统发展的总趋势和总方向，金融共生系统进化原理揭示了金融共生系统进化的本质，对称性互惠共生是金融共生系统进化的方向，也是金融共生系统中最有效率最稳定的系统。金融共生系统的进化是共进化，是金融共生单元之间、金融共生单元与金融系统之间、金融共生系统与环境之间的共进化。

三、金融共生的应用范畴分析

金融共生系统可以应用在以下领域：用共生观点判断金融共生是否存在，应以何种模式存在；分析金融共生模式与经济发展的关系；用金融共生观点分析政府如何改变共生因素调整金融共生模式以促进经济发展。在现代金融体系下，金融活动的主要参与者主要是银行类金融机构、非银行金融机构和企业，它们之间的共生关系主要表现为如下几种：

（1）金融共生理论应用于银行等金融机构之间，国内的相关研究始于袁纯清 1998 年的研究，他将共生理论引入金融学领域，并用于研究城市商业银行的发展和改革问题。王宇露（2007）将金融共生理论应用于银行的循环运作和进化过程中,具体分析了银行之间的共生模式和共生机理,提出了深化共生的对策建议。银行间的金融共生关系主要共生单元是银行,银行间的资金拆借关系形成了银行间的金融共生关系。而这种拆借关系的形成是由于银行对企业的资金融通引起的,是以银企之间的共生为基础的。

(2)金融共生理论应用于银行与其他非银行金融机构之间。徐丽(2005)、汪国庆(2009)以及谢金和龙玲(2010)都利用金融共生理论分析我国银行和保险之间的关系。闵敏(2011)运用金融共生理论分析了银行和典当行之间的共生关系。油永华、牟萌(2007)运用金融共生理论分析了银行与证券业、保险业之间的共生关系。通过多位学者的研究,发现银行与非银行之间共生关系的起因是由于企业的资金融通数量较大,单一的金融机构无法承担巨大的风险,需要另一金融机构提供一定的信用和资金,并分担风险,可见银企关系是银行与非银行金融机构之间共生关系的基础。

(3)金融共生理论在银行和企业之间的应用。何自力、徐学军(2006)构建了银企共生的测评模型,验证了广东地区银企之间的共生关系,指出客户贡献度与企业规模并不直接相关,只要努力改善融资环境,降低融资的阻尼系数,银行和企业之间可以维持很好的共生关系。许宁(2010)对吉林省中小企业和银行进行了实证调查,发现中小企业和银行之间存在一定的共生关系,并详细分析了银企共生关系中共生单元、共生模式和共生环境存在的问题,指出吉林省中小企业和银行之间属于间歇性非对称互利共生模式,有必要推动其向连续性对称性互惠共生模式演化。而张倩倩(2012)利用美国的数据进行了实证分析,却发现社区银行的绩效与中小企业贷款额之间存在着低度相关性,而社区银行的绩效与大型企业贷款额之间呈现负相关,但随着社区银行规模的不断增加,社区银行对大企业贷款的关注度会越来越高。可见,银行与企业之间存在强烈的共生关系,银行的主要业务是为企业提供信贷资金,这既缓解了企业的资金难题,解决了企业运行的资金障碍,同时又可以获得一定的利息收益,推动银行不断发展壮大。如果没有企业,银行就失去了主要的利润来源;而如果没有银行,企业将不断面临资金链断裂的危机,可以说,银行和企业都不能彼此脱离而单独存在。

(4)金融共生理论应用于民间金融与企业之间的关系研究。郭斌、刘曼路(2002)对温州的民间金融和中小企业发展关系进行了分析,确定了民间金融和小微企业之间存在共生关系。虞群娥、李爱喜（2007）通过实证分析，验证了杭州民间金融与中小企业之间存在共生关系，发现民间金融和中小企业的共生关系是现有制度空间内的一种理性选择，是正规金融、民间金融和中小企业三类市场主体博弈的结果。李亚娟、李元华（2012）分析了民间金融和小微企业的共生演进。从研究中发现，尽管民间金融属于非正规金融体系的一种融资形式，但中小企业由于无法从商业银行等正规金融机构得到足够的资金支持，只能转向从民间金融等非正规金融机构筹集资金。尽管我国民间金融一直没有合法的身份，但民间金融不断发展壮大，这与中小企业的发展有着密切的关系。中小企业的融资需求需要依靠民间金融，民间金融借助自身的优势，推动了中小企业的发展，而中小企业的发展反过来又壮大了民间金融的规模，推动了民间金融和中小企业之间共生关系的形成。

综上所述，对于我国中小企业而言，不仅和银行之间存在共生关系，和民间金融之间也存在着共生关系，因此研究中小企业和银行与民间金融等信贷机构之间的共生关系对于缓解中小企业融资难题，不但具有必要性，而且具有可行性。但目前没有学者针对全国的情况从实证的角度对这种共生关系进行分析，更没有建立起完整的中小企业和信贷机构之间的共生体系，本书将围绕中小企业信贷融资的共生体系展开实证分析和体系构建。

第三章　中小企业发展和信贷融资现状

第一节　我国中小企业发展概况

我国中小企业诞生于20世纪80年代初，经过30多年的发展，已经发生了巨大变化，成为我国国民经济持续健康发展的新生力量。

一、我国中小企业基本情况

（一）中小企业成为国民经济发展的重要推动力量

中小企业对我国国民经济发展具有重要的作用，通过对中小企业数量、资产总量、利润总额、上缴税金和总产值等指标来进行具体分析。

1. 中小企业数量

表 3-1　2003~2011 年中国中小企业数量①

年份	规模以上企业数量（万家）	中小企业数量（万家）	中小企业数量占规模以上企业数量的比重（%）
2003	19.62	19.42	98.99
2004	22.32	22.10	99.00
2005	27.19	26.93	99.10
2006	30.20	29.93	99.10
2007	33.68	33.39	99.10
2008	42.60	42.30	99.30
2009	43.40	43.10	99.30
2010	45.30	44.90	99.20
2011	32.60	31.60	97.20

从表 3-1 来看，中小企业发展非常迅速，2003 年仅有 19.42 万家，2010 年发展到了 44.9 万家，中小企业占全国规模以上企业的比重一直维持在 99% 左右。由于统计标准的变化，2011 年中小企业数量出现变化，但是中小企业占全国规模以上企业的比重仍保持 97.2%，中小企业在数量上占据绝大多数。

2. 中小企业资产总额

从表 3-2 来看，中小企业资产增加非常迅速，从 2003 年的 102530 亿元，每年保持 10% 以上的增长速度，2010 年达到 356624.9 亿元，中小企业资产占规模以上企业资产的比重一直维持在 60% 以上。由于统计标准的变化，2011 年中小企业的资产总值出现下降，可以看出规模以下中小企业的资产数量非常大，无论是规模以上还是规模以下的中小企业都应该引起我国的高度重视。但规模以上企业的资产数量仍旧保持较大幅度的上升，可以看出这是有数量较少的大企业

---

① 表 3-1~表 3-6 和表 3-9 中数据均根据《中国中小企业年鉴》（2006~2012）整理所得，其中 2003~2010 年数据为年主营业务收入在 500 万元以上的工业企业数据，2011 年数据为年主营业务收入在 2000 万元以上的工业企业数据。

资产增加所带来的,中小企业在经济发展中竞争力相对较弱。

表 3-2 2003~2011 年中国中小企业资产总量

年份	规模以上企业资产合计（亿元）	中小企业资产合计（亿元）	中小企业资产占规模以上企业资产的比重（%）
2003	168808.0	102530.0	60.7
2004	198765.0	119761.0	60.2
2005	244784.0	149706.0	61.2
2006	291215.0	177438.0	60.9
2007	353037.0	214306.0	60.7
2008	431305.5	267019.4	61.9
2009	493692.9	300568.9	60.9
2010	592881.9	356624.9	60.2
2011	675796.9	332798.0	49.2

3. 中小企业利润总额

从表3-3来看，2003年以来，中小企业的利润增加非常迅速，从2003年的4501亿元，7年的时间增长了将近8倍，2010年达到35419.3亿元，在规模以上企业利润中的比重也一路从53.99%攀升到66.8%。尽管2011年统计标准变化导致中小企业利润占比下降10个百分点，中小企业的利润总额下降了456亿元，但全部规模以上企业的利润总额增长了8346.6亿元，说明我国规模以下中小企业的利润相对较高，但中小企业总体竞争力要弱于大企业。

表 3-3 2003~2011 年中国中小企业利润总额

年份	规模以上企业利润总额（亿元）	中小企业利润总额（亿元）	中小企业利润占规模以上企业利润的比重（%）
2003	8337.0	4501.0	54.0
2004	11734.0	6336.0	54.0
2005	14803.0	8001.0	54.1

续表

年份	规模以上企业利润总额（亿元）	中小企业利润总额（亿元）	中小企业利润占规模以上企业利润的比重（%）
2006	19504.0	10900.0	55.9
2007	27155.0	15743.0	55.9
2008	30562.4	20043.6	65.6
2009	34542.2	23644.6	68.5
2010	53049.7	35419.3	66.8
2011	61396.3	34962.6	56.9

4. 中小企业上缴税金

表3-4　2003~2011年中国中小企业上缴税金

年份	规模以上企业上缴税金（亿元）	中小企业上缴税金（亿元）	中小企业上缴税金占规模以上企业上缴税金的比重（%）
2003	7537.0	4295.0	57.0
2004	9624.0	5399.0	56.1
2005	11518.0	6372.0	55.3
2006	14454.0	7931.0	54.9
2007	18422.0	10127.0	55.0
2008	23968.0	14253.3	59.5
2009	26486.2	14849.1	56.1
2010	33655.8	18176.2	54.0
2011	39407.4	17892.9	45.4

从表3-4来看，中小企业上缴税金总额逐年增加，中小企业上缴税金占规模以上企业上缴税金的比例一直保持在50%左右，2008年达到最高值59.5%。尽管金融危机以来，中小企业的生存环境不断恶化，但国家对中小企业给予了较多财税方面的支持政策，从2009年开始，中小企业上缴税金所占比重逐年下降，但仍保持在50%以上。由于统计标准的变化，2011年降为45.4%，但上缴税金总额下降幅度不大，说明中小企业对国民经济的发展具有重要意义。

5. 中小企业总产值

从表3-5可以看出，中小企业总产值增加迅速，从2003年的93357亿元增长到2010年的468843.3亿元，每年增长速度在10%左右，占规模以上企业总产值的比重也维持在60%以上。尽管2011年统计标准发生变化，导致统计范围内的中小企业数量大幅缩减，但中小企业总产值仍旧实现了6%的增长，如果加上统计范围之外的小微企业，中小企业的产值将占据企业总产值的60%以上，可见中小企业对我国企业总产值的贡献度较大。

表3-5　2003~2011年中国中小企业总产值

年份	规模以上企业总产值（亿元）	中小企业总产值（亿元）	中小企业产值占规模以上企业产值的比重（%）
2003	142271.0	93357.0	65.6
2004	195682.0	125432.0	64.1
2005	251620.0	160355.0	63.7
2006	316589.0	204250.0	64.5
2007	405177.0	264319.0	65.2
2008	507284.9	337981.1	66.6
2009	548311.4	372498.9	67.9
2010	698590.5	468843.3	67.1
2011	844268.8	492761.5	58.4

综上所述，无论是中小企业数量、资产总量，还是中小企业的利润总额、上缴税金和总产值在规模以上企业中的比重都在50%以上，对国民经济的发展具有重要的推动力量。

（二）中小企业成为我国扩大就业的主渠道

中小企业一般属于投资少、见效快的劳动密集型企业，能吸纳不同地域和不同层次的求职者，就业成本相对较低，能创造更多的就业机会。根据表3-6来看，2003年我国中小企业从业人员已经达到4441.89万人，占规模以上企业从业人员的比重达到77.27%，2010年就业人数增加到7236.9万人，解决就业人数增长了接近3000万人，占规模以上企业从业人员的比重达到75.8%，对于缓解我国就业压力起到了积极作用。根据最新统计资料，中小企业创造了80%左右的城镇就业岗位，吸纳了70%以上的新增就业人员和70%左右的农村转移劳动力，总体上创造了就业机会中的80%。在当前巨大的就业压力下，中小企业在解决就业问题中发挥了主导作用，成为我国农村富余劳动力、国有企业下岗职工再就业和高校毕业生就业的主渠道。

表3-6 2003~2011年中国中小企业就业人数

年份	规模以上企业从业人员（万人）	中小企业从业人员（万人）	中小企业从业人员占规模以上企业从业人员的比重（%）
2003	5748.6	4441.9	77.3
2004	6237.0	4810.0	77.1
2005	6896.0	5314.0	77.1
2006	7538.0	5636.0	76.6
2007	7875.0	6052.0	76.8
2008	8837.6	6867.1	77.7
2009	8831.2	6787.7	76.9
2010	9744.7	7236.9	75.8
2011	9167.3	5935.7	64.7

（三）中小企业是我国技术创新的主要力量

表3-7 2000~2011年中国企业专利申请数

年份	中型企业专利申请数（个）	中型企业发明专利申请数（个）	企业专利申请数（个）	企业发明专利申请数（个）	中型企业专利申请数占企业专利申请数的比例（%）	中型企业发明专利申请数占企业发明专利申请数的比例（%）
2000	3484	955	8335	2792	41.8	34.2
2001	3876	870	11462	3625	33.8	24.0
2002	3827	809	17470	5770	21.9	14.0
2003	13651	3295	17731	9395	77.0	35.1

续表

年份	中型企业专利申请数（个）	中型企业发明专利申请数（个）	企业专利申请数（个）	企业发明专利申请数（个）	中型企业专利申请数占企业专利申请数的比例（%）	中型企业发明专利申请数占企业发明专利申请数的比例（%）
2004	21539	5615	27779	13908	77.5	40.4
2005	26328	6531	28943	18292	91.0	35.7
2006	32404	8757	36605	25685	88.5	34.1
2007	43010	10433	52895	36074	81.3	28.9
2008	59517	15566	72559	43773	82.0	35.6
2009	85575	25465	91187	63011	93.8	40.4
2010	89733	29465	99157	72523	90.5	40.6
2011	106551	30685	119061	84843	89.5	36.2

由于中小企业反应迅速、机制灵活的优势，具备创新效益高、成本低的特点，在我国技术进步和创新中发挥着日益突出的作用。从工业企业专利申请数来看，表3-7仅考虑工业企业的专利申请数和发明专利申请数，由于小型工业企业专利发明相对较少，缺少统计数据，本研究用中型企业的专利数据代替中小型企业的专利数据，发现无论是发明专利申请数还是专利申请数，中型企业在企业总数中占的比重都比较高，从2002年开始，中型企业专利申请数占企业专利申请数的比例一路攀升，2011年达到89.5%，专利申请数的比例也维持在40%左右。就企业拥有的专利数而言，从表3-8可以看出，中型企业拥有的专利数占企业拥有专利的比例一直维持在40%以上，占我国全部发明专利的20%左右，可见中小企业是我国技术创新的重要力量。

表3-8　2009~2011年中国企业专利拥有量

年份	中型企业发明专利数（个）	工业企业发明专利数（个）	国内发明有效数（个）	中型企业占工业企业有效发明专利数的比例（%）	中型企业占国内有效发明专利数的比例（%）
2009	37100	81592	180042	45.5	20.6
2010	49529	113074	257893	43.8	19.2
2011	73166	181089	351288	40.4	20.8

（四）中小企业成为我国对外开放的主要力量

表 3-9　2003~2011 年中国中小企业出口交货值

年份	规模以上企业出口交货值（亿元）	中小企业出口交货值（亿元）	中小企业出口交货值占规模以上企业出口交货值的比重（%）
2003	26942.0	18375.0	68.2
2004	36457.0	23770.0	65.2
2005	47741.0	30088.0	63.0
2006	60560.0	36563.0	60.4
2007	70393.0	43032.0	58.6
2008	82498.4	47728.3	57.9
2009	72051.7	41519.0	57.6
2010	89910.1	49194.9	54.7
2011	99612.4	41417.9	41.6

从表 3-9 来看，2003 年我国中小企业的出口交货值仅有 18375 亿元，2010 年达到 49194.9 亿元，我国中小企业出口交货值在 2003~2010 年占规模以上企业出口交货值的比重一直维持在 50% 以上，但是比重呈持续下降的趋势。由于 2011 年中小企业统计标准的变化，导致出口交货值占比下降到 41.6%。可以说中小企业在我国对外开放的过程中发挥了积极作用，随着更多中小企业参与到国际贸易中来，中小企业必将成为我国对外开放的主要力量。

（五）中小企业有助于推动产业结构调整和优化

中小企业一直以制造业、运输业、建筑业、商贸和服务业等领域为主，无论是企业数量、从业人员，还是主要经济效益指标，中小企业在劳动密集型行业中都占有绝对的优势地位。但现在开始向基础设施、新兴服务业、文化、体育、休闲娱乐等新兴产业拓展，而且法律、咨询、物流配送以及中介等技术性较高的服务业发展非常迅速，中小企业成为新兴产业的主体。

(六) 中小企业生存与发展困难重重

在全球经济放缓的大趋势下，外需疲软，国内经济结构调整下经济增速递减，双重压力使中小企业的生存和发展困境自2011年以来表现得尤为突出。从中国中小企业行业协会连续4年发布的中小企业发展指数来看，至2012年第三季度，中国中小企业发展指数连续24个月下降，全国停产、半停产的中小企业占比也连续两年上升。2012年第四季度以后，中小企业发展状况开始有所好转，但是直到2013年底也没有到达100。而中小企业发展指数达到100才是景气临界值，如果小于100，则为不景气区间，表明经济状况趋于下降或恶化，可见我国中小企业的发展困境较为突出，如图3-1所示。

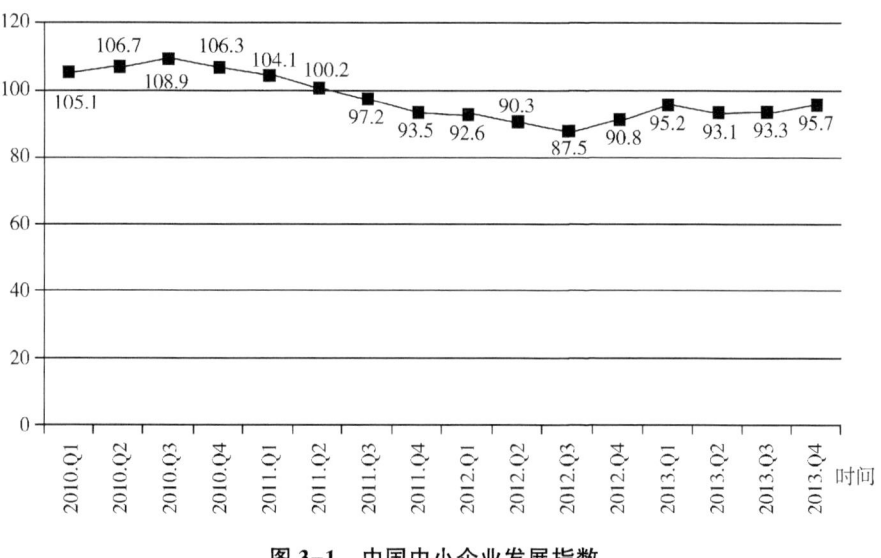

图3-1 中国中小企业发展指数

资料来源：中国中小企业协会官方网站。

综上所述，我国中小企业无论在增加就业、扩大税源，还是推动科技进步等方面均发挥了重要作用，对于推动我国经济增长方式的转变和产业结构的调整具有重要意义。但由于中小企业普遍存在成立时间短、规模小、抗风险能力弱等问题，单个中小企业在经济发展中具有明显的弱势特征，形成了中小企业的"强位弱势"特点。一方面是我国中小企业作为一个整体对于推动地区经济增长具有非常重要的作用；另一方面是单个中小企业由于先天的弱性和不足在社会中始终处于弱势地位，在融资、技术、管理模式、人才、市场竞争环境等方面，存在着诸多的制约因素。尤其是中国发展现阶段转变经济发展方式对中小企业创新与就业方面寄予厚望，然而目前中小企业的发展面临较多问题，难挑重任。

二、中小企业发展中存在的问题

根据《中国中小企业金融服务发展报告（2013）》显示，2013年企业经营状况有所改善或没有变化的占60%左右，而企业经营状况变差的占40%左右，说明我国中小企业的经营状况不容乐观。目前，受国际经济局势动荡和国内经济增速放缓等多重影响，利率、汇率不断上升，国内劳动力、原材料、能源价格和土地成本的上涨，导致中小企业的内需、外需都呈现增长乏力的迹象，面临巨大的转型压力。中小企业存在的主要问题包括如下几个方面：

（一）生产成本不断上升

我国多数中小企业属于加工贸易型、能源消耗型、资源依赖型等，长期以来依靠低廉的原材料、能源、劳动力等要素价格赢得优势。但近年来，原油、铁矿石、煤炭以及农产品等国际大宗商品价格走势整体上行，导致国内工业原材料价格不断上涨，中小企业的生产和经营成本不断增加，利润空间被压缩。另外融资难导致贷款利率较高、用地指标紧缺导致土地价格上涨、租用土地和厂房的费用也明显提高等一系列问题使企业成本不断增加。由于中小企业大多处于产业链条的低端，产品普遍缺乏核心竞争力，其销售价格受供求关系影响增长不大，成本转嫁能力较弱，导致企业利润很难维持，经营陷入困境。从青岛科技大学中小企业课题组对全国中小企业的调查数据来看，我国中小企业的销售收入增幅在10%以内的占86%以上，而销售收入增幅在30%以上的仅占3.3%。而同期经营势头良好的企业仅占24%，出现不同程度亏损的企业占调查样本的17%，可以看出我国中小企业的经营状况不容乐观。

(二) 技术创新能力薄弱

根据青岛科技大学中小企业课题组对全国中小企业的调研来看，我国中小企业的五成以上研发投入占销售收入的比例低于1%，大约25%的中小企业研发投入占企业销售收入的1%~3%，反映这些企业的发展缺乏科技创新和战略意识，从长远来看将处于不利形势。对于技术水平，从调研数据来看，我国53%的中小企业技术处于同行业平均水平，13%的技术落后于同行业，说明目前我国大部分中小企业处于行业中端甚至低端，缺乏竞争优势。对于我国中小企业来说，之所以形成这种局面，主要原因包括：由于企业刚刚确立市场主体地位，对研究与开发重要性认识不足；由于中小企业资金实力较弱，企业薪资和福利稍弱，在吸引优秀创新人才方面无法与大公司抗衡，直接影响了其创新活动的开展；由于缺少足够的资金支持，企业技术研发能力较差，关键技术缺乏，设备更新缓慢，导致其产品附加值低，难以抵御市场风险。而其从科研院所和高等院校直接购买的技术成果，由于其技术领先度不高，容易被模仿，导致市场寿命有限，很难给企业带来持久的竞争力。种种原因导致我国中小企业缺乏自主的知识产权，主要在一些低附加值的领域展开竞争，在高附加值的领域没有发言权，因此尽管消耗了大量资源，但产出水平较低，企业依旧面临较高的风险。如果想在国际高新技术市场中分得一杯羹，必须努力提高我国的科技研发水平，单纯的模仿创新不能支持我国走在世界科技发展的前列，真正高端的技术是买不到的，要具备国际先进技术，只能依靠自主创新，可以说自主创新才是推动和提高我国科研水平的关键。

(三) 管理不规范

我国许多中小企业是由原来的个体户、小作坊、家族店发展起来的，还有一部分是原来大企业的工作人员掌握了一部分客户资源或者技术，离职创办的企业。从管理人才来看，尽管这些企业的创始人有着丰富的市场经验和人脉关系，但大多缺乏企业管理的专业知识，管理思想比较落后，加上受几十年来计划经济体制的影响，造成我国整个企业管理水平较低；而且缺少职业经理人，企业管理观念和管理方式落后，导致企业经营活动很容易陷入困境。从管理制度来看，部分中小企业的财务会计、人事以及薪资分配等方面缺少制度规范，管理制度不健全、企业产权不清晰成为目前中小企业普遍存在的问题，导致中小企业的经营活动经常处于混乱状态。随着企业不断发展壮大，企业规模的不断扩张，对管理的要求越来越高，而企业管理的漏洞也越来越多，日益激烈的市场竞争使企业管理问题越来越多地暴露出来，中小企业的粗放型管理方式难以实现经营规模的有序扩张和增长方式的结构性转变。同时管理不规范不但体现在企业日常生产经营和产品质量中，而且在融资、纳税时体现得更为明显。中小企业可能存在多套账目和报表，一套用于向银行等金融机构的借贷和融资，一套反映企业的实际生产经营，一套供税务、工商部门征税稽核，这不仅影响了银行、税务以及担保机构等部门对中小企业的信用评价，也严重影响了社会对它的信任和支持。

（四）缺乏人才支撑

我国中小企业多数是私营企业，很大一部分是家族式管理，缺乏有效的内部激励机制和约束机制，没有科学有效的人才引进、培育和发展策略，难以留住高级人才，而且缺乏高素质的一般管理人员，影响了企业的长远发展和市场竞争力的提升。另外企业一线技术员工短缺，一些作坊式的小企业，难以提供较高的工资待遇，加上社会保障和环境安全条件较差，导致从业人员流动性很大，给企业生产经营带来了较大的负面影响。由于中小企业用工中新生代农民工的比例越来越大，作为劳动力主力军的80后、90后就业观念与他们的父辈相比发生了巨大变化，除了薪酬待遇外，他们对于假日安排、工作环境、住宿条件、企业文化、休闲娱乐及其他精神方面也有需求，这无疑增加了中小企业用工的成本和不稳定性。目前我国近六成的中小企业其高学历员工不足员工数量的10%，高学历、高技能人才的不足会严重制约我国中小企业的发展。总之，中小企业普遍存在用工短缺、人员流动快的问题，不仅提高了企业的生产成本，甚至影响了企业的正常生产经营。

（五）融资困难

目前我国70%左右的中小企业存在不同程度的资金缺口问题，只有9%的企业资金充裕，可以看出资金不足仍是制约我国中小企业发展的关键问题。目前我国中小企业资金来源主要是自有资金、亲友借款、银行借贷、民间借贷、抵押贷款、担保公司以及小额贷款公司等几种途径。尽管大量中小企业倾向于通过自有资金和亲友借贷来解决融资需求，但自筹资金的规模却相当有限。而我国的资本市场、债券市场等直接融资渠道可以帮助优秀中小企业，但无法从根本上缓解普通中小企业的资金饥渴症。目前我国中小企业外来资金主要依靠从金融机构获得贷款，融资渠道比较单一。但大型金融机构往往青睐于大型企业、垄断企业和上市公司等，在信贷资源紧张的情况下，根本无力顾及中小企业。许多情况下，大企业拥有更多的经济、政治、文化和人脉资源，可以获得更多的便利和优惠，在使用过程中又会形成马太效应，拉大现有的差距，导致我国大多数中小企业难以从银行获得信贷支持。中小企业在向银行融资碰壁之后，为了维持企业生产经营，不得不将筹集资金的渠道拓展到利率更高的民间借贷。虽然民间借贷形式较多，但条件比较苛刻，贷款利息较高，进一步加大了处于融资体系弱势地位的中小企业获得资金的难度，现阶段融资难问题已经成为制约我国中小企业发展的"瓶颈"。

综上所述，国内国外各种因素导致了中小企业现在的融资困境，在企业创立的过程中，可能因为流动资金的短缺无法有效的开拓市场；在企业发展到一定规模时，可能因为扩建资金的不足难以及时扩大再生产，使企业坐失产业化的良机，这大大限制了中小企业发展的速度和竞争能力。人才、技术和资金是中小企业研究与开发项目成功与否最为关键的三个要素，我国中小企业不仅存在融资难的问题，人才和技术也比较匮乏。然而人才和技术的短缺在很大程度上是由于没有足够的资金支持造成的，然而充足的资金供给对中小企业来说尤为重要，中小企业进行研发活动时可能由于资金不足导致研发活动的中止。中小企业是我国经济中最具活力的一部分，融资难不仅影响企业自身的发展，也会影响其融资能力的提升，甚至影响整个国家技术进步和国民经济发展。因此深入探讨中小企业的融资问题，缓解中小企业的融资难题对于我国经济增长方式的转变、经济结构的调整以及社会的稳定发展具有重要的意义。

第二节 我国中小企业信贷融资概况

一、我国中小企业融资现状

(一) 中小企业贷款需求旺盛

中小企业在我国国民经济中的地位和作用是不言而喻的，而中小企业获得的信贷融资总体上来说小于其在国民经济中所占的份额。最初中小企业的资金主要来自经营者出资和内源融资，但随着企业的不断发展，自有资金难以满足企业持续发展和壮大的需要，将面临资金短缺的问题。在我国资本市场和风险投资等商业金融不发达，政策金融不完善的情况下，中小企业外来资金来源主要依靠银行业金融机构和民间金融的贷款。

中国人民银行公布的企业贷款需求指数如表3-10所示，尽管各类企业的贷款需求指数自2010年第四季度以来呈不断下降的趋势，但2014年第一季度小微企业的贷款需求指数仍旧达到77.5%，而同期中型企业的贷款需求指数是69.7%，而大型企业的贷款需求指数是60.3%。从历年数据来看小微企业的贷款需求指数最大，其次是中型企业的贷款需求指数，而大型企业的贷款需求指数最小，这也说明相对于大型企业来说，中型企业和小微企业的资金需求比较旺盛。而中小企业资金需求旺盛的同时，反映出中小企业的资金缺口相对较大。根据《中国中小企业金融服务发展报告（2013）》，超七成受访的金融服务经理人认为，2012年中小微企业的贷款需求旺盛程度有所增加，而认为贷款需求旺盛程度有所降低的企业不到两成，只有近一成的受访者认为没有变化。而且来自不同地域的受访者对于中小微企业的贷款需求旺盛程度变化评价存在差异，北京地区的受访者认为贷款需求旺盛程度"有所降低"的占比最高，达到25%。来自长三角的受访者认为这一比例达到18.2%，而西部地区的受访者全部都认为贷款需求"显著增加"或"有所增加"，这说明我国中小微企业贷款需求旺盛。但中小企业由于成立时间短、资产规模小、缺乏抵押资产、资信等级低、经营不确定性大、承受外部冲击的能力弱等原因,使其抗风险能力和还贷能力受到一定的削弱,导致其在信贷融资过程中一直处于劣势。

表3-10 2010~2014年中国大中小企业贷款需求指数

时间	大型企业贷款需求指数	中型企业贷款需求指数	小微型企业贷款需求指数
2010年第四季度	67.9	74.8	80.4
2011年第一季度	66.0	75.2	82.1
2011年第二季度	64.8	74.1	81.5
2011年第三季度	63.7	75.4	83.1
2011年第四季度	62.2	73.2	81.8
2012年第一季度	62.4	72.7	81.8
2012年第二季度	57.1	66.2	76.3
2012年第三季度	54.8	62.1	71.7
2012年第四季度	56.5	64.8	74.1
2013年第一季度	58.8	69.9	77.7
2013年第二季度	56.9	67.2	74.7
2013年第三季度	56.4	67.1	76.3
2013年第四季度	56.9	67.1	76.9
2014年第一季度	60.3	69.7	77.5

注:1. 贷款需求指数反映银行家对企业贷款需求情况判断的扩散指数。该指数的计算方法是在全部接受调查的银行家中,分别计算本行本季企业贷款需求"增长"和"基本不变"的占比,再分别赋予权重1和0.5求和得出。

2. 在2013年第三季度及以后的调查问卷中,将"小型企业贷款需求"改为"小微型企业贷款需求"。

3. 本表根据中国人民银行公布的银行家问卷调查报告整理得出。

(二)中小企业融资成本相对较高

我国中小企业贷款申请过程中,一方面需要提供一定的抵押担保,使大多数处于起步初期固定资产和不动产较少的中小企业难以获得银行的贷款审批,另一方面即使获得信贷支持,其融资成本往往较高。例如,由于我国担保机构和信用评级机构建设比较滞后,在给中小企业担保或评级过程中存在明显的歧视现象;信贷机构为了自身资金的安全性和盈利性,在放款时可能以预留利息的名义扣除部分贷款本金，减少了中小企业实际获得的贷款数量，提高了中小企业的融资成本。因此，在目前的融资体系中，中小企业不仅受到信贷规模的歧视，更要支付高额的贷款利息、抵押物登记评估费用、担保费用、各种手续费和管理费，使得中小企业在融资中处于明显劣势，影响了其投资积极性。从表3-11来看，大型企业的信用贷款占比最高，保证贷款居中，而抵质押贷款占比最低，而对于中小企业来说，抵质押贷款占的份额相对最多，而信用贷款占的比例最少，说明中小企业从银行获得信用贷款的难度较大，而银行抵质押贷款和信用贷款的要求加大了中小企业的融资成本，而大量中小企业由于缺少可供抵押的物品而无法从银行业金融机构得到融资支持，不得不求助于信贷条件相对灵活但利率更高的民间金融。

表3-11　2009~2012年我国大中小企业银行贷款方式

单位：万亿元

年份	贷款方式	大型企业	中型企业	小型企业	微型企业
2012	信用贷款	59749.70	23773.02	13133.41	1361.27
	保证贷款	34230.76	44148.87	33484.76	3331.54
	抵（质）押贷款	45294.82	73904.06	54978.36	5439.33
2011	信用贷款	62589.59	18583.51	14193.86	—
	保证贷款	33060.10	35184.08	34517.42	—
	抵（质）押贷款	42844.48	53756.81	55439.50	—
2010	信用贷款	58513.64	17574.78	9259.49	—
	保证贷款	32731.44	31382.78	24658.49	—
	抵（质）押贷款	40280.40	49699.82	38814.08	—
2009	信用贷款	49419.72	14791.85	8569.10	—
	保证贷款	29813.18	26216.10	17750.72	—
	抵（质）押贷款	33999.89	40846.02	27990.39	—

资料来源：中国金融年鉴（2010~2013）。

根据《中国中小企业金融服务发展报告（2013）》显示，中小企业贷款频率是大企业的5倍，平均贷款量仅为大企业的0.5%，但是银行对中小企业贷款的信息成本和管理成本却是大企业的5~8倍。对信贷机构来说每笔贷款的发放程序、环节却与大企业大致相同，结果导致贷款的单位经营成本及监督费用上升，难以形成"规模效益",对信贷机构缺乏吸引力。同时调查中超过四成的受访者认为 2012 年中小微企业的贷款利率水平比 2011 年提高了,认为贷款利率没有发生变化的受访者为 22.2%,只有三成左右的受访者认为中小微企业贷款利率水平有所降低。而且在来自长三角地区的受访者中,认为贷款利率水平有所增加的占比最高,达到 63.6%,来自北京的受访者认为贷款利率水平有所增加的达到 43.8%,这说明对于中小微企业来说贷款利率仍旧处于上升趋势。具体到贷款利率上浮情况,超过八成的受访者认为中小微企业贷款利率上浮了 20%~40%,同时有 16.7% 的受访者认为贷款利率上浮了 40%~50%。按照地区来看,北京地区的受访者更倾向于上浮区间为 11%~30%,而长三角地区的受访者更倾向于上浮区间集中在 20%~50%,东北地区的受访者更倾向于上浮区间在 20%~40%,这也反映出不同地区中小微企业的贷款利率水平存在较大差异。

(三)银行业仍是中小企业信贷融资的主力

1. 2009~2012 年中小企业贷款余额

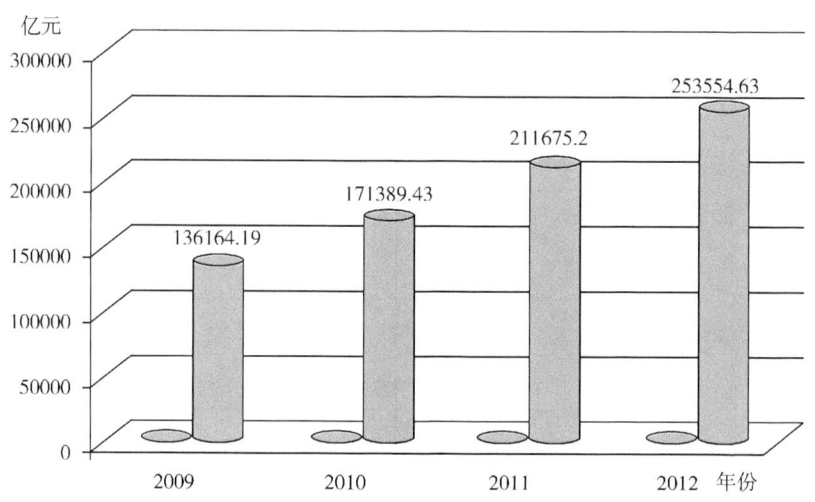

图 3-2　金融机构中小企业贷款余额(2010~2012 年)①

资料来源:中国金融年鉴(2010~2013).

---

① 2009~2011 年中小企业贷款余额包括中型企业贷款余额和小型企业贷款余额,2012 年中小企业贷款余额包括中型企业贷款余额、小型企业贷款余额和微型企业贷款余额。

根据图 3-2 所示，我国银行业金融机构对于中小企业发放的贷款数量逐年增加，上升趋势非常明显，从 2009 年的 136164.19 亿元增加到 2012 年的 253554.63 亿元，3 年时间增长了将近 1 倍。

表 3-12　2009~2012 年金融机构发放的中小企业贷款余额

年份	中型企业（亿元）	小型企业（亿元）	微型企业（亿元）
2009	81853.98	54310.21	—
2010	98657.37	72732.06	—
2011	107524.41	104150.79	—
2012	141826	101596.5	10132.15

资料来源：中国金融年鉴（2010-2013）.

从表 3-12 来对比分析我国中小企业贷款余额，我国中型企业在金融机构贷款中占据较大优势，小型企业相对处于劣势，而从 2012 年我国金融统计年鉴才开始统计微型企业数据，截至 2012 年底，全国金融机构对于中小企业贷款余额为 250000 亿元，其中中型企业贷款余额 141826 亿元，小型企业贷款余额 101596.5 亿元，微型企业贷款余额 10132.15 亿元。

2. 2012 年主要银行业金融机构中小企业贷款余额情况

根据中国银监会管理委员会的年报，绘制 2012 年主要银行业金融机构中小企业贷款余额分布如图 3-3 所示。

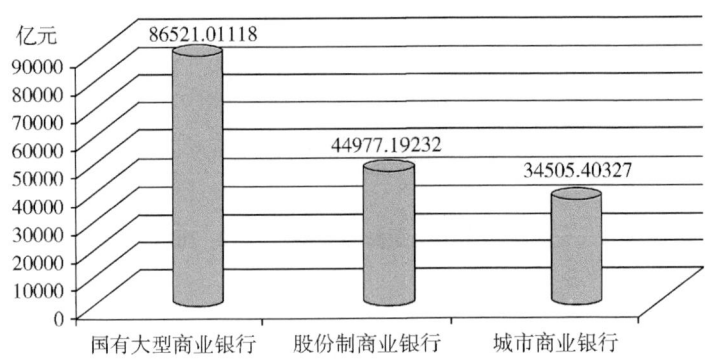

图 3-3　主要银行业金融机构中小企业贷款余额（2012 年）

资料来源：中国银行业监督管理委员会年报（2012）.

从图 3-3 可以看出，在主要银行业金融机构的中小企业贷款余额方面，大型国有商业银行中小企业贷款余额达到 8.65 万亿元，占银行业金融机构发放中小企业贷款额的 34.12%，在发放中小企业贷款方面凭借其雄厚的资产规模、众多的网点，在规模上具有绝对的优势地位。而股份制商业银行的中小企业贷款余额为 4.50 万亿元，贷款占银行业金融机构发放中小企业贷款余额的 17.73%，居第二位；城市商业银行中小企业贷款余额为 3.45 万亿元，占比为 13.6%，三类商业银行中小企业贷款余额合计为 16.60 万亿元，占银行业金融机构发放中小企业贷款余额的 65.45%，可见中小企业获得资金的主要渠道仍旧是银行信贷资金。

（四）民间金融灵活的信贷政策形成对正规金融的补充

正规金融可以提供的资金数量是有限的，资金需求和供给之间极大地不平衡将大量中小企业排除在正规金融体系之外。在一些正规金融服务不能覆盖的领域里，民间金融和正规金融在一定程度上形成了互补关系。

1. 民间金融形式多样

民间金融活动的形式多样，一种是有组织结构的各种各样的"会"，由会内的企业分别拿出一部分资金，然后会内企业轮流使用，不以盈利为目的，但具有一定的组织结构和框架，有严格的企业管理制度和财务制度。另一种是没有组织机构的个人借贷或企业间融资，主要指在亲朋好友之间的无担保借贷，资金量往往较小，而且比较容易引起纠纷。从地域分布上看，在中小企业比较发达的地区民间金融相对活跃，而在经济落后的地区民间金融的发展相对缓慢。

2. 中小企业融资需求是民间金融的滋生环境

由于央行持续的银根紧缩和遏制过度投资等调控行为，一方面导致中小企业、个体工商户很难得到银行的青睐，加上银行信贷往往审查周期长、手续繁琐，难以解决资金需求者的燃眉之急。另一方面，由于通货膨胀的长期性和投资渠道的缺乏，大量闲置的个人资金有着现实的理财需求，大量闲置资金进入民间金融领域，促使民间金融较快发展，成为我国中小企业资金来源的重要渠道，从制造业扩展至商贸流通企业乃至私人作坊，其规模不断发展壮大。2012年我国民间金融总体规模超过 4 万亿元，业务规模也在不断的创新发展中。民间金融的快速发展在很大程度上缓解了中小企业融资难的问题，通过竞争可能促使我国的金融体系更加有效。

3. 融资程序日趋规范

民间金融的融资门槛相对较低，早期多为彼此了解和信任的亲朋好友、乡邻之间，借贷方式比较灵活，只要立下字据，一个电话就可以取得资金，手续简便快捷。根据《中国金融年鉴》（2005）的调研结果，民间金融在达成借贷意向时，以口头约定方式进行的占 16%，打借条的占 80%，订立正式合同的民间借贷在 2% 左右，民间融资程序处于不规范的状态。现在不仅需要正式签订借贷合同，在合同中还要详细说明借贷金额、利率、期限、违约责任等内容，同时需要提供一定的物品作抵押。随着东部地区民间金融的快速发展，还出现了民间借贷经纪人，他们为借贷双方沟通信息、评估项目、收取押金以及代办手续等，对民间金融的发展起到积极推动作用。由于民间融资在社会经济活动中提供了种种便利，中小企业资金严重紧张客观上促进了民间融资流动更加活跃，这一行为也得到了社会公众的认同，多重因素的综合使民间金融逐渐由"地下"浮出水面，从过去遮遮掩掩的"地下金融活动"逐渐转向半公开化和公开化。在民间融资比较活跃的地区，企业间融资频繁，一些有实力、信用度高的企业进行民间融资相对容易，且数量较大，出现了融资后的二次融资行为。

4. 利率偏高，但具有很大的灵活性

民间金融的利率有借贷双方自行协商，其高低和借款人的经济实力、资信状况、关系远近、借款时间密切相关。尽管民间金融利率较高，但可以根据不同的情况及时做出调整。如果借款数量大、借款时间长，则利率相对较高；如果借款人经营稳定、守信誉、借款时间短、数量少，则利率相对较低。刘义圣（2007）考察了 1990~2005 年温州地区民间金融的利率情况，发现 20 世纪 90 年代后，温州民间利率大体呈下降趋势，从 1990 年的 34.8% 下降到了 2005 年的 25.1%。支大林和孙晓羽（2009）认为东北地区的民间金融利率有不断提高的倾向，2005年民间金融的最高利率介于12%~30%，2006年达到30%~60%，2007年进一步上升到40%~84%。张萍（2009）指出，尽管各地区民间金融的利率高低差别很大，但这种高利率不仅对放贷人有利，对借贷人同样也相对合理，因为借款人无法筹集到足够的资金，说明其风险较大，不得不支付较高的融资成本来弥补民间金融的风险。张文彬（2011）对我国台州地区的调研发现，部分贷款利率远高于正规金融机构贷款利率的上线24%，甚至还存在年化利率36%以上的高利贷，相关研究表明民间金融利率普遍较高。

民间金融利率的形成受到各种因素的影响，姚耀军（2009）和陈蔚、巩秀龙（2010）明确提出，民间借贷利率是货币政策、物价水平的函数，与正规金融机构的信贷扩张额负相关，与正规金融机构的利率和CPI正相关。张凤（2009）提出，在民间金融市场上利率具有过滤功能，可以通过高利率筛选掉民间金融市场中风险过大的融资项目。李晓玲（2013）指出，过高的利率导致中小企业将生产性资金转向投机性资金去追求高收益，将导致产业空心化问题的出现。因此，适度的利率监管将促进民间金融和中小企业之间的共生关系更加和谐。

总之，民间金融对中小企业融资难的问题具有一定的缓解作用，特别是一些有较大发展潜力和良好市场前景的中小企业，通过筹集自有资金和银行信贷仍旧不能满足资金需求的情况下，可以借助民间融资使企业发展壮大。而且由于民间金融机构和中小企业之间保持着密切的联系，在一定程度上增强了中小企业的投资理性和还款责任，有助于最大限度地提高资金的利用效率和经济效益，提高投资成功率，为中小企业创造更多的财富。民间金融弥补了国家金融服务的不足，对于自有资本不足的中小企业，由于民间借贷手续方便、贷款速度快，能有效满足企业季节性和临时性贷款需求，可以说民间金融在一定程度上弥补了国家金融服务的不足，在一定的时间和空间上是无法取代的。

（五）政府设立多项支持中小企业发展的基金

1. 中小企业发展专项资金

为支持中小企业发展，由国家发改委、工信部、财政部联合设立中小企业发展专项资金，由中央财政预算安排资金专门用于支持中小企业的技术进步、发展方式转变、结构调整、扩大就业和改善服务环境。根据 2012 年 5 月 25 日《中小企业发展专项资金管理办法》的规定,专项资金目的在于促进中小企业的结构调整和优化,重点支持中小企业的技术进步和技术改造,鼓励其创建和保护自主知识产权和品牌建设,提升"专精特新"发展能力,积极挖掘和保护特色传统工艺和产品,支持国家培育的重点产业。其次专项资金致力于改善中小企业的服务环境,支持高技术服务业、现代物流业、商务服务业等生产性服务企业和中小企业服务机构等,用于提升其服务能力和服务质量,加强和改善中小企业创业、创新、人才培养、市场开拓等服务。

在中小企业发展专项资金下设立了中小企业信用担保资金、地方特色产业中小企业发展资金等。2013 年 2 月 1 日国务院常务会议明确提出,中央财政将安排 150 亿元用于设立国家中小企业发展基金,特别是用于支持小型微型企业发展,为具有发展潜力和市场前景的中小企业保驾护航。

2. 科技型中小企业创业投资引导基金

当前我国科技型中小企业发展过程中面临的最大瓶颈是资金困难,引导基金作为我国首只国家级创业投资引导基金,对于缓解科技型中小企业的融资难发挥了重要作用,在国内产生了较大影响。引导基金主要用来支持创业投资管理企业和具有投资功能的服务机构为科技型中小企业提供资金支持,或者直接为从事高新技术产品研究、生产、开发和服务的成立年限 5 年内的科技型中小企业直接提供资金支持。同时引导基金并借鉴发达国家的普遍做法,借助财政资金的引导作用来吸引信用担保机构的关注度,共同为科技型中小企业提供融资担保,这对于缓解科技型中小企业融资难具有重要意义。

3. 中小企业公共服务体系专项补助资金

为了更好地为中小企业提供服务,财政部专门设立了中小企业公共服务体系专项补助资金,主要对开展以下业务的企业予以补助:培训服务、信用服务、创业服务和管理咨询服务。培训服务包括中小企业服务机构从业人员和政府部门直接从事中小企业管理工作人员的培训,包括创业培训、中小企业经营管理及专业技术人员培训。信用服务包括收集中小企业信用信息,建立健全中小企业信用档案,对中小企业信用进行评价等。目前信用记录和信用评价的缺乏已成为导致我国中小企业融资难的关键因素，有可信的第三方建立中小企业信用档案显得尤为重要。创业服务指中小企业服务机构为创办中小企业提供的创业指导、综合服务等活动。咨询管理服务具体指中小企业服务机构为提高中小企业管理水平开展的管理咨询、信息服务、企业诊断等活动，这有利于加速中小企业的发展壮大。

4. 中小商贸企业发展专项资金

为支持我国中小商贸企业的发展，带动就业，中央财政设立了中小商贸企业发展专项资金。基本功能是对于中小商贸企业的信用保险和信用担保给予适当的财政补助，同时对于中小商贸企业的培训、市场开拓、品牌培育和管理咨询服务也给予适当的财政补助，借此推动中小商贸企业的发展。对于符合条件的中小商贸企业获得的银行贷款给予一定的贷款贴息，从而降低其融资成本，缓解资金压力，支持中小商贸企业的大发展。

5. 中小企业国际市场开拓资金

中小企业国际市场开拓资金主要用于支持中小企业开拓国际市场，如境外展览、各类产品认证、境外专利申请、企业管理体系认证、电子商务、境外投标、境外广告和商标注册、国际市场宣传推介、国际市场考察、企业培训和境外收购技术和品牌等项目，并明确提出优先支持面向东南亚、中亚、拉美、东欧、非洲、中东等新兴国家市场的拓展。除了国家的支持资金外，各省、直辖市、自治区等纷纷设立了地方支持中小企业发展的资金和基金项目。

（六）国家出台系列政策支持中小企业融资

2002年我国颁布了《中华人民共和国中小企业促进法》，这从法律层面为中小企业的发展提供了支持。随后国家有关部门又颁布了许多扶持中小企业信贷融资的政策性文件，中国银监会于2005年7月颁布了《银行开展小企业贷款业务指导意见》，为各银行改善中小企业贷款业务提出了具体的要求，随后银监会又发布了《商业银行小企业授信工作尽职指引》和《银行开展小企业授信工作指导意见》，明确并放宽了对中小企业的授信条件。在世界性金融危机比较严重的2008年3月，银监会发布《关于在从紧货币政策形式下进一步做好小企业金融服务工作的通知》，确保中小企业贷款增幅不低于全年贷款的平均增长幅度。2010年6月，中国人民银行、银监会、证监会和保监会联合颁布了《关于进一步做好中小企业金融服务工作的若干意见》，对金融机构如何支持中小企业的融资提出了具体要求。2011年10月12日，经国务院常务会议研究讨论，最终确定了支持小微企业发展的九项金融、财税政策措施。为支持小微企业健康发展，国务院常务会议在2012年2月初再度专题部署扶持小微企业发展的4项措施。为了帮助小微企业提振信心、提高盈利水平，国务院于2012年4月出台了《国务院关于进一步支持小型微型企业健康发展的意见》，进一步加大对小微企业的财税支持力度。为缓解小微企业融资困难，加大对小微企业的支持，发改委于2013年7月出台《国家发展改革委关于加强小微企业融资服务支持小微企业发展的指导意见》，2013年8月12日，国务院办公厅发布《关于金融支持小微企业发展的实施意见》，要求进一步做好小微企业金融服务工作，尽全力支持我国小微企业可持续发展。

综上所述，我国中小企业外源融资主要依靠银行业金融机构，民间金融形成了正规金融的有力补充，政府设立了多项引导基金和支持政策，对缓解中小企业融资起到了积极作用。但随着金融危机的深化和经济的不断发展，我国中小企业的资金需求将不断扩大，面临的资金缺口也将越来越大，同时融资成本不断上升，融资难越来越成为制约我国中小企业发展的主要瓶颈。

二、我国中小企业融资难的原因分析

（一）中小企业自身的原因

1. 中小企业信贷风险较大

人们通常认为资本和资产规模代表了企业的最终偿付能力，而中小企业普遍存在资本缺乏、资产规模小、偿付能力低的问题，在业务往来中地位明显较弱，当市场出现变化时，抵御市场风险的能力也比较弱。一旦出现资金周转不灵，中小企业缺乏应急能力，可能带来连锁反应，中小企业的高风险必然提高其融资成本。而且商业银行一般要求中小企业提供贷款担保，但由于客观条件的限制，中小企业可提供的抵押物较少，也难以寻找到合适的担保人，难以满足银行信贷要求的可供抵押资产或担保条件。

根据《中国中小企业金融服务发展报告（2013）》，92.6%的金融服务经理人认为2012年中小微企业的贷款风险增加，其中有18.5%的受访者认为风险显著增加，74.1%的受访者认为风险有所增加，而认为风险没有变化或有所降低的分别占5.6%和1.9%。按地区来分，来自西部地区的受访者对小微企业贷款风险的评价最为负面，100%的受访者认为风险增加，其次是来自长三角地区的受访者，认为风险显著增加的占到95.5%。

2. 中小企业资信程度欠缺

我国中小企业普遍存在重投入、轻产出；重速度、轻效益的问题，没有在企业内部建立良好的自我发展、自我约束和自我积累的机制，缺乏长期的发展战略。根据统计，我国中小企业存活期在3~5年的占70%~80%；存活期在5~10年的占10%~20%；存活期在15年以上的仅占5%左右，平均寿命约为2.9年，使银行不愿承担风险为中小企业贷款。而且中小企业的财务制度不健全、不规范现象比较严重，根据中小企业协会的调查统计，我国有50%以上的中小企业缺乏健全的财务管理制度，导致金融机构难以获得这些企业真实、可靠的财务信息。因此银行出于防范风险的需要，不愿贸然贷款给中小企业，进一步增大了中小企业贷款的难度。而且中小企业可能存在合同违约、逃废债务、制售劣质产品、披露虚假信息、侵犯知识产权等行为，导致信贷机构对中小企业缺乏信心。

3. 中小企业信息透明度低

目前我国中小企业和信贷机构之间的信息不对称现象非常严重，信贷机构从自身资金的安全性考虑对中小企业存在惜贷行为。对信贷机构来说，贷款决策的基础是掌握完整的企业信息，若无法获取完整、准确的信息，信贷机构对贷款对象将无法实施有效的评估和监控，贷款风险会因此加大。然而无论是在中小企业主的经营能力和资信情况、企业财务状况、企业资产的价值，还是企业获得资金后投资项目的成本、收益和风险等信息的获取上，信贷机构都存在一定的信息劣势。而且目前我国的中小企业多处于新生期和成长初期，财务信息不完备、会计造假现象普遍以及投资项目需要保密等原因，大多数中小企业难以提供经过审计的合格的财务报表，导致信息不透明情况严重，信贷机构难以做出判断。由于逆向选择和道德风险的存在，即使中小企业拥有会计师事务所提供的审计意见，信贷机构还会怀疑会计师事务所的可靠性，大多数信贷机构还会对申请企业的财务报表进行重新审查。另外信贷机构和企业之间没有建立起长期的合作关系，使信贷机构难以长期分析企业存款账户的资金往来情况，信贷机构为了防控信贷风险不得不对中小企业采取"惜贷"行为。

综上所述，从收益最大化的角度来看，中小企业贷款额度普遍偏小，难以产生规模效益；从风险最小化的角度来看，中小企业信贷风险较大、资信程度欠缺、信息不对称问题比较严重，导致银行要对中小企业进行调查需要高昂的成本，严重影响了信贷机构对中小企业发放贷款的积极性。

（二）外部原因

1. 法律法规比较滞后

国家有关部门早就认识到了中小企业信贷融资恶劣的外部环境，无论是国务院、发改委，还是中国人民银行、银监局等金融主管部门都发布了一系列支持中小企业发展的政策措施。但针对中小企业发展的文件大多是宏观性的指导文件，缺乏具体的可操作性规定，难以满足商业银行和中小企业在参与市场竞争时所需要的法律保障。有关中小企业信贷融资方面的法律法规存在滞后现象，导致民间借贷或集资行为由于缺少法律规范或依据存在着很多问题，不能健康有序的发展。同时法律的执行力度较差，一些地方政府存在着严重的保护主义，金融机构在利用法律手段保护自身合法权益时，可能由于种种原因导致执行不力或无法执行，企业逃费银行债务的行为常有发生，导致金融机构的合法权益无法得到有效保护。

尽管各方面都采取了一系列措施改善中小企业的融资环境，但整体来看目前的政策措施缺乏对金融机构发放中小企业贷款的激励措施，以及发生风险后对金融机构的保护措施，难以从根本上调动金融机构对中小企业贷款发放的积极性。

2. 银行业金融机构信贷资源配置失衡

（1）2009~2012年中小企业贷款占比。目前银行体系的信贷资源大多流向大中型企业，根据中国银监会披露的数据可以看出（见图3-4），2011年银行业金融机构中小企业贷款余额占全部贷款余额的27.3%，2012年中小企业贷款余额占比为21.95%。2012年贷款余额占比相对2011年出现了一定程度的下降，也略低于2010年的水平，略高于2009年的中小企业贷款占比情况。这可能与统计口径的变化有关，但是在整体经济增速趋缓，货币当局实施稳健货币政策的背景下，经过了2009年和2010年的金融机构对中小企业支持力度的快速增加、2011年的稳健上升之后，2012年中小企业贷款余额占比没有持续上升也有一定的合理性。但从总体来看，我国中小企业获得的银行信贷融资普遍偏少。

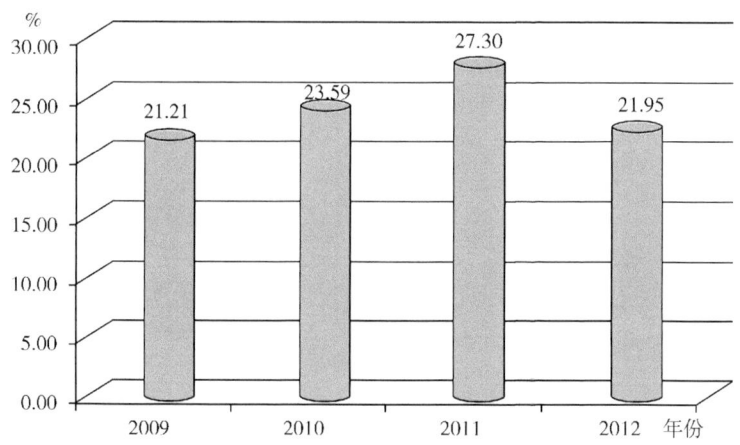

图3-4 银行业金融机构中小企业贷款余额占全部贷款余额的比例（2009~2012年）①

资料来源：中国银行业监督管理委员会年报（2009~2012）.

由于我国商业银行处于垄断地位，对不同性质的企业采用不同的信贷政策

---

① 2009和2010年银监会并没有直接披露中小企业贷款余额占全部贷款余额的比例，该数值由图3-1中小企业贷款余额的数值与当年全部贷款余额的占比计算得出。2011和2012年银监会年报披露中小企业贷款余额占全部贷款余额的比例。

和贷款标准,中小企业不可能获得与大企业相同的待遇。商业银行出于规避高风险的顾虑,对中小企业的金融服务相当严格和谨慎,对中小企业的贷款标准也比大企业严格得多,导致中小企业在银行业金融机构的贷款中处于劣势地位。

(2) 2012年主要银行业金融机构中小企业贷款余额占比情况。从图3-5可以看出,2012年国有大型商业银行发放的中小企业贷款余额占其发放的全部贷款余额的16.11%,股份制商业银行发放的中小企业贷款余额占比为23.63%,城市商业银行发放的中小企业贷款余额占比为38.90%,超过国有大型商业银行中小企业贷款余额的2倍。这充分说明尽管城市商业银行的规模较小,但是在中小企业金融服务领域具有较大的优势,这也说明城市商业银行利用其自身的区域性特征和地缘优势,专注于服务中小企业具有一定的优势,并取得了一定的成效。

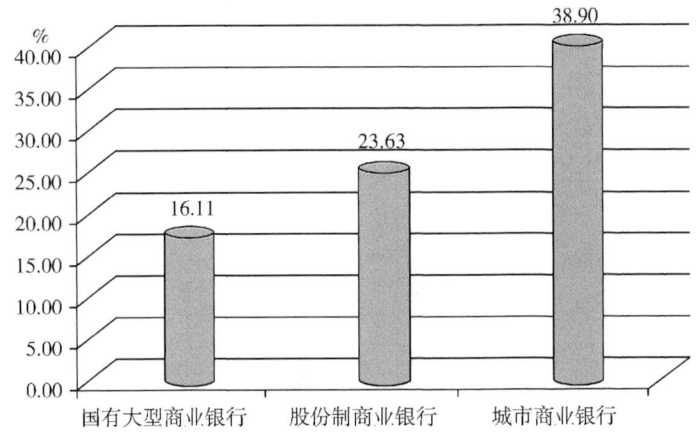

图3-5 主要银行业金融机构中小企业贷款余额占全部贷款余额的比例(2012年)

资料来源:中国银行业监督管理委员会年报(2012).

综上所述,尽管最近几年来银行业金融机构对中小企业的贷款余额均超过20%,但在其全部贷款余额中比例相对较低,总体上来说,银行业金融机构对中小企业提供的贷款数额不能满足中小企业发展的需要。同时各银行对中小企业的贷款比例差距较大,国有大型商业银行作为我国主要的银行业金融机构,发放的中小企业贷款仅占其全部贷款余额的16.11%,资源配置不平衡现象比较严重。

3. 银行经营管理模式不符合中小企业信贷融资需求

从目前银行的经营管理特点来看，商业银行稳健性的经营原则与中小企业资金需求的高风险特点存在着明显的矛盾。一方面，各金融机构不断采取措施强化内部风险控制和管理，增加了中小企业贷款的管制。另一方面，各金融机构缺乏相应的激励措施，影响了对中小企业发放贷款的积极性。具体表现在：

（1）信贷审批体制不符合中小企业信贷融资特点。中小企业的生产经营受季节性、临时性和市场波动的影响极大，申请贷款存在短、少、频、急的特点，需要快捷、简单的金融服务来满足其快速周转和运营。但中小企业向银行申请贷款时，各家银行对于中小企业贷款的审批大多实行集中管理的办法，而且审批体制相对繁琐，每笔贷款都要逐笔上报，分别经过信贷部门、风险部门、审贷部门的层层审核，审批经过多个环节，整个流程需要时间较长，少则十天半月，多则数月，耗时耗力。同时中小企业申请贷款时，银行从资金安全性的角度出发，往往要求其提供抵押物，对抵押物的评估、确认和登记手续繁琐，环节较多，这些都不符合中小企业资金需求特点。随着信贷审批权上收，大部分县、市基层行的贷款权被上收到总行，这就造成了上级行有信贷权，但不了解企业的具体情况；而基层行了解企业的详细情况，却没有信贷权的问题，层层审批拉长了信贷审批决策链条，可能使中小企业错过商机。在贷款期限上，目前商业银行都没有针对中小企业的长期贷款产品，中小企业仅获得短期资金，短贷长投的现象非常突出。在银行收缩银根，缩小信贷规模时，大型企业由于自身的安全性和收益性高于中小企业，也得到了银行和政府更多的关照，导致中小企业成为承受资金紧张的受害者，甚至会面临资金链条断裂的危机。

（2）贷款责任终身制导致中小企业贷款难。目前银行普遍实行的贷款责任终身制影响了对中小企业信贷的发放。尽管银行信贷责任制非常必要，但会导致商业银行在审批贷款时，注重对企业的财务信息、流动资产、产品数量、质量和价格等"硬"信息的考察，相对于中小企业来说大企业在这方面具有较大优势，导致银行信贷人员从自身安全性出发偏好于向大企业放贷。同时贷款责任终身制使银行对于贷款责任人的追究很严，而激励机制不足，因此，无论是信贷员还是基层银行，都不愿意冒更大的风险、承担更多的交易费用去开拓中小企业市场，信贷人员对中小企业存在恐贷、惧贷心理，而且信贷人员的风险和收益不对称，影响了信贷人员放贷的积极性，从而使一些本不应该流失的优质中小企业客户就这样失去了。如果一味强求大型国有商业银行为中小企业提供融资服务，对于银行来说是一种"政策性负担"，在现行体制下很难开展，需要新的激励措施。

（3）银行规避风险的特点影响了对中小企业信贷的发放。银行的预期利润不仅取决于贷款利率和贷款额度，更取决于信贷风险的大小，因此面对超额的资金需求，银行业从自身的角度出发会采取一些非利率性的贷款条件。银行业在无法鉴别企业信用以及所提供信息真假的前提下，单纯提高利率会导致低风险的企业无利可图，从而退出信贷市场，或者逼迫企业为了更高的收益率从而投资风险更高的项目，最终的结果会使银行贷款的总体风险上升，预期收益从而下降。在逆向选择和道德风险的作用下，为防范和降低风险，银行宁可将资金以较低的利率贷给其信得过的大企业，在节省交易成本的同时，获得更高的收益，而不愿意以较高的利率水平满足中小企业的资金需求，从而对中小企业形成了严重的信贷歧视，这样的结果就将那些愿意承担较高风险的良好中小企业拒之门外。

4. 民间金融存在较大风险

尽管民间金融的存在与发展是国内金融机构垄断和控制的必然结果，但民间金融灵活的信贷形式与中小企业的融资需求特点存在天然的适应性，构成了银行业金融机构的有益补充。然而民间金融存在固有的趋利性、隐蔽性、无序性和分散性的特点，存在着一定的潜在性风险，这些风险的爆发可能会对中国经济发展和社会稳定带来不良的影响，主要包括如下几方面：

（1）经济风险。其一，由于民间金融始终处于灰色地带，缺乏法律法规的规定，很多不法分子趁机进入民间资本市场，获得投机价值，影响了我国合理的社会经济秩序（李莉，2013）。如中小企业获得的部分民间金融资金以口头协议或借条形式订立，没有明确具体的借款期限、用途、还款方式以及违约责任等，同时缺少相关的抵押和担保，具有一定的不规范性和盲目性。其二，中小企业从民间金融获得的资金相对利率较高，增加了企业的财务成本和运营成本，容易导致企业亏损。其三，由于民间金融覆盖范围大，涉及领域非常宽泛，融资阶梯模式导致借贷层级非常多，其中一环出现问题，其他环节很难独善其身（杨春柏，2013）。而企业一旦资金链条断裂，将会带来一系列连锁反应，民间金融的资金链受到影响，势必带来大量中小企业的倒闭和破产。吴瑞（2012）用温州的数据证明了上述说法，目前温州中小企业融资主要来自民间金融，对其依赖性达到了70%，由于国家对民间金融宏观调控的能力几乎为零，阶梯模式导致民间金融利率较高，最终导致了温州中小企业危机。

（2）金融风险。民间金融由于缺乏国家有效监管，游离于正规金融体系之外，其利率远远高于正规金融利率，这将吸引更多的资金流入民间金融领域，从而对正规金融机构形成一定的冲击，使正规金融机构的存款得不到有效保障。同时，民间金融和正规金融的巨大利差催生了一些金融中介通过银行的各种理财产品、委托贷款、承兑汇票、打包贷款等获取资金投入到民间金融市场，或发放高利贷进行投机，导致部分正规金融机构和实体行业的资金流入民间金融市场，使正规金融的资金偏离了实体经济。而且，民间金融处于财政和金融监管的边缘地带，运行较为隐蔽，缺乏正规的组织机构，滋生出了许多诸如地下钱庄、高利贷等不法获利组织，这不仅损害了正规金融机构的合法权益，而且扰乱了金融行业的自由竞争环境。由于其借款利率远高于银行贷款等正常的融资利率，中小企业大多用于短期借贷缓解燃眉之急，随着中小企业经营状况的变化，一旦出现资金周转不畅，可能带来资金链条的断裂导致企业破产、企业主逃跑自杀等事件。如我国温州等地出现的大量企业主跑路现象。随着民间金融规模的逐年增加，其业务模式也在创新中不断发展，传统的和会、地下钱庄等形式非常活跃，地下钱庄从事非法吸收公众存款、非法高利贷转贷等业务，数量和资金难以统计，2012年北京的"2.26"专案涉案金额达到50亿元，海南某地下钱庄涉案金额达到了727亿元，这给金融系统的正常运转带来了巨大的影响。

（3）信用风险。民间金融大多建立在地缘、亲缘的社会信用之上，往往是隐蔽式或者半隐蔽式的，缺乏规范的信用流程和监管，游走于法律的边缘。民间金融活动有时以口头约定或简单借据的方式作为交易活动，这种不完备的契约面临借款者违约时经常引发难以处置的法律纠纷。2011年以来，全国各地频繁的企业倒闭潮，带来了大量跑路、躲债等失信行为，影响了个人之间、个人与企业之间以及企业之间的信用，造成了极大的社会信任危机和更多的违约行为,破坏了金融市场秩序。

（4）社会风险。一方面,民间金融的隐蔽性强,流向难于控制,可能进入暴力或赌博等不法行业,容易成为诈骗和洗钱等犯罪的渠道和工具,为犯罪分子提供可乘之机。另一方面,民间金融缺乏监管,部分正规金融的富余资金可能流入民间金融市场牟取高额利息,一旦资金链条断裂,容易导致群体性事件和恶性事件,影响社会稳定。同时民间金融的利率往往较高,企业的利润如果无法支付高额利息,将会出现违约的现象,或者将资金投入到利润更高的高风险项目中。由于民间金融活动经常存在不规范之处,风险控制手段薄弱,一旦出现大面积违约,容易引发社会风险。同时一部分民间金融开展高利贷交易,并伴随着暴力讨债等违法活动,给社会稳定造成了严重不良影响。在当今国内外经济运行不稳定的大环境下,民间金融引致的社会风险愈演愈烈,如"鄂尔多斯民间金融危机"、"泗洪全民高利贷崩盘"等事件,都暴露出民间金融的风险和监管缺位的问题。同时,由于民间金融从不同的角度流入国家宏观调控的领域,冲击市场秩序,还会威胁到社会安全。

综上所述,我国中小企业融资难的问题不仅有企业自身的原因,我国目前政策和金融体系也存在一定的问题。因此,学习发达国家在中小企业融资方面的先进经验,对缓解中小企业融资难具有一定的借鉴意义。

第四章　中小企业信贷融资国际经验

无论在发达国家还是发展中国家，中小企业作为国民经济的重要组成部分，是市场经济中最活跃的力量，为世界各国经济发展做出了重要的贡献，其融资问题也一直受到世界各国的广泛关注和支持。世界各国都建立了相应的融资机构和融资支持体系来推动中小企业的发展，积累了较多的信贷融资经验，特别是美国、日本、韩国等发达国家已经建立了一套多层次、多渠道的比较成熟的中小企业融资支持体系。本章重点研究美国、日本、韩国中小企业的信贷融资现状和支持体系，为建立适合我国的信贷融资共生体系提供经验借鉴。

第一节　美国小企业信贷融资

美国企业只分大企业与小企业，没有中小企业的提法，自19世纪以来，美国制定反垄断法限制大企业的垄断经营，维护自由竞争的市场秩序来对小企业进行扶持。"二战"以后，小企业在美国就业、税收以及稳定经济等方面发挥了重要作用。美国小企业在创立之初大多是依靠企业主的自有资金，同时凭借企业的内部积累和亲朋好友的借款而不断发展壮大。但是当企业发展到一定阶段，自有资金和内部积累已不能满足企业不断扩大的需要，积极筹集外部融资成为必然。

一、美国银行信贷融资

(一) 美国社区银行的发展状况

美国商业银行非常发达,不仅拥有规模巨大的跨国商业银行,同时也有数以万计的社区银行。社区银行的资产规模相对较小,目前广为接受的标准为10亿美元,而且市场重心只在一个社区之内,近一半的社区银行只有一个网点且资产规模较小,多种因素决定了它不可能服务于大型企业,只能立足于当地社区。可以说美国大量社区银行的存在,避免了小企业与大企业的直接竞争和冲突。因为银行与企业之间存在一种天然的对应关系,中小银行难以为大企业提供资金,而大银行只为大企业发放贷款。在美国,小企业同样难以从资本市场筹集资金,也很难发行债券,对银行信贷的依赖程度远远高于大企业。而社区银行自然成为了美国小企业的主要业务合作伙伴。与大银行相比,美国社区银行向小企业贷款额占其总资产和贷款总额的比率要远远高于大银行。主要原因在于:一是社区银行对区域内的小企业和企业家非常熟悉。为小企业提供资金融通的社区银行,往往是小企业的开户行或者主要往来银行,可以比较方便地了解企业的财务和经营状况,能够充分考虑小企业的还贷能力和贷款市场的现状,根据具体情况确定信贷融资决策,而不会严格受制于信用评价体系去排斥小企业。即使如此,社区银行为了降低风险,往往要求借款的小企业提供抵押品,或者只为小企业提供部分流动资金贷款。二是社区银行缺乏为大企业提供信贷资金的实力。社区银行在与大银行竞争大企业客户的过程中处于劣势地位,而且一旦一家或几家大企业违约,社区银行就可能因此而倒闭,所以社区银行愿意分散投资贷款给多个小企业以降低风险。

(二) 美国的市场主导型银企关系模式

市场主导型银企关系模式是指银行和企业之间保持高度的市场独立性,双方从自身利益出发,完全按照市场规则针对资金借贷或其他服务达成协议,生成一系列平等的市场性交易制度,坚信依靠市场力量可以促进经济的健康发展。美国银行和小企业之间的共生关系主要体现在如下几个方面:

(1) 银企关系以竞争和信用为基础。美国作为市场经济高度发达的国家，在资本市场上同样存在着激烈的竞争关系。企业短期资金的主要提供者是美国的商业银行，从商业银行获得资金既要依靠自身的实力，又要依靠其和银行的良好信用关系。银行和小企业之间的合作只有建立在竞争和信用基础上才能获得可持续发展，有助于实现银行和企业的互利共生。

(2) 银行和企业之间可能存在间接持股以及产权交易关系。美国法律尽管明确禁止银行对企业直接投资或者持有股份，但商业银行从自身的利益出发，为了加强其与企业之间的联系，可能会利用信托部门对企业进行投资，间接持有企业的股份，甚至参与企业的生产经营和管理。而企业受到银行控制的同时，也加强了与银行之间的交流，更容易得到银行信贷资金的支持。

(3) 市场主导型的银企关系模式中，银企之间交易资产的流动性很高。美国银行可以借助高度发达的资本市场，将缺乏流动性的资产证券化，使其成为具有流动性的交易资产，这不仅降低了银行信贷资产的风险水平，同时增强了银行资金的安全性，提高了商业银行为企业提供信贷资金的积极性。

二、美国民间金融的发展

美国的民间金融体系涵盖了直接融资和间接融资两个资本市场，美国的"天使投资"属于直接融资的形式，尽管"天使投资"具有较高的风险性，但天使投资家往往会积极参与企业的经营管理，为企业出谋划策，并提供一定的技术支持和指导，这种民间权益融资对美国小企业的发展具有积极的作用。

美国拥有众多的带有合作性质的信用社也是美国民间金融体系的重要组成部分，建立在地缘、业缘和血缘基础上的民间信用合作社以间接融资的形式为小企业提供信贷支持。20世纪初，美国第一家信用合作社由曼彻斯特的圣玛丽教堂创立。经过多年发展，现在美国信用合作社主要有三种形式：一是行业性的信用合作社，由某一行业内的成员共同组成，当行业内某一成员需要资金支持时，行业信用社为其提供资金帮助；二是雇员组成的职业性的信用合作社，由专业人员进行投融资的操作；三是由社区内的成员组成的社区信用合作社，专门为社区内的成员提供融资服务。总之，美国为了保证信用社贷款的质量，并降低信息成本，要求信用合作社的会员必须来自同一个行业、同一个职业领域或者同一社区，等等。尽管美国的信用社和中国的民间金融组织很像，但美国的信用社是经过美国金融监管部门批准而成立的，在国家的监控范围之内。

美国信用合作社有联邦政府和州政府两个监管主体，实行双轨制监管。因此信用社可以自由选择在联邦政府注册还是在州政府注册，如果在联邦政府注册就参加联邦存款保险体系，如果在州政府注册就参加州政府存款保险体系。当然信用社无论在联邦政府注册还是在州政府注册，都可以自由选择其他的保险机构。美国马萨诸塞州在1909年首先通过了信用合作社法案，随后其他州纷纷效仿。州立信用社法案对美国信用合作社的发展具有非常重要的意义，不但保护了信用合作社这一金融机构的创新形式，而且通过州与州之间的立法竞争推动各地信用合作社的快速发展。1934年，美国通过了联邦信用合作社法案，1965年各州政府成立了"各州信用社监督专员全国协会（NASCUS）"，推动了美国民间信用合作社的大发展。

三、美国对小企业信贷融资的支持体系

（一）美国小企业法律政策

美国政府于1958年10月通过了修改后的《小企业法》，为保护小企业的利益提供了更有力的法律保障。为更好地解决小企业融资难的问题，美国进一步制定了《小企业融资法案》、《小企业投资法》、《1974年联邦采购政策法》、《机会均等法》、1975年《公平信贷机会法》、1977年《社区再投资法》、1979修改的《雇员退休收入保障法》、1980年《小企业经济政策法》、《小企业投资经济政策法》、1982年《小企业创新发展法》、1992年《小企业股权投资促进法》、《小企业贷款增加法》、《扩大小企业出口法》、1988年《综合贸易和竞争法》、《小企业项目改进法》、《小企业投资中心技术改进法》、1994年《雷戈尔社区开发和规章制度改进法》、2010年《小企业贷款基金法案》和《小企业法案》等法案。这些法律提高了小企业的地位，在鼓励小企业技术创新、解决资金困境等方面发挥了积极的作用。

（二）设立统一的管理机构

美国联邦小企业管理局（Small Business Administration，SBA）于1953年创建，1958年被美国国会确定为"永久性联邦机构"，其基本职能"通过直接援助、提供咨询、帮助和保护等方式，尽可能为小企业提供服务"。小企业局的主要职能：一是不断完善美国小企业信用担保机制，确保小企业信用担保体系的正常运行。由美国小企业管理局作为担保人，对小企业从商业银行获得的贷款提供担保，降低商业银行的信贷风险，鼓励商业银行向小企业发放贷款。如对75万美元以下的贷款，小企业管理局可以提供总贷款额75%的担保；对10万美元以下的贷款，小企业管理局提供总贷款额80%的担保；对少数民族和妇女所办的小企业，小企业管理局提供5万美元以下90%的贷款担保；对小企业急需的少数"快速"贷款，小企业管理局提供50%额度的担保。二是负责保证小企业可以获得一定比例的政府采购。为了支持美国小企业的发展，美国法律不但规定联邦政府采购项目小企业的中标率不得低于23%的份额，而且要求大企业将其政府采购份额的20%转包给小企业。三是通过提供一定的资金支持帮助社区建立小企业微型贷款中心，帮助社区内的少数民族、妇女以及退伍军人等创办和经营小企业。四是为小企业提供免费信息、咨询和培训等公共服务，为小企业发展中心和小企业投资公司的业务开展提供一定的支持。

美国小企业管理局自成立至今，一直致力于扶持小企业，而正因为它的存在，美国小企业的利益一直受到关注，小企业的市场主体得到公平对待。

（三）发达的资本市场体系

美国的资本市场呈现出多层次、无缝对接、灵活转板、适应性强等特点。美国资本市场共包含八个层次：全国性证交所、地方性证交所、第三市场（上市股票的场外交易）、第四市场（大机构和投资家之间直接交易）、纳斯达克全国市场、纳斯达克小型市场、小额股票挂牌系统以及粉红单市场，其中后三个层次的市场专门为小企业融资提供便利，入市标准也逐层降低。这种体系庞大、条块结合、功能完备、层次多样的资本市场，使不同规模、不同发展阶段、不同风险程度、不同需求的企业都可以利用资本市场进行股权融资，又为资本投资找到了合适的平台，提高了资本的配置效率，激发了整个市场体系的活力，成为创业期的中小高科技企业发展的理想场所。

（四）美国小企业信用担保体系

美国属于联邦制国家，因此在美国联邦政府、州政府以及县、市之间的事权和财权划分非常清楚。同时，美国又是高度发达的市场经济国家，在经济发展中政府与社区之间的职责分工也非常明确。因此美国拥有三套小企业信用担保体系，全国性小企业信用担保体系由美国的小企业管理局直接操作；区域性专业担保体系由地方政府直接操作；社区性小企业担保体系由社区以及社区内的企业操作。这三个层次彼此扶助，相互协调，为小企业提供完善的担保和支持。

第二节 日本中小企业信贷融资

日本素有"企业王国"之称，而它的中小企业可以称为"王国中的王国"，在其经济发展中占有非常重要的地位。日本的中小企业与大企业一样，外部融资以银行间接融资为主，直接融资的比例很小。日本中小企业的自有资本比率平均为13%左右，对金融机构的贷款依存度远远高于大企业，特别是20世纪90年代之后，日本大企业内源融资的比率不断提高，外源融资转向公开资本市场之后，商业银行将中小企业作为其主要业务对象，导致日本中小企业从银行获得的信贷资金不断增加。

一、日本银行信贷融资

（一）日本银行业发展状况

日本经过多年的发展已经建立了非常发达的银行体系，但日本以都市银行为代表的大型金融机构业务范围以大都市为基础，并在全国设有众多的分支机构。日本商业银行与财团资本有着十分密切的联系。日本1953年的《禁止垄断法》规定金融机构对产业资本和商业资本最高持股比例从5%提高到10%，原来的金融机构加大了对原有产业的控制，形成了新的财团。这些财团以金融机构为中心，企业与银行、企业与企业之间交叉持股，造就了日本企业和银行之间的紧密关系。因此，日本的大企业获得银行融资非常便利，贷款成本也较低，导致大企业银行贷款的比例一度占据企业融资比例的80%以上，后来随着政府放松了对资本市场的管制，资本市场开始发展壮大，大企业开始转向直接融资，日本银行的注意力开始向中小企业转移。然而日本银行从自身资金的安全性出发，在对中小企业放款过程中实行严格的信用等级制度，中小企业向银行申请的贷款往往因为被拒绝或被削减而达不到企业所期望的贷款金额，而且在短期贷款方面，中小企业承担的利率也高于大企业。

日本的都市银行利用设立的多个分支机构，垄断了对大企业融资的同时，也是中小企业主要的融资银行。在各类金融机构对中小企业的贷款中，日本十大都市银行提供的贷款比例为47%，但接受贷款的中小企业却只有77万家，这说明只有实力较强的中小企业才可能获得都市银行的信贷融资，大多数小微企业难以从都市银行获得信贷融资。除了都市银行之外，日本以地区性城市为中心设立了众多地方银行，这些地方银行以所在地区为经营区域，以本地区的中小企业为融资对象进行业务扩展，对当地经济的发展起着重要的推动作用。日本地方银行对中小企业提供的贷款仅占中小企业信贷资金的24.4%，远远小于都市银行对中小企业贷款的比例。

（二）日本银行主导型银企关系模式

日本"主办银行"融资模式导致以银行为主导的间接融资成为日本中小企业的首要融资来源。在日本，几乎所有的企业都有自己的主办银行，而且几乎所有的银行都是某些企业的主办银行，主办银行制成为日本企业独具特色的融资方式。所谓主办银行是指主银行与某企业有着长期、固定的交易关系，那么企业的大多数甚至全部金融服务都由一家固定的银行提供，主银行不但可以持有企业股份，也可以介入企业的经营管理中，当然企业也可以持有主办银行的股份，使银行与企业之间在融资、交叉持股、公司治理等方面保持长期而稳定的关系，形成高度的依赖性。主银行除了向企业提供适当的贷款额度，还可以为企业发行债券，获得在债券市场上筹资的便利条件，保证企业以较低的资金成本从国内或国外证券市场上筹措到绝大部分的投资资金。在日本，主办银行在中小企业融资结构中占据重要的地位，是中小企业融资的主要对象，这种以主银行制为基础的银企关系模式发挥了巨大的作用。

（1）银行和企业之间相互持股，形成了利益共同体。银行在分担企业风险的同时可以获得企业的利润分成，因此主办银行在向企业发放贷款时，并不单纯关注企业的短期盈利，而更注重企业长期发展的潜力。银行和企业通过股权参与、资本结合、人事渗透等领域的相互交叉，不但实现了风险共担和利益共享，而且有助于双方的信息交流，银行对于企业的财务和经营状况有了更全面及时的了解，降低了银行和企业之间的信息不对称，为企业获得银行稳定的贷款支持提供了便利。银行和企业通过交叉持股、参与对方的利润分配，结成了一个利益共同体，这有利于双方长期稳定的发展。

（2）主办银行负有监督企业的责任。几乎日本的每一个企业都有自己的主办银行，主办银行从资金安全性的角度出发，将尽可能对申请贷款企业的账务往来、经营状况以及人事情况进行监督，并且主办银行可以通过持有企业股份向企业派遣管理人员，便于更好地了解企业信息，避免企业财务危机的发生。在企业发生经营危机时，主办银行负有救助的责任和确定救助方案的决策权，必要的时候主持进行企业的债务重组。这种主办银行式的融资模式最大限度地解决了银行与企业之间的信息不对称问题，达到银企之间互利共赢的局面。

二、日本民间金融的发展

日本中小企业对大企业的依存度很高，对银行贷款的依赖程度也很高，但缺乏大企业在银行融资方面的便利条件，而直接融资渠道也不是特别畅通，因此对民间金融的依赖程度较高。

日本民间金融发展得非常早，1255年在日本东部便出现了日本的民间金融：无尽（Mujin）。那时候称作典当融资，后来发展为轮转基金组织（ROSCAs），为当地的中小企业和家庭提供所需资金支持。随着无尽组织规模的不断扩张，一些会员出现了不规范的行为，日本金融当局和日本银行为了无尽组织的有序规范发展，出台了《无尽业法》，试图对大量的无尽组织进行监管和规制，最终日本无尽组织的 80% 被合并成联合股份公司，互助性质的无尽组织开始逐渐转变为商业化运转的金融组织。

"二战"后，日本经济和金融运转均陷入混乱，许多小型金融公司纷纷成立致力于为中小企业提供融资，这种金融公司的融资机制与无尽有很多相似之处，在组织形式上比无尽更加健全，被称为互助无尽。为了规范这些小型金融公司的发展，日本政府在 1951 年 5 月通过了《互助银行法案》，将大多数小型金融公司转变为互助银行，使其业务范围得到了较大扩展，但在信贷规模和地域方面仍存在一定的限制。由于互助银行与商业银行在业务和活动等方面基本无异，20 世纪 80 年代日本金融顾问研究委员会开始研究如何把互助银行转变为商业银行，1989~1990 年几乎所有的互助银行都转变为一般性的商业银行，无尽的历史也就结束了。

目前日本的民间金融组织是中小企业金融机构，主要包括信用金库、劳动金库、信用组合和商工组合中央金库，它们占全部民间金融机构及地方分支机构的 40% 以上，这些机构为日本中小企业提供融资服务，有效地消除了中小企业发展中的融资瓶颈问题，推动了经济发展。日本的民间金融机构有 2000 多家，民间金融组织无论在机构数量上还是在资金规模上都与地方银行相当，对中小企业融资起到了积极的作用。其中信用金库、信用组合和劳动金库都属于合作性质的金融机构，信用金库实行会员制，贷款业务仅仅限于会员内部，规定了金库资金的最低额度和每个会员的最低出资额度以及贷款额度的上限。劳动金库是劳动组合、消费生活组合和其他劳动者组合共同成立的，主要是为了加强成员之间的合作共济而建立的互助性金融机构。信用组合的规模相对较小，主要是由中小企业和个体劳动者自发组成的互助性金融机构，监管较松，强调自律，对中小企业的贷款要占自身贷款总额的 99% 以上。这些民间金融都按照商业化原则进行经营，在获得盈利的同时为中小企业提供短期资金支持，有效地支持了中小企业的发展。

为了保证日本民间金融机构的有序运转，日本成立了全国信用联合会，作为全国性经营系统为民间金融机构在全国范围内进行资金调剂。同时日本民间金融机构还可以贴现票据、代理证券投资、买卖公债以及经营一些特殊的金融业务，扩大了民间金融机构的收入来源，降低了民间金融机构的经营成本，提高了其安全性。日本民间金融机构主要服务于地方经济，经营灵活，是中小企业获得资金的重要来源，高效快捷地满足了中小企业的资金需求，繁荣了经济社会的发展。

三、日本对中小企业信贷融资的支持

（一）日本中小企业法律政策

日本中小企业的法律法规在条款上比美国的要具体，在体系上比美国的更健全、更完备，操作性和实用性更强。1963 年日本颁布了《中小企业基本法》，成为指导日本中小企业工作的基本法律，也是日本中小企业的政策支持体系的核心。此后日本颁布了一系列法律推动日本中小企业的发展，主要包括1963 年的《中小企业指导法》和《中小企业现代化促进法》、1976 年的《中小企业振兴事业团法》、1973 年的《大规模零售店法》、1977 年的《防止中小企业倒闭破产法》以及一些行业性的法律法规，如《国民金融公库法》、《中小企业金融公库法》、《商工组合中央金库法》、《中小企业现代化资金助成法》等。日本先后制定的中小企业专门法律多达 50 多部，这些法律共同构成了极具日本特色的中小企业法律保障体系，为中小企业稳步健康地发展奠定了坚实的法律基础和保障。

（二）日本中小企业管理机构

日本主要的中小企业管理机构是中小企业政策审议会，尽管中小企业政策审议会是作为日本总理府的附属机构而存在，但审议会会定期对中小企业进行必要的调查，并根据中小企业的动向明确应该采取哪些支持政策，并向国会提交报告。同时审议会要求政府必须定期听取审议会的意见，了解日本中小企业发展的实际发展状况和诉求。同时在经济省设立中小企业厅，在各级地方政府的商工科内设有中小企业指导课，构成中小企业管理和服务的主要行政体系。

日本中小企业服务体系分为国家、都道府县、地方三个级别，从国家层面出发设置了中小企业创业综合支援中心，主要承担相应政策实施的任务以及其他机构实施起来较为困难的工作；都道府县中小企业支援中心根据国家"基本计划"和各地区的实际情况制定支持中小企业发展的计划和实施任务；地方中小企业支援中心和商工会、商工会议所等地方团体机构合作，对小型企业进行扶持，充分发挥地方小企业的优势并普及各项小企业发展政策，提供窗口咨询、商谈、民间专家派遣等一站式服务。

（三）日本中小企业信用担保体系

日本建立了完善的融资担保体系来解决中小企业融资过程中面临的担保问题，主要由日本信用保证协会、商工会和中小企业信用保险金库所组成。信用保证协会是一个政策性金融机构，以支持中小企业发展为目的，向有融资需求但又没有合适抵押物或质押物的中小企业提供信用保证，信用保证协会将信用保证基金存入相关的金融机构，并要求该金融机构向中小企业提供贷款，但贷款额不会超过信用保证基金的7倍，而中小企业需要按照保证合同向信用保证协会支付每年不高于贷款总额1%的保证费。中小企业信用保险金库的作用是保证信用保证协会的正常运作，当中小企业向银行申请贷款时，为信用保证协会提供债务保险和信用担保。当中小企业到期不能偿还贷款，由中小企业信用保险公库对信用保证协会进行一部分补偿，分散贷款行和信用担保协会的风险，形成了双重保险机制。中小企业信用保险金库提供的贷款担保以及关联保险，降低了商业银行的风险，使商业银行可以为中小企业提供优惠利率的贷款，确保中小企业获得发展所需资金，促进了中小企业的发展。

总体来看，虽然日本针对中小企业融资的金融机构不少，但是与主办银行相比，非银行类金融机构的活动能力太低，无法满足日本中小企业的资金需求，导致日本中小企业对银行的依赖性相对较高。

第三节　韩国中小企业信贷融资

韩国是亚太地区经济较为发达的经济体之一，它在20世纪50年代的飞速发展与韩国政府对中小企业的支持有着密切联系。韩国中小企业以创新为主，在其国民经济中发挥了巨大作用。

一、韩国银行信贷融资

(一) 韩国中小企业银行融资情况

在韩国全部中小企业贷款中，全国性的商业银行占有的份额最高，达到全部中小企业贷款的 70%，对于缓解中小企业融资问题具有重要意义。地方商业银行的主要目标市场是中小企业，而且对中小企业发放的贷款占到其全部贷款份额的 2/3，但在全部中小企业贷款中的份额仅占一成左右，对于缓解中小企业融资难只能起到补充的作用。在韩国支持中小企业发展最有力的是韩国企业银行，韩国企业银行是韩国政府出资设立的三家专业银行之一，政府拥有 57.7% 的股份，支持重点在于那些具有成长性但缺乏抵押担保的中小企业，为其提供创业和发展资金。韩国企业银行对中小企业发放的贷款占其全部贷款份额的 80% 以上，贷款资产质量良好，不良率平均只有 1.5% 左右，同时培养了一批专门从事中小企业信贷的专业人员，还开发了银行界首套中小企业信贷风险分析系统。借助政策性银行的引导作用和乘数效应，韩国企业银行对中小企业的发展起到了积极推动作用。

(二) 韩国政府主导型银企关系模式

政府主导型模式是韩国在经济发展过程中形成的一种尚未成熟的配置资金的银企关系模式。政府在市场的资源配置过程中弥补了市场机制的不足，一方面对大型金融机构施加控制，另一方面引导信贷资金流向需要扶持的产业部门，在国民储蓄向投资转化的过程中发挥积极作用。

韩国中央银行鼓励金融机构对中小企业贷款实行优惠利率，并按照各商业银行对中小企业贷款额度进行考核，据此确定中央银行对金融机构发放再贷款的利率高低。韩国专门由政府出资成立了中小企业的政策性银行，为中小企业提供优惠融资支持。

韩国银企关系的建立是以政府的意图为主导的，政府长期剥夺银行部门的经营自主权，如利率决定权和人事任命权。银行只不过是政府实施经济政策、完成发展目标的金融工具，因此银行一直从属于产业部门的发展，缺乏对投资项目评估的动力和自主选择权。韩国银企之间主要是资金借贷关系,银行大都受政府的直接控制,企业不可能也没有必要持有银行的股份,银行会在政府的授权下对企业进行信贷支持。同时银行也很少持有贷款客户的股份,发放贷款的银行同时被政府授予了监控企业运营的职责,监督职能使银行可以掌控企业的全面信息,无须通过持股来对企业进行监控。

二、韩国民间金融发展状况

韩国的民间金融一直以类似互助会的形式存在,后来逐渐演变为聚集资金的地下钱庄,将所吸收的资金以更高的利率贷放给资金需要者,韩国将这种没有正式金融机构参与的金融运营形式称为"契"。韩国早期对民间金融主要采用严厉的遏制措施,但是效果并不明显,民间金融力量始终比较强大。后期随着韩国中小企业的快速发展,中小企业在韩国经济中发挥的作用越来越大,韩国政府加强了对本国中小企业的关注和支持程度,给予中小企业大量的扶持政策,并不断加大民间金融的参与度,鼓励民间金融对中小企业进行金融支持,倡导"官民合作",充分利用民间金融的资源和能力加强对中小企业的信贷支持,于是韩国于1972年将互助会"契"转化为共同信贷机构。韩国民间金融逐步走向正规化,以民间技术评价机构对中小企业的评估报告为基础,不断加大对技术创新型企业的投资,增强对中小企业的融资支持力度,有效地缓解韩国中小企业融资方面的困难。

三、韩国对中小企业信贷融资的支持

(一) 韩国中小企业法律政策

韩国为支持中小企业的发展,颁布了许多法律,比如《中小企业基本法》、《中小企业创业支援法》、《中小企业系列化促进法》、《中小企业事业调整法》、《中小企业技术革新促进法》、《中小企业振兴法》、《中小企业制品购买促进法》等,划定了一些行业为大企业涉足的禁区。1996年颁布了《小企业合作法》,指导小企业在组织和经济资源上联合以提高竞争能力,增加市场机会,为中小企业的发展留出了更多的空间。同时，韩国政府给予中小企业多项优惠政策，取消对中小企业的歧视性限制，如1997年韩国颁布了两个小企业资金的支持制度，包括"小企业创业振兴基金"和"小企业共济事业基金"，具体规定了小企业主管机构的设立职能、服务范围和管理方式，保证中小企业可以享受到融资优惠和税收减免等政策。企业1998年颁布《培育高科技企业特别措施法》，对中小高科技企业给予优惠政策，鼓励风险投资。1999年颁布《科技创新特别法》，对扶持科技企业发展的问题做出明确的规定，引导其发展。2000年《合作培育风险企业谅解备忘录》的颁布，为科技含量高、发展前景好的中小企业提供充足的资金支持。《中小企业制品购买法》明确规定政府采购中小企业产品的占比不得低于采购总额的50%，这为中小企业的发展提供了较大的支持，非常有利于激发中小企业的活力。

（二）专门的中小企业管理机构

韩国中小企业厅作为韩国专门的中小企业管理机构，主要职能是负责制定中小企业的发展计划、拓展中小企业融资渠道和实施相关优惠政策的部门。韩国中小企业厅为推动中小企业融资设立了多个政府机构，如在小企业署设立融资推介局，专门分析韩国中小企业的融资情况并做出相应的规划；专门为小企业设立的"创业基金"，鼓励财政拿出少量的引导资金作为创业基金，吸引社会各界人士和私募资金投资入股小企业；成立专门的政策性担保机构，向大量缺乏有效担保品的中小企业提供信用担保服务；设立专门的信用担保基金，如韩国政府信贷担保基金（KCGF）以及地方政府信贷担保基金（RCGFs），为中小企业融资提供信用担保；成立专门的中小企业银行，不仅为中小企业提供流动资金，还为中小企业提供中长期信贷支持，帮助其及时更新生产设备，维持正常生产经营。综上所述，韩国中小企业厅为中小企业在资金、创新、人才、进出口以及信用担保等方面提供了有效的支持，是指导韩国中小企业发展的核心部门。

（三）担保体系

韩国根据国内企业的特点和政府支持重点，建立了完善的小企业担保体系，如以普通小企业为援助对象的"韩国信用保证基金"，以中小企业为主要援助对象的"韩国技术信用保证基金",以及以培育地区小企业为目标的"韩国地方性信用保证财团"。小企业可以根据自身的情况,选择合适的担保机构获得信用担保,并由此向银行获得贷款。

第四节 各国经验对中国的启示

因历史文化和经济发展等因素在各国存在巨大差异,导致每个国家对中小企业的支持体系也存在较大的差异。美国是以市场为主导的融资共生体系,日本是以银行为主导的融资共生体系,韩国是以政府为主导的融资共生体系,但他们都为各国中小企业的发展提供了充足的资金支持,积累了许多值得中国借鉴的经验。

一、政府支持对中小企业融资至关重要

虽然各国的金融支持体系存在较大的差异,但是各国政府在金融支持中都起到了重要的作用。各国政府通过出台相关法律和完善相关制度,纷纷设立专门的中小企业管理机构和基金,通过各种财政手段和引导方式,为中小企业融资提供便利,并为其发展提供综合服务和保障。从政府支持的角度出发,政府在以下几个方面需要不断努力:

(1) 健全中小企业法律制度。中小企业对于一个国家的经济发展和技术进步发挥了重要作用,面对融资难的问题,政府的政策扶持和引导非常重要,设立专门的法律支持中小企业发展,缓解中小企业融资难题,明确中小企业在我国社会经济发展中的重要地位和作用。

(2) 设立专门的政府机构为中小企业提供服务。设立相对独立的政府机构,统一管理全国的中小企业事务,为中小企业提供服务和指导,努力帮助中小企业解决发展过程中面临的资金、技术、人才、信息和管理等方面的问题。

(3) 政府采购必须对中小企业给予一定的照顾。目前我国的政府采购开始关注国产品牌,自主品牌在这个转型中可能得到更多的支持。中小企业的服

务机构应该积极争取通过立法的形式规定一定比例的政府采购必须来自中小企业，使中小企业能从政府采购中分得一杯羹，为中小企业的发展壮大提供支持，同时不断提高中小企业的科技含量和竞争力，这对于中小企业的发展具有非常积极的推进作用。

（4）招募退休专家组成志愿者团队，为中小企业提供全方位的支持和指导。具体包括帮助中小企业了解和利用政府优惠政策；帮助中小企业获得更多的政府采购项目；帮助中小企业解决技术难题或为中小企业的融资、发展计划等出谋划策。志愿者团队集聚了各领域乐于奉献的精英，在企业有需求的时候才会提供指导，各种指导和方案的成本非常低廉，而且是非强制性的。

二、不断完善银行信贷融资体系

根据各国发展经验，中小企业和银行之间的共生模式要适应本国国情和中小企业发展的需要，可以在以下几个方面进行改善。

（一）改善中小企业和银行之间的关系

目前中小企业和银行之间联系较少，银行难以掌握关于中小企业的相关信息，处于严重的信息不对称状态，而且银行发放贷款之后难以对中小企业的资金使用途径和方向进行监管。日本的主银行体制密切了银行与企业、企业与企业以及银行与管理机构之间的相互关系，有效地缓解了中小企业和银行之间的信息不对称问题，为中小企业从银行获得融资提供了便利条件，值得借鉴。

（二）构建专门为中小企业服务的社区银行

从国际经验来看，在为中小企业提供融资服务方面，发挥主要作用的还是小金融机构以及政府的政策性金融机构。目前我国的商业银行多为大型银行，对大客户的争夺非常激烈，但是对于成立时间较短、风险较大、可供抵押资产较少、透明度较低的中小企业发放贷款严重不足。社区银行对区域内的客户比较熟悉，具有区位优势、信息优势和地域优势，更容易与客户建立长期稳定的业务关系，并有效地把控风险，从而为促进中小企业的发展提供及时有力的资金支持。争取让社区银行与我国商业银行形成了业务上的互补竞争关系，更能有效地为中小企业提供融资服务。同时鼓励各地的地下金融、草根金融入股社区银行，推动其与社区内中小企业的合作，在解决中小企业融资难题的同时，也为民间资金进入资本市场开辟了合法途径。

三、鼓励民间金融阳光化、规范化运作

从各国发展经验来看，如果正规金融能满足中小企业融资的需求，民间金融就没有存在的必要了。在正规金融无法满足中小企业融资需求的情况下，民间金融有自己特定的生存空间和生存范围，一旦完全正规化，在某种程度上将失去其存在的土壤和相对优势，因此从为中小企业服务的角度规范民间金融应避免其完全被收编的取向，而是鼓励民间金融阳光化、规范化运作。

（一）制约民间金融发展不符合市场经济规律

对于民间金融的存在和发展，许多国家的政府试图通过建立正规金融部门来取代民间金融，但并不成功。从各国民间金融和正规金融的服务对象和服务方式上来看，二者存在竞争关系，市场经济要遵循自由竞争的原则，为其制定平等的规则。发达国家大多采用民间金融合法化的方式来进行，如美国纽约州的《放贷人条例》，日本早期对民间金融一味地打压和取缔并没有起到预期的效果，最终民间金融合法化的方式还是发挥了其积极作用。

（二）民间金融必须融入现代金融体系之中

以日本的"会"、韩国的"契"为代表的民间金融主体逐步成为了现代金融体系的一部分，尽管其经营形式保留了原来组织形式的某些风格，但经过注册和规范之后，已经成为了现代金融的一部分。各国政府对民间金融采取的措施说明任何国家、任何地区的民间金融只有及时融入现代金融体系之中，才能有立足之地。从各国各地区民间金融发展的历史来看，日本于1915年颁布了《无尽业法》，使日本的"无尽"转为相互银行，而韩国在1972年将"契"转化为共同信贷机构。这些国家都属于金融抑制或政府主导型的金融体系，中小企业无法得到正规金融机构的支持，存在大量的资金缺口，需要大量的外源性融资，于是在政府的主导下，传统的互助性民间金融就在一些地区取代了正规

金融来支持中小企业的发展，这对于我国民间金融的发展是很有借鉴意义的。

（三）鼓励民间金融与正规金融进行合作

规范和引导民间金融向正规化发展，有一定的合理性和可行性，但并不是所有的民间金融都可以转化为正规金融。在一定的范围内，民间金融的存在有一定的合理性，但由于民间金融个体规模小，抗风险能力弱，经营中可能存在不规范的情况，而且管理水平不高，可能给一国经济发展带来风险。因此，一些国家鼓励正规金融与民间金融进行业务合作，正规金融可以利用民间金融的信息优势，降低贷款的信用风险，同时民间金融可以借助正规金融的资金优势，不断降低融资成本，正规金融和民间金融凭借各自的比较优势，在一定程度上是互补的，形成双赢的合作模式，使市场效率达到最优。

四、完善信用担保体系

从各国发展的经验来看，中小企业和信贷机构共生体系当中，信用担保体系是必不可少的一部分。信用担保体系可以有效地分担金融机构贷款的风险，同时对中小企业具有一定的监督功能，对金融机构向中小企业发放信贷支持形成了有效的保障。因此要缓解我国中小企业融资难的问题，建立中小企业和信贷机构之间的共生关系，必须建立完善的担保体系。

综上所述，从各国中小企业信贷融资的经验来看，解决中小企业的融资困境是一项系统工程，它不仅要求全国统一的权威机构主导各类资源的运用和监督以及各类金融机构的积极参与，更需要加强中小企业自身的发展建设。因此，要在借鉴国外经验的基础上，结合我国的基本国情，构建中小企业信贷融资共生体系。

第五章　中小企业信贷融资共生体系构建

第一节　共生体系的一般性分析

共生关系能体现共生单元相互作用的方式和相互结合的形式，反映共生单元之间物质、信息和能量的交流与传递。本章关于中小企业和信贷融资机构共生关系的一般分析包括四部分：一是对基本共生单元的简单介绍；二是对于中小企业和信贷机构共生的必要条件和充分条件分析；三是关于目前中小企业和信贷机构共生模式的分析；四是对于共生环境的分析。本章将对上述问题逐一展开论述。

一、基本共生单元分析

共生单元是共生体系的基本构成要素之一，是共生体或共生关系中最基本能量生产和交换单位。在不同的共生关系中，共生单元的特点和性质是完全不同的。根据共生理论研究的范畴，本书的共生单元主要包括中小企业和信贷机构两种异类共生单元，信贷机构主要包括为中小企业提供资金支持的银行业金融机构和民间金融两种同类共生单元，下面分别展开论述。

（一）中小企业

为构建有效的中小企业信贷融资共生体系，了解中小企业资金需求特性是非常重要的，目前我国中小企业资金需求具有如下几个特点：

1. 中小企业贷款存在短、少、频、急的特点

中小企业相对于大型企业而言，存在规模小、科技含量低、经营行为短期化、投资规模和市场竞争力不足、抗风险能力低等特点，大多属于劳动密集型行业，需要通过不断地提高资金的周转率来维持企业的运营从而获得更大的收益。中小企业的贷款频率是大企业的 5 倍，但平均贷款额为大企业的 0.5% 左右。中小企业的资金需求不但受到企业未来发展前景及经济活动的影响，更受到企业融资能力的影响。由于企业自身规模和生产能力的原因，企业每次承接的项目订单金额有限，中小企业贷款大多以满足企业的生产经营中的流动资金为目的，即使是扩大再生产对资金的需求也不会太多。而且中小企业信贷融资存在时效性强、频率高、期限短的特点。

2. 中小企业贷款以临时周转为主

中小企业由于自身实力较弱、自有资金较少、经营不稳定等特点，导致流动资金对中小企业的生产经营更为重要，中小企业大部分的外部筹资是由于临时周转的压力而产生的资金需求，因此多为短期资金。根据《中国中小企业金融服务发展报告（2013）》对国内商业银行的调查情况来看，中小企业流动资金与固定资产贷款的比例大约保持在 70∶30，这说明中小企业贷款多以短期资金的临时性周转为主。

3. 中小企业可抵押担保品较少

大企业拥有足够的资产可作抵押，或者有足够的社会关系为其提供担保。然而中小企业资产规模较小，可供抵押和担保的合格资产相对较少，而且难以找到其他企业或个人愿意为其提供担保，抵押担保品的缺乏增加了信贷机构的风险，减少了中小企业信贷融资的可得性。

针对中小企业的融资需求特点，在当前形势下，建立中小企业信贷融资共生体系是解决中小企业融资难的有效途径。

(二) 信贷机构

1. 银行业金融机构

尽管我国多次以市场化为导向进行金融体系的改革,但是目前银行业金融机构仍以大银行为主,中小银行发展缓慢。

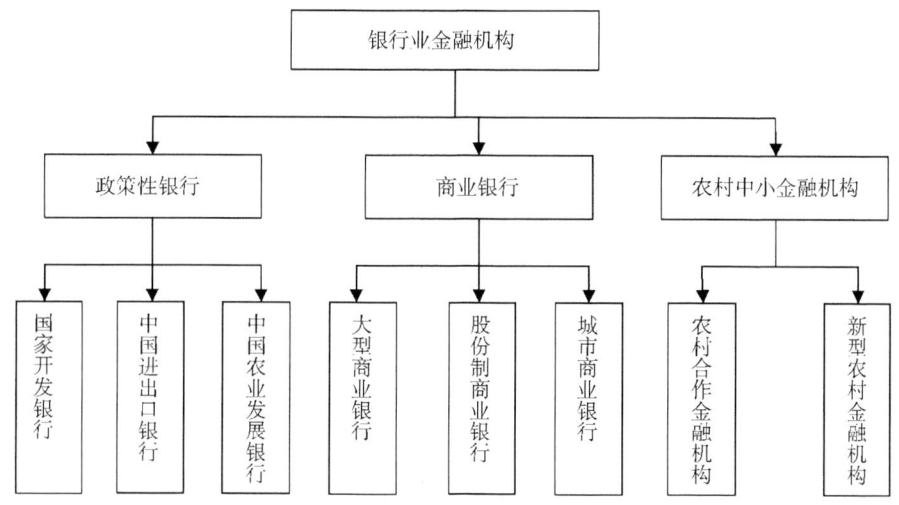

图 5-1 银行业金融机构体系

如图 5-1 所示,在银行业金融机构中,为中小企业提供金融服务的主要有政策性银行、商业银行以及农村中小金融机构,其中农村中小金融机构被划分为农村合作金融机构和新型农村金融机构两种类型,农村合作金融机构又可进一步细分为农村合作银行、农村信用社和农村商业银行;新型农村金融机构则可以进一步细分为贷款公司、村镇银行和农村资金互助社等。但目前我国农村中小金融机构的设立仍需要大型金融机构占有一定的股份,实际上受到大型银行业金融机构的控制。

总体来看,作为主要共生单元之一的银行业金融机构经营的稳健性原则和中小企业资金需求的高风险特点存在着矛盾,矛盾的焦点主要集中在信贷的风险、成本和效率上。而且由于银行体制机制的问题以及中小企业自身的问题,目前我国以大银行为主导的银行体系主要服务于大型国有企业，只有构筑中小企业信贷融资共生体系，缓解银行在为中小企业融资时面临的风险，推动中小企业和信贷机构之间的共生共荣，才能有效地缓解中小企业融资难的问题。

2. 民间金融

随着我国经济的不断发展，在民间蕴藏着为数众多的闲散资金。由于我国居民投资渠道较少，银行储蓄利率偏低，股票市场波动较大收益不稳定，房地产市场的宏观调控不断加强等原因，大量的民间闲散资金需要寻找新的投资渠道，而民间金融以高于银行存款的利息吸收资金的特点正好迎合了这种需求，集聚了大量资金，有能力为中小企业提供资金支持。民间金融可以为急需资金的中小企业提供贷款，即使利率高于市场利率，中小企业在从银行得不到资金的情况下，也会求助于民间金融。可以说中国民间金融愈演愈烈本身就说明中国现有的金融机构无法满足实体经济的要求，民间金融对于中小企业具有天然的适应性，大量追逐高额利润的民间资金和中小企业的特性决定了它们之间存在着共生的关系。

尽管民间金融利用地缘、人缘优势有利于降低其信息不对称的程度，但民间金融借贷利息较高，中小企业只有在正规金融无法得到的情况下，才会求助于民间金融的支持，这无形中增加了民间金融的风险，进一步推高了民间金融的利率。2012年，发改委、商务部、银监会以及人民银行等多个部委的政策文件中均涉及了加快推进民间金融健康发展的意见，鼓励和支持民间金融投资中小企业。

综上所述，在正规金融不能满足中小企业资金需求的同时，民间金融集聚了大量闲散的民间资本，将其投向中小企业，缓解了中小企业的融资难题，推进其生产经营和投资，促进了中小企业的成长。因此，结合中小企业的资金需求特点，建立中小企业和信贷机构之间的共生关系对于缓解中小企业融资难具有重要的意义。

二、中小企业与信贷机构共生的必要条件和充分条件分析

（一）必要条件分析

根据共生理论的发展历程和发展现状，中小企业和信贷机构要实现共生，

必须满足三个必要条件：

（1）中小企业和信贷机构之间必须有一组主质参量兼容。作为共生单元之一的中小企业主要从事商品生产和服务的提供，其主质参量是生产产品的产量和提供服务的数量，最终都通过企业的生产总值或主营业务收入来体现，因此中小企业的主质参量可以用企业的生产总值或主营业务收入来表示。而信贷机构在与企业的共生关系中，既发放贷款给企业，也从企业吸收一定的存款，但是其对企业的主要功能是提供贷款，因此在共生关系中信贷机构的主质参量可以用其贷款数量来表示。随着信贷机构对企业发放贷款数量的增加，会带来企业规模的扩大和生产能力的增强，从而增加其营业收入和利润，并支付信贷机构的贷款利息和管理费，使信贷机构获利并持续经营，从中可以看出信贷机构和中小企业的主质参量存在明显的兼容性和稳定的关联性，是具备共生的第一个必要条件。

（2）中小企业和信贷机构间至少能生成一个共生界面，而且在共生界面内中小企业和信贷机构可以自主活动。共生单元相互作用、相互沟通的媒介或介质就是共生界面，共生单元通过共生界面可以进行正常的物质、信息和能量交流。从广义上讲，信贷机构和中小企业的共生界面是它们所处的整个社会、经济、法律环境。从狭义上讲，是指影响共生关系模式、效率和稳定性的经济法律制度，这是一种无形的法律通道，具体包括《合同法》、《贷款通则》、《公司法》、《证券法》、《银行法》、《非金融机构支付管理办法》等一系列法律规则。共生界面中的法律法规构成了共生体系的有效保障，共生界面同时需要担保机构、信用评级机构以及其他中介机构来提供共生体系所需要的相关服务，保障共生体系高效有序的运行。目前我国已具备中小企业和信贷机构共生的界面，而且中小企业和信贷机构都要在遵从上述法律法规的基础上借助相应的中介服务机构开展业务活动，是具备共生的第二个必要条件。

（3）中小企业和信贷机构作为异类共生单元，要保持一定的关联度，而且关联度不应小于某一临界值，才可能发生共生关系。信贷机构和中小企业在共生体系中属于异类共生单元，但它们之间的关系非常密切。信贷机构的主要职能之一是发放贷款，为企业提供所需贷款，通过收取贷款利息获得盈利，维持信贷机构的持续经营和发展壮大。而中小企业作为促进经济增长的主力军，却面临着严重的资金短缺问题，因此需要从信贷机构筹措资金来进行新产品的研发和生产规模的扩大。由此可见，中小企业和信贷机构之间存在着相互依存、共同进化的关系，而且关联度保持比较高的水平，充分满足了共生的第三个必要条件。

总之，中小企业和信贷机构这两个共生单元之间，存在互相兼容的主质参量——营业收入和贷款数量，而且具有相对较高的关联度，同时需要在经济法律制度框架下开展营业活动，因此，满足共生的三个必要条件，为中小企业和信贷机构的共生奠定了坚实的基础。

（二）充分条件分析

中小企业和信贷机构具备了共生的必要条件，并不意味着它们之间一定能发生共生关系，它们还需要依赖于其他相关配套措施，即共生的充分条件。共生的充分条件主要包括三个方面：

(1) 通过共生界面中小企业和信贷机构可以顺利地进行物质、信息和能量的交流，是实现共生的充分条件之一。从信息传递的速度和难易程度来看，金融共生单元之间获取信息的难易程度是与金融共生单元的规模和共生单元之间的空间距离紧密相关的。大企业自身体制比较健全，与外界接触渠道较多，相对来说获取信息存在一定的便利性，在信贷资金供给数量有限而需求量较大的情况下，信贷机构更愿意为大企业提供服务。而中小企业与外界的接触渠道较少，信贷机构获取中小企业的信息难度较大。从物质和能量关系看，无论一次信息交流的数量是多少，信贷机构获取与处理一次信息交流需要耗费的能量是相对固定和稳定的，因此对于信贷机构来说，在信贷成本一定的情况下为大企业服务可以获得稳定的利息收益和其他附加的服务收益，因此信贷机构更愿意为大企业提供融资支持，而不是中小企业，因此信贷机构在给中小企业的贷款活动中，很容易利用自身的垄断地位来最大化自身利益。从物质、信息和能量的交流情况来分析，大企业和信贷机构之间更容易实现共生，但只要中小企业可以从信贷机构获得自身发展所需要的资金支持，建立起联系的基础之后，信贷机构在贷款的过程中不但可以了解企业的财务、资产和经营状况等信息，而且获得了利息收入。可以说，中小企业和信贷机构在双向交流过程中，增强了双方的了解程度和信任感，实现了物质、信息和能量的交流，这是构成共生体系的充分条件之一。

（2）在物质、信息和能量的交流过程中，中小企业和信贷机构作为两个异类共生单元可以产生正能量。共生单元相互作用使共生体系产生了一种新能量，这种能量来源于共生单元在共生界面内的分工与互补作用，共生能量的产生是共生单元相互作用的本质。如果共生界面越大，共生单元接触面越大，接触介质越好，则交流阻力越小。如果不存在中小企业和信贷机构之间的资金流动，中小企业在自有资金不足的情况下，面对新的投资机会却无力投资，只能放弃投资和预期利润。当存在中小企业和信贷机构的物质、信息和能量交流时，企业可以从信贷机构获得所需要的信贷资金，抓住有利的投资机会进行新投资，赚取投资收益，这就是共生体系产生的新能量。中小企业在获得更多投资利润的同时，信贷机构从贷款中获得了贷款利息，实现了利润双赢，这是构成共生体系的充分条件之二。

（3）共生过程中，共生识别的过程就是共生单元之间信息丰度增加的过程，当收集到的信息达到临界信息丰度后，共生识别过程才算完成。如果共生单元之间的识别速度不同，则达到临界信息丰度的时间不同，那么先达到信息丰度的共生单元将成为共生关系的初始推动者和组织者。在中小企业与信贷机构的信贷关系发生之前，信贷机构会对中小企业的基本情况和发展前景进行详细的考察和分析，了解企业财务的安全性、盈利性和流动性，而中小企业在搜寻信贷机构的过程中，也在不断地了解信贷机构的资金实力、借贷程序和经营特点，不断增强自身的信息丰度。贷款关系发生之后，信贷机构和中小企业通过持续的交流合作，了解程度不断加深，并形成连续性的信息记录，有利于双方共生关系的构建和持续发展。中小企业和信贷机构在共生关系中可以不断累积关于对方的信息量，增加信息丰度，推动共生的持续进行是构成共生体系的充分条件之三。

总体上来看，中小企业和信贷机构具备共生体系所要求的充分必要条件，在中小企业和信贷机构之间存在共生关系，可以构建共生体系。

三、共生模式现状分析

共生模式具体是指共生单元相互作用的方式或相互结合的形式，对于中小企业信贷融资这一共生体系而言，其共生模式就是指中小企业和信贷机构之间相互作用的方式或相互结合的形式，它反映各共生单元之间的物质、信息和能量的关系。共生模式可以从两个角度进行分析，一方面从共生单元相互作用的共生行为模式来看，分为寄生、偏利共生、非对称性互惠共生和对称性互惠共生四种行为模式。另一方面从共生单元之间的组织程度来看，分为点共生、间歇共生、连续共生和一体化共生四种共生组织模式。

（一）共生行为模式

1. 寄生模式

寄生模式中同类共生单元亲近度要求较高，而作为异类共生单元在形态上存在明显差异，其共生单元之间只存在单项的关联关系。寄生模式中共生单元相互作用并不能产生新能量，但寄生者可以从寄主那里得到能量，导致寄生模式有利于寄生者的进化，不利于寄主的进化。寄生模式表现在中小企业的信贷融资中，就是某些中小企业依赖信贷机构提供资金支持维持企业正常运转，但却拒绝向信贷机构还本付息，最终形成信贷机构的不良贷款。不良贷款 (Non-Performing Loan) 指借款人不能履行原定的贷款协议，无法按时偿还信贷机构的贷款本息而形成的贷款。如果是中小企业经营不善或者转移资金投向高风险项目，最终导致信贷资金不能产生新的能量，企业破产倒闭，无法归还信贷机构的贷款而形成的不良贷款对共生单元双方都不利。如果由于中小企业信用问题，恶意转移利润逃废债务，形成不良贷款对信贷机构来说风险也非常大。无论哪种方式，信贷机构在这个过程中都处于不利地位，这就要求信贷机构在发放贷款之前对中小企业进行详细的资信和实力调查，从而在贷款过程中采取谨慎措施，最终避免部分优良的中小企业被信贷机构排除在外。

在寄生模式下，信贷机构为企业提供了资金支持，却没有从与中小企业的交易中获得任何好处，在中小企业和信贷机构之间只存在单向的能量转移，即寄主向寄生者能量的转移。在转移过程中，作为共生单元之一的寄生者能量逐渐增强，而寄主的能量逐渐衰弱，这尽管有利于中小企业的进化，却不利于信贷机构的进化。在这种情况下，尽管作为寄主的信贷机构和作为寄生者的中小企业之间具有极强的互补性，但这种单边交流机制使信贷机构和中小企业之间无法达成阶段性相对均衡的稳定关系，这种建立在寄生基础上的共生模式不会持久存在，要么发生改变，要么消失。

2. 偏利共生模式

在偏利共生模式中异类共生单元存在双向关联，尽管共生单元的相互作用能产生新能量，但是产生的新能量全部被一方获取，新能量不存在广普分配，导致共生单元的另一方完全没有获得新能量。这种偏利共生模式有利于获利方进行创新，对非获利方却产生消极的影响。一种情况是在中小企业的信贷融资中，中小企业将获得的资金投资于生产经营并获得收益之后，有意拖欠还款，或者只付息不还本，独自占有绝大多数的共生利益，不但影响了企业的声誉和将来的融资，也不利于共生关系的发展。另一种情况是信贷机构对于部分中小企业的贷款会根据风险收益对等的原则要求较高的利息，特别是民间金融的贷款利息可能非常高，导致企业投资收益全部用于支付贷款利息和管理费，中小企业的经营利润全部用于还贷，影响了中小企业生产经营的积极性。我国目前许多单位、个人都有比较好的投资项目，但在自有资金缺乏的情况下，贷款投资的收益可能全部被信贷机构攫取，于是出现了投资主体不愿投资实业而投资于虚拟经济的现状，如温州的炒房团、炒煤团，以及不时出现的绿豆、苹果、食糖等产品大幅涨价问题，都是由于偏利共生模式的存在。总之无论共生能量全部被中小企业占有，还是全部被信贷机构攫取，都会使另一共生单元退出共生体系，最终导致共生体系的解体。

3. 非对称性互惠共生模式

在非对称性互惠共生模式中异类共生单元之间存在着双向关联，能产生新能量，且新能量在共生单元中普遍分配，但分配机制不对称。主要表现为贷款的中小企业获得投资收益之后，尽管会按时足额偿还信贷机构的贷款，但是由于贷款利息不是市场化的结果，不能如实反映资金的供求关系，导致尽管有时信贷机构承担了高风险却不能获得高收益，影响了其贷款的积极性。同时，也存在中小企业的经营利润大部分被信贷机构以贷款利息的方式收走，留给中小企业很少的一部分，使中小企业在共生模式中处于不利地位，影响了其投资积极性。不论上述哪种方式，非对称互惠共生模式都会影响共生单元一方的积极性，不利于共生模式的可持续发展。

4. 对称性互惠共生模式

在对称性互惠共生模式中，同类共生单元亲近度较高，异类共生单元之间存在双向关联，无论是异类共生单元还是同类共生单元共生均可以产生新的能量，而且新能量存在对称性的广谱分配，共生单元可以共同进化，这是共生关系的最稳定形式，也是共生关系的目标。

综合上述分析，具体来看目前我国中小企业和信贷机构之间的共生行为模式。首先，作为共生单元的中小企业和信贷机构在合作中能够产生正能量。我国中小企业普遍存在自有资金不足的问题，民间金融和银行信贷作为中小企业外来融资的主要来源，能为其提供资金支持，确保企业发展所需，中小企业在信贷资金的支持下获得可观的收益，产生净利润。其次，正能量在共生单元之间进行分配。在信贷机构与企业的共生关系中，信贷机构从企业获得了贷款利息和其他相关的金融服务收入，分享了共生利润。企业通过信贷机构的资金支持，积极进行科技创新，提高产品的质量和附加值，并不断扩大再生产，获得更多的收入，分享共生关系产生的新能量。但是目前中小企业和信贷机构共生产生的新能量分配不均匀，中小企业由于自身可供抵押资产少、风险相对较高，在与信贷机构交流的过程中存在信息不对称、规模不对称、体制不对称等问题，导致中小企业在信贷融资中处于劣势地位，难以得到资金支持，即使能从信贷机构获得资金支持，仍将支付信贷机构较高的利息，总体来看，共生关系产生的新能量在这两个共生单元之间的分配比例是不均匀的。

信贷机构与中小企业作为异类共生单元，保持着双向联系，共生单元的相互作用产生了新的能量——企业利润，而且利润将在中小企业和信贷机构之间进行广谱分配，但是广谱分配按照非对称机制进行，所以中小企业信贷融资属于非对称性互惠共生模式，影响了企业投资实体的积极性。因此，本书旨在构建中小企业和信贷机构之间的对称性互惠共生模式，推动中小企业和信贷机构的互利共生，从而有效地缓解中小企业融资难题。

（二）共生组织模式

共生组织模式侧重于研究共生系统各单元之间相互作用界面特征、分配特征、开放特征、阻尼特征以及共进化特征等组织方式，包括点共生、间歇共生、连续共生和一体化共生，具体特征如表5-1所示。可以看出点共生和间歇共生是中小企业和信贷机构建立长期稳定关系之前的相互了解阶段，信贷机构在选择合作对象时，由于前期的信息不对称，会在与企业合作一次或几次之后，做出继续合作或终止合作的决策，因此与大企业和信贷机构之间的关系相比较，中小企业和信贷机构之间的共生关系存在更多的不确定性。中小企业自身资产较少，风险较高，导致信贷机构不愿意面对中小企业发放这种小额多次贷款，也可能由于合作双方的贷款需求和贷款供给不匹配或者小企业经营管理不善，在获得贷款之后倒闭破产等原因，导致贷款合同终止。

表5-1 比较四种共生组织模式

模式	概念	共进化特征	共生表现	共生状态
点共生	某一特定时刻具有一次相互作用，且只在一方面发生作用	事后分工，单方面交流，无主导共生界面，共进化作用不明显	银行和企业之间仅发生一次合作关系	极其不稳定和随机性
间歇共生	按某种时间间隔共生单元具有多次相互作用，但只在某一方面或少数几方面发生作用	事后事中分工，无主导共生界面，少数方面交流，有较明显的共进化作用	银行和企业之间偶尔发生合作关系，而且合作关系并不连贯，无法持续	不稳定和随机性
连续共生	在某一时间段内共生单元具有连续的相互作用，而且在多方面发生作用	事中事后分工，容易形成主导支配介质和共生界面，多方面交流，有较强的共进化作用	银行为企业提供多种金融服务，并且长期合作	具有必然性，且较为稳定
一体化共生	共生单元存在全方位的相互作用，在某一时间段内形成具有独立功能和性质的共生体	事前分工为主，具有稳定的主导支配介质和共生界面，全方位交流，有很强的共进化作用	银行和企业互相持股，互相支持和帮助，互为一体，类似日本的主银行制	最稳定且具有内在必然性

而且不同地域间的共生模式存在着较大的差别，在城市商业银行、农村商业银行、农村合作银行、农村信用社以及小额贷款公司等中小型金融机构较为发达的地方，部分中小型金融机构将重点转向了中小企业，使当地的中小企业融资需求得到了较大的满足，共生单元之间的经营范围不断扩张、经济规模不断扩大、共生利润不断提高，呈现出良性互动的共生态势。而在中小型金融机

构不太发达的地区，信贷机构与中小企业之间的偏利共生模式广泛存在，共生系统中的物质、信息、能量等的传递均具有不均衡性，中小企业的发展在很大程度上受制于信贷资金的获取，在与大企业竞争信贷资金的过程中处于劣势地位。

在中小企业信贷融资共生体系中，或者由于企业贷款用途不同，重点考虑的要素不同，贷款过程中单纯追求一时的利益，没有考虑长期合作关系，导致信贷关系是随机的，不连续的；或者由于地域的不同，共生模式存在差异。从组织程度上看，信贷机构与中小企业之间的资金联系仍旧是不连续的、随机的，物质、信息和能量的交流是暂时的，交流的介质也比较单一。因此，目前我国中小企业和信贷机构之间的共生模式是一种点共生模式或间歇共生模式。这种共生模式导致共生能量和共生利润不能有效传递和分配，使共生关系具有一定的随机性和不稳定性。因此，构建中小企业和信贷机构之间的共生体系，促使中小企业可以从信贷机构获得持续的信贷支持，实现互利共生是本书的重点所在。

四、共生环境分析

共生环境主要包括其赖以生存和发展的各种外部政治、经济、法制、文化、科技、国际环境等因素在相互联结和动态演化中形成的有机整体。金融共生环境是指金融共生单元以外的所有因素的总和。金融共生体存在的环境往往是多重的，共生环境不同，共生体呈现的共生模式也会不同，不同种类的共生环境对共生关系的影响也是不同的，可分为金融直接环境和金融间接环境。金融直接环境包括目前的资本市场状况、风险投资发展状况、信用体系、担保体系、保险体系等多个相关金融机构的发展情况，这些对于中小企业信贷融资都产生直接的影响。金融间接环境包括与中小企业融资直接相关的法律制度和支持政策，以及专门支持中小企业融资的相关政策和法律，这些因素对于中小企业信贷体系的建设和不断完善至关重要。

共生环境包括正向环境、反向环境和中性环境。正向环境对金融共生关系起激励和积极作用，反向环境对金融共生关系起抑制和消极作用，中性环境对共生关系既无积极作用，也无消极作用。目前我国中小企业信贷融资体系中缺少正向激励的共生环境，表现在相关金融法律制度不健全、中小企业的信用制度不健全、担保机构和信用评价机构缺失，缺少有效的风险防范体系、信息不对称比较严重等问题。

综上所述，制约我国中小企业信贷融资体系发展的主要因素涉及共生单元、共生模式和共生环境的相关问题，其中共生单元是关键，共生环境是基础，只有共生单元不断完善，共生环境不断优化，才能产生运行良好的共生模式，从而有效地促进中小企业信贷融资共生体系的发展。

第二节　总体框架和基本思路

一、构建共生体系的意义

对于中小企业来说，外源融资渠道相对狭窄，除了依靠自有资金外，其外源资金主要来自银行业金融机构和民间金融等信贷机构。本书从共生理论的视角出发，致力于建立中小企业和信贷机构之间的共生体系，将中小企业、信贷机构以及各中介机构纳入一个体系中来，形成互利共生的发展模式。构建中小企业与信贷机构的共生体系具有重要意义。

（一）对国民经济发展具有重要意义

融资难一直是制约我国中小企业发展的主要"瓶颈"，在我国经济转型升级的关键时期，通过构建中小企业与信贷机构之间的共生体系可以有效缓解中小企业的融资难题，推动中小企业不断发展壮大，这对国民经济的可持续发展具有重要意义。首先，中小企业分布在各个产业结构的各个领域中，以贴近国民日常生活的服务生产为主，对于劳动者的技能和素质要求较低，可以有效地解决农村劳动力的就业问题。其次，随着我国城镇化进程的加快，大量劳动力从农村流向城市，中小企业作为劳动密集型产业在吸纳就业、推动城市化进程、保证社会的和谐安定等方面具有举足轻重的作用。最后，很多第三产业尤其是新兴产业都是中小企业率先进入并最终推动整个产业不断发展壮大的,如饮食服务、家居装修、零售商贸、家政服务、快递业、信息服务、电子商务,等等。这些行业的发展与人民的生活息息相关,在改善民生、提高人民生活质量和水平方面发挥了重要作用。此外,中小企业依靠自有技术、自筹资金并独自承担市场风险,推动企业技术进步的同时,有利于我国产业结构的优化。因此积极探索中小企业的信贷融资支持体系,推动中小企业的自主创新,促进新兴科技和企业的深度融合,将其培育成为我国自主创新的主体和生力军,对于推进我国中小企业技术创新、实现高新技术的产业化,进而建设创新型国家具有重要的现实意义。

总之,中小企业信贷机构共生体系的构建有利于中小企业的发展壮大,有利于我国实体经济的发展,有利于城镇化进程的加快,有利于我国产业结构的优化以及经济发展方式的转变,有利于整个国民经济的发展。

(二)对于推动我国银行类金融机构改革和发展具有重要意义

我国银行业尽管取得了巨大成绩,利润水平也屡创新高,但整体上仍未摆脱粗放的经营模式,仍旧依靠垄断地位获得超额利润,集中于大企业大客户的争夺,难以与国外的商业银行展开竞争。随着金融机构改革的呼声越来越高,改变传统的发展方式、努力开拓新的业务模式成为银行类金融机构的发展趋势。

发展中小企业与银行类金融机构的共生模式有助于银行业金融机构开拓新的客户群。随着共生模式的构建,银行业金融机构为中小企业提供信贷支持的风险得以降低,同时获得了一个新的巨大市场。中小企业作为一个新的客户群体,可以实现银行客户多元化的需求,降低银行的风险,并形成银行新的利润增长点,促进私人银行、财富管理等新兴业务的发展,提升综合收益水平。

发展中小企业与银行类金融机构的共生模式有助于优化银行的业务结构。随着利率市场化的逐步推进,银行业盈利空间逐步缩小,中小企业贷款的收益率相对较高,而且在共生体系的保证下,风险也得以降低,因此努力发展资本占用相对较低的中小金融对于银行改变传统的粗放式发展模式具有重要意义。

发展中小企业与银行类金融机构的共生模式有助于形成多层次的银行结构。目前我国银行业金融机构数量较多,但大都向规模化、大型化、多网店的方向发展，同质化趋势非常明显，对大客户展开激烈竞争。而随着共生模式的建立，中小企业信贷风险的降低，城市商业银行将展开差异化竞争，更多社区银行的建立也有利于建立多层次的银行结构。

综上所述，通过发展中小企业与银行类金融机构的共生模式，建立中小企业和银行等机构之间的利益共享、风险共担模式，有效地降低了银行类金融机构的风险，加剧了银行类金融机构之间的竞争，推动银行类金融机构改革和发展。

（三）对于推动民间金融的发展具有重要意义

我国民间金融发展非常迅速，民间金融将大量闲散的资金聚集起来注入到我国的产业资本和金融资本中，为中小企业提供了巨大的资金支持，成为我国正规金融的重要补充。

建立中小企业和民间金融共生模式，使中小企业、民间金融以及其他中介机构之间形成利益共享、风险共担的机制，有助于加大民间金融对中小企业的支持作用，并降低民间金融的风险。未来中小企业信贷将成为民间金融阳光化的主要领域，从而得到政府政策上和法律上的认可和扶持，推动民间金融的规范化和可持续发展，使民间金融合理合法地参与到我国经济发展中来。

建立中小企业和民间金融共生模式，推动民间金融的发展，通过民间金融与正规金融的竞争促进金融体系效率的不断提高，在缓解中小企业融资难、支持地方经济发展方面发挥重要作用。

总之，中小企业与信贷机构共生体系不仅有助于缓解中小企业融资难题，而且有助于推动国民经济的发展，同时对于推进银行业金融机构和民间金融的改革和发展都具有重要意义，因此本书将致力于搭建有利的共生环境，充分开拓信贷资金来源，建立各种融资渠道，构建中小企业信贷融资共生体系。

二、构建共生体系的总体框架

（一）总体思路

共生体系的构建不仅有利于共生单元自身的发展，也有利于共生单元之外的整个经济体的运行。如果能够建立信贷机构和中小企业之间的共生体系，中小企业融资难的问题就能得到有效克服，中小企业利用从信贷机构获得的资金支持，可以创造更高的经济效益和社会效益，而且对于经济增长方式转变和整个国民经济都具有一定的推动作用。

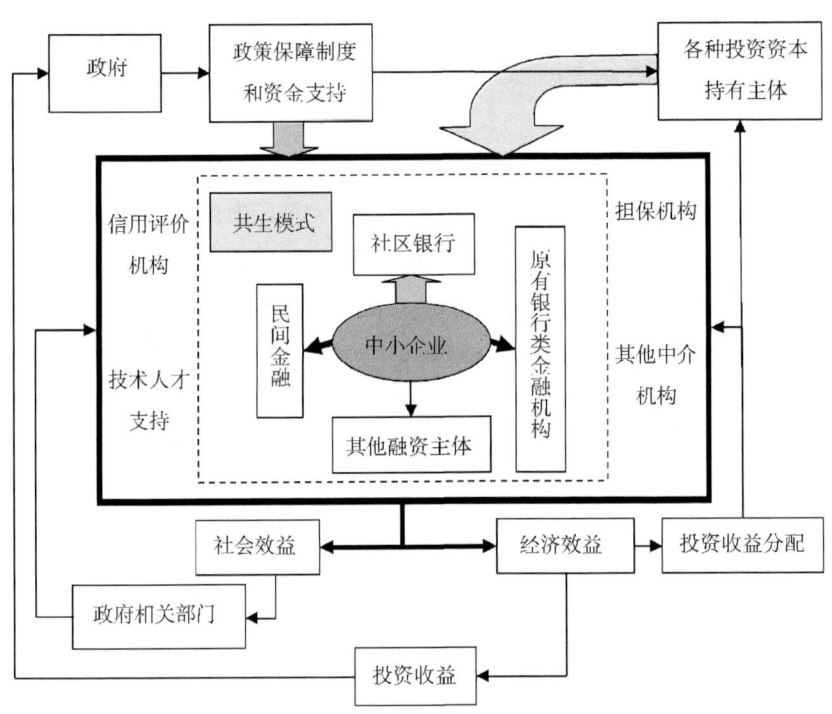

图 5-2　共生体系总体框架

根据图 5-2 所示，中小企业和信贷机构之间的共生同时产生经济效益和社会效益。从经济效益的角度来讲，经济效益就是共生体系产生的共生能量，一方面共生能量将在中小企业、信贷机构、担保机构、信用评级机构以及各中介机构等主体之间进行分配，使各机构按照风险收益相均衡的原则分享共生能量，使共生体系中各机构实力不断增强的同时，也增加了各机构为中小企业服务的积极性，有利于推动中小企业和信贷机构之间共生体系的正常运转。另一方面经济效益将会以税费等形式形成政府的财政收入，而政府不但会为中小企业提供政策制度保障和资金支持，还会为共生体系的其他机构提供相应的法律保障和政策支持。

从社会效益的角度来看，中小企业信贷融资共生体系进入良性循环通道，有利于各共生单元的发展，也会对整个经济产生推动作用。所以，建立和健全中小企业的信贷融资共生体系是解决其融资问题的必然选择。

（二）核心共生模式

根据图5-2，核心共生模式就是一体两翼的中小企业与信贷机构共生模式，它以社区银行为核心，以原有的银行业金融机构和民间金融为两翼，其他融资主体为补充，依托担保机构、信用评级机构、技术人才支持机构以及其他中介机构共同为中小企业提供保障的共生体系。

1. 发展民营社区银行担当中小企业融资的主力军

我国目前已建立为数不少的中小银行，如城市商业银行、村镇银行等，但这些银行的实际控制者往往都是地方政府或大型商业银行，习惯用大银行的办法规范和管理城市商业银行、村镇银行等中小银行。而且这些中小银行为提高资本实力，在地方政府的主导下纷纷增资扩股，开展多网点经营，努力做大做强。

而社区银行不仅规模与中小企业匹配，而且借助地缘、人缘和血缘优势更容易了解中小企业的相关信息，缓解信息不对称问题，从而建立与中小企业之间共生共荣的关系。同时大量民间资本的流动对经济产生了动荡不安的因素，与其让民间资本隔离在体制之外无法监管还不如让其进入银行业，组建社区银行，有利于政府监管并降低系统性金融风险。因此，我国发展社区银行的基本取向应该是允许民营资本组建社区银行，形成社区银行支持中小企业，中小企业支持社区银行的核心共生模式。

2. 原有银行类金融机构持续支持中小企业发展为补充

目前，我国银行类金融机构相对来说规模较大，在全国乃至世界各地设有分支机构，具有发放大额贷款的能力，在集中精力为大中型企业服务的同时，将能有效地弥补社区银行的资金弱势，成为社区银行的有力补充。随着社区银行对社区内单个独立的中小企业融资支持力度的不断加大，原有的银行类金融机构将主要集中于为集群中小企业提供融资支持，建立原有银行类金融机构和中小企业集群之间的共生模式，作为社区银行有力补充的同时，将与社区银行在争夺优质客户方面展开差异化竞争。

3. 引导民间金融为中小企业提供融资支持

正规金融远未能满足中小企业长期的融资需求问题是长期存在的现实，因此在不断推进正规金融服务中小企业的同时，只有同步推进民间金融的健康发展，充分发挥其在中小企业资金融通中的作用，才能最大限度地缓解中小企业融资难的问题。但是对于民间金融既不能"放任自流"，也不能"堵"。"放任自流"可能有助于民间金融的加速发展，但也形成了新的更大的风险，而"堵"不能杜绝民间金融的形成和运行，只能将其从地上赶入地下，加大了监管的难度，也增加了民间金融的经营成本，推高了利率，带来了更大的风险。在中小金融服务严重不足的情况下，采用"疏"的方式有助于民间金融的发展，也有助于缓解中小企业的融资难题。因此，应逐步放松对民间金融的管制，规范民间金融的发展，引导民间金融不断规范化、阳光化，使其成为正规金融的重要补充。

4. 其他融资主体对中小企业融资发挥补充作用

在我国中小企业信贷融资过程中，发挥主要作用的是银行和民间金融，但是信托、融资租赁、小贷公司、典当行、创投机构等其他融资主体也不容忽视。特别是随着融资模式的不断创新和互联网技术应用的不断深化，互联网金融在中小企业融资过程中发挥了越来越重要的作用，P2P网络借贷平台的交易量不断扩大。同时，电子商务发展带来的深刻变革也给商业银行带来了新的机遇，商业银行试水电子商务或联手电子商务企业成为新的发展趋势，商业银行可以利用电子商务交易数据为中小企业提供更好的服务。

综上所述，在中小企业信贷融资共生体系中，由于民间金融的民间性，可以有效弥补银行业金融机构在某些领域的空白和缺位问题，而银行业金融机构又对民间金融起到很好的示范和引导作用，二者相互影响，加上其他融资主体对中小企业融资起到了补充作用，在信用评价体系、担保机构、人才和技术支持等保障体系的作用下，中小企业和信贷机构之间构筑起了互利共生的发展模式，共同缓解中小企业的融资难题，促进中国经济的发展。

(三) 共生环境

共生环境主要为共生体系提供保障和服务功能，其保障功能主要表现在共生体系中信贷机构是否向中小企业发放贷款，除了信贷机构自身对中小企业的评价之外，还增加了多个第三方的评价，担保机构会针对中小企业的情况决定是否给予担保，信用评价机构会融合多部门的信息对中小企业的信用做出评价，技术支持平台会针对中小企业拥有的技术创新进行评价，确定其市场价值和发展前景，从而为信贷机构的信贷决策提供全方位的信息支持和技术支持，这构成了中小企业信贷融资共生环境的保障功能。中小企业信贷融资共生体系的运行还需要政府的支持和服务，如法律的保护、相关政策的支持、多部门提供的信息以及有关机构的监督管理，等等。

结合上述分析，中小企业信贷融资共生体系在各个机构和机制的保障下变得更加稳定，通过多方面的相互作用，信贷融资的共生模式将从间歇式共生模式向连续共生模式转变，从非对称性互惠共生模式向对称性互惠共生模式转变。从总体上来看，只有共生体系中各个机构、各个层面有机结合起来，才能克服中小企业信贷融资过程中面临的种种障碍，形成一个有效的共生体系，为中小企业提供高效的融资服务和支持。

三、共生体系的构建原则

构建中小企业信贷融资共生体系必须结合我国的国情来进行，既要考虑我国银行业金融机构的特点，又要考虑民间金融的现状，结合中小企业的融资需求特点和各种背景条件进行设计。要保证所设计的信贷融资支持体系是可行的，研究过程必须遵循如下几项原则：

(一) 科学性与客观性原则

科学性与客观性是研究的根本所在，在研究过程中，必须综合客观地考虑我国中小企业的发展和融资情况，遵循科学规律，无论是共生模式的设计、共生环境的改善，还是共生利润的分配，都必须科学、客观。如中小企业和信贷机构共生模式的构建既要考虑中小企业的融资特点，又要考虑银行类金融机构和民间金融的现实情况。共生模式的设计必须兼顾国家、信贷机构和中小企业的利益，客观地分配信贷风险和共生利润，只有这样，所做的研究才是科学的，符合事物发展规律的。

（二）系统性原则

共生体系的设计不但要反映中小企业和信贷机构的实际情况和利益平衡，同时也要反映整个国家的金融发展水平、社会信用状况和法治环境状况，应把中小企业发展、金融资源、信用和法制环境视为一个整体的大系统来考虑。

（三）融资效率最大化原则

中小企业融资具有"短、少、频、急"的特点，不同的融资方式和融资渠道对中小企业融资的成本、融资的时间长短是不同的，这都会影响到融资的效率。每种融资模式的设计在争取收益和成本平衡的同时，要实现融资效率最大化，便于中小企业可以抓住有利的投资机会，实现企业收益最大化。

（四）可操作性原则

中小企业信贷融资共生体系一定要具备可操作性，确保信贷融资共生体系在现实环境中可以有效运行。借鉴国外中小企业信贷融资共生体系的同时，共生模式的设计、共生环境的构建都必须考虑我国的现实条件，建立符合实际的信贷融资共生体系，确保体系具备较强的可操作性。

（五）多目标性原则

信贷融资共生体系要兼顾多个目标，既要考虑中小企业的经济效益，又要兼顾信贷机构的经济效益；既要考虑信贷机构资金的收益性，又要考虑其资金的使用风险；既要考虑信用评级机构的收益和风险，又要考虑担保机构的收益和风险，努力争取中小企业和信贷机构之间实现互利共生、和谐发展。

中小企业信贷融资共生体系设计的出发点就是建立共生单元之间的密切联系和相互依赖关系，充分考虑中小企业的产业环境和信贷机构的本地化特征，利用信息机制、信誉机制、社会惩罚机制来改善中小企业融资条件，按照科学性、客观性、系统性、高效率性、可操作性和多目标性的原则，来支持中小企业获得便利的信贷支持。

第三节　构建中小企业与信贷机构的 Logistic 共生成长模型

Logistic 模型由比利时学者沃弗斯特（Vethurst，1838）提出，作为在有限环境条件下生物种属连续增长的一种最简单的形式，用于量化模拟个体数量和资源容纳量之间的关系，又被称为 Logistic 增长模型。类似于生物界中不同生物种属的相互依存、相互作用，中小企业和信贷机构在相互作用的过程中，同样要经历一个共生建立—发展—稳定的阶段。因此，可以将 Logistic 成长模型应用于中小企业和信贷机构的共生分析中。

一、模型的构建

为了便于分析和简化分析结果，需要给出如下几个假定：

假设 1：共生体系中仅有中小企业 A 和信贷机构 B 两个共生单元，设 $y_a(t)$ 代表企业 A 的主质参量—产出水平或营业收入；$y_b(t)$ 代表信贷机构 B 的主质参量—贷款总额。这里的 t 并不单纯指代时间，还包括一切影响中小企业产出水平和银行贷款总额的各种条件的改变。

假设 2：由于共生体系所处的区域空间内各种资源都是有限的，故共生单元主质参量存在上限。N_a 为中小企业 A 在一段特定的时间内，可能达到的最大产值；N_b 为金融机构 B 在相同的时间和环境下，所能提供的最大贷款总额。N_a、N_b 也可称为环境容量。

假设 3：设 γ_a 为理想条件下中小企业产值的正常增长率，γ_b 为信贷机构在理想条件下信贷额的正常增长率。γ_a 和 γ_b 是由这两个共生单元的固有属性决定的，假设中小企业和信贷机构在观察期内的特征不变，即不存在共生单元的进化，因此 γ_a 和 γ_b 保持不变。

假设 4：$(1 - \dfrac{y_a}{N_a})$ 表示中小企业产值尚未实现部分占其能实现的最大值的

比例，$(1-\frac{y_b}{N_b})$ 表示信贷机构贷款总额的未实现部分占其能提供的最大额度的比例，于是可以称 $(1-\frac{y_a}{N_a})$、$(1-\frac{y_b}{N_b})$ 为 Logistic 系数。

这里运用 Logistic 模型，模拟中小企业和信贷机构的成长规律。在彼此独立的状态下，中小企业 A 产值的成长规律：

$$\frac{dy_a}{dt}=\gamma_a y_a(1-\frac{y_a}{N_a}) \qquad (5-1)$$

信贷机构 B 贷款总额的成长规律：

$$\frac{dy_b}{dt}=\gamma_b y_b(1-\frac{y_b}{N_b}) \qquad (5-2)$$

从式（5-1）和式（5-2）可以看出，$\frac{y_a}{N_a}$ 和 $\frac{y_b}{N_b}$ 分别对 $y_a(t)$ 和 $y_b(t)$ 的增长有抑制作用。当 $\frac{y_a}{N_a}$ 很小时，$y_a(t)$ 的增长速度较快，当 $\frac{y_a}{N_a}$ 变大时，$y_a(t)$ 的增长速度则降低，对于 $y_b(t)$ 有相同的道理。

同时，中小企业和信贷机构共生作用体现为信贷机构对中小企业的贷款支持和中小企业对信贷机构的利息回报，从而有利于增加中小企业的产值和信贷机构发放贷款的金额。有关共生关系对共生单元的影响，通常有两种处理方法：

（1）通过放松 Logistic 增长方程的密度约束来促进共生单元的增长，其形式和 Lotka-Volterra 竞争模型一样，但共生作用系数与竞争作用系数的符号相反；

（2）通过扩大 Logistic 生长方程的环境容量来促进共生单元的增长，这比较接近生态学原理。

本书把中小企业和信贷机构的共生作用等同在 Logistic 方程中因环境容量扩大而产生对中小企业和信贷机构增长的促进作用。但是由于不同共生单元的固有属性不同，其共生的作用机制和强度也不同。May（1976）提出，基于两个共生种群中一个种群密度对另一种群环境容量线性共生作用的生物共生发展模型。但现实中中小企业和信贷机构的属性不一定和 May 研究的生物种群属性相同,所以,中小企业和信贷机构之间的相互影响不一定是线性的。假设信贷机构和中小企业之间的共生作用使中小企业的最大产值增加数量为 $k_{ab}f_{ab}(N_b)$,而使信贷机构贷款总额增加数量为 $k_{ba}f_{ba}(N_a)$。在 Logistic 方程中体现共生关系的作用和存在,中小企业的产值和信贷机构贷款总额的相互关系在 Logistic 成长方程中表述为:

$$\frac{dy_a}{dt} = \gamma_a y_a \left[1 - \frac{y_a}{N_a + k_{ab}f_{ab}(N_b)} \right] \tag{5-3}$$

$$\frac{dy_b}{dt} = \gamma_b y_b \left[1 - \frac{y_b}{N_b + k_{ba}f_{ba}(N_a)} \right] \tag{5-4}$$

如果把中小企业和信贷机构的共生放在整个国民经济发展的整体中来考虑,它们的共生作用还受到环境变化的影响,比如国家的信贷政策、产业支持政策、国际经济形势、征信体系的建设、资本市场的建设、保险和再保险体系的建设等,都会影响其发展和环境容量。但是环境对共生单元的影响非常复杂,有的呈正效应,有的呈负效应。比如中国的资本市场不断健全,新三板的扩容都给中小企业带来了新的融资途径,在带动中小企业发展的同时,对信贷机构形成了一定的竞争压力。而我国不断变化的财政政策和货币政策,对中小企业和信贷机构产生的影响也会有所变化。假设环境变化量为 ΔE,环境变化对中小企业和信贷机构发展的作用系数分别为 δ_a 和 δ_b,则考虑环境影响时中小企业和信贷机构的共生发展模型应修正为:

$$\frac{dy_a}{dt} = \gamma_a y_a \left[1 - \frac{y_a}{N_a + k_{ab}f_{ab}(N_b) + \delta_a f_a(\Delta E)} \right] \tag{5-5}$$

$$\frac{dy_b}{dt} = \gamma_b y_b \left[1 - \frac{y_b}{N_b + k_{ba}f_{ba}(N_a) + \delta_b f_b(\Delta E)} \right] \tag{5-6}$$

二、模型的稳态解

(一)用 Logistic 成长方程分析共生模式

分析中小企业和信贷机构之间的稳态解,为了便于分析和理解,本研究针对式(5-3)和式(5-4)进行,只考虑中小企业和信贷机构之间的相互作用和相互影响,而忽略环境对它们的影响。

(1) 当 $k_{ab} = k_{ba} = 0$ 时,中小企业对信贷机构的环境容量和信贷机构对中小企业的环境容量之间不存在相互影响,彼此互不干涉,也就不会产生共生能量,从而也不存在共生关系。这时中小企业生产总值和信贷机构贷款总额的增长规律均符合 Logistic 方程,并将最终达到稳态均衡点:$y_a = N_a$,$y_b = N_b$。

(2) 当 $k_{ab} = 0$,$k_{ba} \neq 0$ 时,中小企业和银行之间形成偏利共生关系。即信贷机构的贷款总额增加,对中小企业可以达到的最大产值没有产生影响;而中小企业生产总值的增加却有助于信贷机构可借贷资金总量的增加。这种偏利共生机制使信贷机构从中受益,而对中小企业没有任何影响,因此 Logistic 成长方程可以写为:

$$\frac{dy_a}{dt} = \gamma_a y_a (1 - \frac{y_a}{N_a}) \tag{5-7}$$

$$\frac{dy_b}{dt} = \gamma_b y_b \left[1 - \frac{y_b}{N_b + k_{ba} f_{ba}(N_a)} \right] \tag{5-8}$$

求解上述方程的稳态均衡值为:当 $(y_a, y_b) = (N_a, N_b + k_{ba} f_{ba}(N_a))$ 时,即均衡时,中小企业的生产总值为 N_a,信贷机构的贷款总额为 $N_b + k_{ba} f_{ba}(N_a)$。当中小企业的生产总值和银行的贷款额达到均衡解时,此偏利共生模型达到均衡状态,共生界面也趋于稳定。

(3) 当 $k_{ab} \neq 0$,$k_{ba} = 0$ 时,中小企业和信贷机构之间为偏利共生关系。即中小企业生产总值的增加对信贷机构可贷资金总量没有影响,但信贷机构可借贷资金总量的增加对于中小企业的生产总值存在正向激励作用。可见这种偏利共生机制对信贷机构没有任何影响,却使中小企业从中受益,因此 Logistic 成长方程可以写为:

$$\frac{dy_a}{dt} = \gamma_a y_a \left[1 - \frac{y_a}{N_a + k_{ab} f_{ab}(N_b)} \right] \tag{5-9}$$

$$\frac{dy_b}{dt} = \gamma_b y_b (1 - \frac{y_b}{N_b}) \tag{5-10}$$

求解上述方程的稳态均衡值为:当 $(y_a, y_b) = (N_a + k_{ab} f_{ab}(N_b), N_b)$ 时,即均衡时,中小企业的生产总值为 $N_a + k_{ab} f_{ab}(N_b)$,信贷机构的贷款总额 N_b。当中小企业的生产总值和银行的贷款额达到均衡解时,此偏利共生模型达到均衡状态,共生界面也趋于稳定。

(4) 当 $k_{ab} \neq 0$,$k_{ba} \neq 0$ 时,中小企业和信贷机构之间为互惠共生关系,即共生单元双方均可以从共生中获得共生能量,体现为中小企业的产值增加可以促进信贷机构可贷资金总额的增加,信贷机构贷款总额的增加可以促进中小企业生产总值的增加,Logistic 成长方程可以写为:

$$\frac{dy_a}{dt} = \gamma_a y_a \left[1 - \frac{y_a}{N_a + k_{ab}f_{ab}(N_b)} \right] \quad (5-11)$$

$$\frac{dy_b}{dt} = \gamma_b y_b \left[1 - \frac{y_b}{N_b + k_{ba}f_{ba}(N_a)} \right] \quad (5-12)$$

求解上述方程的稳态均衡值为:当 $(y_a, y_b) = (N_a + k_{ab}f_{ab}(N_b), N_b + k_{ba}f_{ba}(N_a))$ 时,即均衡时,中小企业的生产总值为 $N_a + k_{ab}f_{ab}(N_b)$,信贷机构的贷款总值为 $N_b + k_{ba}f_{ba}(N_a)$。当中小企业的生产总值和银行的贷款额达到均衡解时,此互利共生模型达到均衡状态,共生界面也趋于稳定。

(二) 目标共生模式的稳定条件分析

根据前面的分析,可知连续互惠共生是市场条件下中小企业和信贷机构最稳定、最有效率的共生模式。

1. 从共生行为模式来看,互惠共生是理想的共生行为模式

根据上述分析互利共生模型达到均衡状态时,$y_a = N_a + k_{ab}f_{ab}(N_b) > 0$,$y_b = N_b + k_{ba}f_{ba}(N_a) > 0$。在共生系统向着稳态的均衡系统进化时,中小企业的产值向着 $N_a + k_{ab}f_{ab}(N_b)$ 增长,而信贷机构的贷款总额朝着 $N_b + k_{ba}f_{ba}(N_a)$ 增长,在各共生单元增长的过程中,即中小企业和信贷机构在谋求自身发展的过程中,也激励和促进着对方的发展和增长,从而不断产生共生能量,推动共生体系总体向更高水平进化。当达到均衡状态时,中小企业和信贷机构之间通过信息、物质和能量的传输达到了最优均衡,共生界面实现稳定,共生环境也得到了不断地优化。

2. 从共生组织模式看,一体化共生是理想的共生组织模式

对于中小企业来说,要和信贷机构达到一体化共生难度比较大,仿照日本

的主银行制，中小企业和信贷机构如果可以实现互相参股，有利于建立一体化共生模式。但是我国信贷机构特别是银行类金融机构设立存在诸多限制的条件下，短期内不可能实现一体化共生模式。因此，现阶段的目标是实现连续共生的组织模式。要在中小企业和信贷机构之间建立长期稳定的合作关系，需要解决的问题较多，如信息不对称问题、风险担保问题、成长性问题等，这些都需要在共生体系中加以考虑。

小结

本章首先对中小企业和信贷机构的一般性问题进行了分析，然后着力构建中小企业信贷融资的共生体系，最后构建中小企业与信贷机构的 Logistic 共生成长模型，明确了理想共生体系的发展方向。基本结论如下：

（1）中小企业存在较大的资金缺口，资金需求存在短小频急的特点，而且相对风险较高。我国以大银行为主导的银行体系主要服务于大型国有企业，远远不能满足中小企业的信贷融资需求，而民间蕴藏的大量资金需要寻找新的投资渠道，正好可以为中小企业提供一定的资金支持，因此，建立中小企业和银行与民间金融之间的信贷融资支持共生体系尤为必要。

（2）我国中小企业和信贷机构之间具备共生的充分和必要条件，然而目前中小企业和信贷机构之间的共生行为模式仍属于偏利共生模式，共生组织模式属于点共生或间歇共生的状态，需要在共生环境的保障和支持下，建立完善的中小企业信贷融资共生机制，不断向更高级的共生模式转化。

（3）共生模式将通过经济效益和社会效益推动社会中介机构、金融机构和政府机构的不断发展，为中小企业信贷融资共生模式提供良好的外部环境和保障。

（4）理想的核心共生模式就是组建一体两翼的中小企业—信贷机构共生模式，以社区银行为核心，以其他银行业金融机构和民间金融为两翼，共同为中小企业提供信贷资金支持的多层级模式。

（5）用 Logistic 成长方程分析共生模式，发现中小企业和信贷机构在共生机制的作用下可以推动双方环境容量的增加，同时社会环境的改善也有助于中小企业和信贷机构的环境容量的改善。文章对中小企业和信贷机构互相作用扩大环境容量的机制进行了分析，明确了对称性互惠共生是理想的共生行为模式，一体化共生是理想的共生组织模式。

综上所述，在构建中小企业信贷融资共生体系的基础上，提出了核心共生模式就是组建一体两翼的中小企业—信贷机构共生模式，并明确了理想的共生行为模式和共生组织模式，后面的章节将分别就中小企业和银行之间的共生模式、中小企业和民间金融之间的共生模式以及共生环境展开具体的研究。

第六章　我国中小企业和银行共生关系实证分析

中小企业在国民经济和经济发展过程中发挥着重要作用，但一直以来面临着严重的融资"瓶颈"。在我国无论是资本市场还是风险投资都不太成熟的情况下，银行成为中小企业主要的融资渠道，银企关系成为我国经济活动中非常重要的关系之一。中小企业和银行机构作为相互独立的经济主体，只有实现互利共生才能获得共同发展。本章将在共生理论的基础上对中小企业和银行之间的共生关系进行实证分析，测算中小企业和银行的共生度和共生系数，分析两者在合作过程中的共生利润和共生利润的分配问题，为建立中小企业和银行类金融机构之间的共生关系打下坚实的基础，推动中小企业和银行实现互利共荣。

第一节　研究基础

目前我国银行类金融机构作为金融资源配置的主体，对中小企业仍存在显著的信贷配给现象，银行类金融机构的信贷资金一方面不断地向热门行业、国有企业、重点地区集中，另一方面对中小企业实行严格的信贷限制。因此针对中小企业和银行之间的共生度、共生系数进行实证分析显得尤为必要，下面将利用调研数据对此展开实证分析。

一、测量指标的选取

根据对共生理论的分析和银企关系的梳理,在测度银企之间的共生度和共生关系时涉及的主要指标如下:

(一) 银企共生度

银企共生度是指银行和企业各自的主质参量间的关联度,本研究具体指银行发放的贷款数量和中小企业的净利润及生产总值间相互影响的程度,假设中小企业的主质参量为净利润或生产总值,用 Z_A 表示,银行主质参量为贷款数量,用 Z_B 表示,则银企共生度为:

$$\delta_{AB} = \frac{dZ_A/Z_A}{dZ_B/Z_B} \tag{6-1}$$

(二) 共生系数

共生系数主要用来描述共生单元的主质参量之间相互影响的程度,在本研究中指银行和中小企业之间相互影响的程度,银行贷款的发放对中小企业的影响程度如何,中小企业的生产经营、利润、信用等对银行也将产生一定的影响,具体的影响程度可以通过共生系数进行测算。共生系数用下述公式计算:

$$\theta_A = \frac{|\delta_{AB}|}{|\delta_{AB}| + |\delta_{BA}|} \tag{6-2}$$

(三) 利益分配系数

利益分配系数是测量银企之间利益分配的指标,是反映共生动力机制的核心参数。经济主体存在和发展的动力很大一部分是利润,也就是说共生过程一定要给共生系统带来净利润,共生系统才能维持并实现共生。利益分配指标可以用非对称性水平参数 α 和分配系数 K 来衡量。

分配系数 K 反映了共生单元从共生体系中获取的共生利益与所占用或损耗稀缺资源的比值,反映的是共生单元对于资源投入产出的效率,如果以 A、B 表示共生单元,E_s 表示共生系统带来的净利润,那么:$E_S = E_{SA} + E_{SB}$,用 E_C

表示共生单元对共生资源的占用，那么 $E_C = E_{CA} + E_{CB}$，则共生单元 A、B 的分配系数分别为：

$$K_A = \frac{E_{SA}}{E_{CA}}, \quad K_B = \frac{E_{SB}}{E_{CB}} \quad (6-3)$$

假设 $K_{A\min}$、$K_{B\min}$ 分别为最低临界分配系数，S 表示状态，如果：$K_A(S) \geq K_{A\min}$，$K_B(S) \geq K_{B\min}$，那么中小企业和银行的共生关系成立。

关于非对称分配因子 α，假设 K_{sm} 为对各共生单元均具有理想激励的分配系数，何自力、徐学军（2006）认为具体的 K_{sm} 取值需参考系统环境中的优秀水平，并取我国上市公司股本收益率优秀值 35.2% 作为 K_{sm}，则 $\alpha = \frac{\sum_{i=1}^{n} K_{si}}{n \cdot K_{sm}} - 1$ 就是共生系统的平均非对称分配因子，表明共生单元分配系数相对理性激励水平的偏离情况。

对于银行和中小企业组成的二维系统，$K_{si} = (1+\alpha) K_{sm}$。如果 $K_{si} = K_{sm}$，则 $\alpha = 0$，那么 $\alpha = 0$ 共生体系实现了最大的边际密度能量和净能量，说明共生系统各单元实现了基于最稀缺资源的利益分配的均衡，而且这种均衡是一种基于系统环境内优秀回报水平下的均衡。如果 $\alpha > 0$，表明不能实现最大的边际密度能量和净能量。α 不仅影响共生密度均衡，而且当 α 达到一定值时，共生体可能面临解体，共生能量也不复存在。如果存在任何 $K < 0$ 的情况，共生关系就是不可能长久维持的。假设共生体系中最小分配系数为 $K_{\min}$，其他因素不变时，当 $K_{si} < K_{\min}$，共生体系处于临界状态；当 $K_{si} > K_{\min}$ 时，共生体系将继续存在。

（四）阻尼系数

共生界面可以为共生单元带来交流的通道，但这种交流通道的使用往往要付出代价，也就是会产生能量损耗，以阻尼系数 λ 和非对称阻尼系数 C 来衡量。阻尼系数的影响还可以归结为非对称阻尼系数的影响，因为存在 $\lambda_i = (1+C)\lambda_s$，$C = 0$ 时共生界面具有对称阻尼特性。在对称阻尼条件下，λs 影响边际密度损耗，λs 越小，边际密度损耗越小。在非对称性条件下，C 值越大，即非对称性越大，边际密度损耗越大，但共生体系的平均损耗和共生能量并不一定发生变化。非对称阻尼现象往往既可能是由于共生界面引起的，也可能是由于共生单元的性质引起的。非对称阻尼系数的方差越大，将越不利于共生体系的稳定，也越不利于提高共生体系的共生能量。

在我国银企关系中，可以将阻尼分为风险损失阻尼和交易费用阻尼，用公式表示为：

$$\lambda = (\lambda_r + \lambda_t) \times T \tag{6-4}$$

其中：λ_r 为贷款风险损失阻尼系数，在状态 S 下，$\lambda_r(S) = PD(S) \times LGD(S)$，式中 PD 代表中小企业对银行信贷融资的违约概率，LGD 代表中小企业违约后银行的损失率。λ_t 代表交易费用带来的阻尼系数，$\lambda_t = (1 + C)\lambda_s$，式中，$\lambda_s$ 代表标准样本单元的阻尼系数大小，C 代表非对称阻尼系数。

二、研究假设

为了更好地研究中小企业和银行之间的共生关系和共生度，本研究设定如下几个假设：

假设 1：在银企信贷交易中，银行一定选择信用较高、预期效益较好的客户作为交易对象，而企业愿意选择信贷条件相对优惠的银行作为交易对象，交易对象的选择不具有随机性，因此提出第一个假设：

H1：银行（企业）分配系数不服从正态分布。

假设 2：优质的客户具有良好的经营绩效和声誉，履约意愿好，履约能力强，违约的可能性较低，银行收益保障度较高，因此银行愿意提供较低利率的贷款，因此提出第二个假设：

H2：企业收益率对银行分配系数具有反向作用。

假设 3：企业贷款期限越长，企业发生风险的可能性越大，银行贷款的资金安全性越低，银行为了自身资金的安全性和收益性，将会提高贷款利率，因此提出第三个假设：

H3：贷款期限对银行的分配系数有正向作用。

假设 4：银行对中小企业发放贷款的总量不但考虑企业的净利润，还考虑企业的净资产大小，企业获得贷款之后通过对银行贷款资金的使用，一定可以获得更多的产出，因此提出第四个假设：

H4：银行发放贷款的总量和企业生产总值之间存在一定的正向关系。

假设5：如果银行对企业发放贷款的利率太高，这将影响企业贷款的积极性，甚至出现逆向选择和道德风险，最终影响企业的利润和生产总值，因此提出第五个假设：

H5：银行的贷款利率和企业的生产总值之间存在一定的负相关关系。

假设6：银行为了自身安全性，不但会考虑企业的财务指标，更会考虑企业的非财务指标，比如企业的信用等级，信用等级高的企业将来还款更有保障，因此，银行愿意为信用等级高的企业提供利率较低的贷款，因此提出第六个假设：

H6：企业的信用等级会对银行的分配系数产生反向作用。

后面的研究将围绕这六个假设展开验证，据此分析中小企业和银行之间的关系，并提出相应的对策建议。

第二节 数据检验

一、描述性统计

本研究针对全国二十几家银行类金融机构进行调研，每家银行提供中小企业数据从几十家到上百家不等，共取得相关中小企业贷款数据1782份，有效数据1403份。企业贷款余额159834万元，平均每户贷款额为114万元。本研究的实证分析利用Eviews6.0软件包进行，涉及的参数如下：k_a代表企业的分配系数（单位:%），asst代表企业的净资产（单位：万元），prof代表企业的净利润（单位：万元），enpr代表企业的生产总值（单位：万元），loav代表银行发放给企业的贷款（单位：万元），k_b代表银行的分配系数（单位:%），qx代表贷款的期限（单位：月）。根据数据的可得性，本研究中企业的分配系数用企业的利润率来表示，银行的分配系数用银行的贷款利率来表示，得到有关样本参数的描述性统计，如表6-1所示。

表 6-1 样本描述性统计

指标	ASST	ENPR	KA	KB	LOAV	PROF	QX
均值	980.8588	737.4823	6.473571	7.902616	113.9230	62.59691	16.98147
中位数	902.9200	555.2900	5.050000	8.400000	63.00000	51.61000	18.00000
最大值	1995.510	3421.000	29.66000	15.00000	1800.000	450.0000	40.00000
最小值	89.94000	59.94000	−30.0300	4.590000	30.00000	−98.6600	2.000000
标准差	432.5277	566.6240	6.589642	1.907892	114.5633	59.06662	8.558080
偏度	0.436764	1.436008	0.264664	−0.16760	3.908686	1.579293	0.186716
峰度	2.323389	4.819206	4.452943	3.126405	40.83159	8.812741	2.901740
正态分布	71.36895	675.6603	139.7873	7.502936	87239.76	2558.407	8.716526
概率	0.000000	0.000000	0.000000	0.023483	0.000000	0.000000	0.012801
和	1376145.0	1034688.0	9082.420	11087.37	159834.0	87823.47	23825.00
R^2	2.62E+08	4.50E+08	60879.59	5103.354	18400892	4891389	102683.5
n	1403	1403	1403	1403	1403	1403	1403

注：上表中 R^2 代表离差平方和，n 代表观测值的个数。

二、正态分布检验

为了验证假设 1，本研究利用 Eviews 6.0 的数据分析功能，对企业和银行分配系数进行正态分布检验，得到企业和银行的分配系数正态分布检验结果和直方图，如图 6-1 所示。

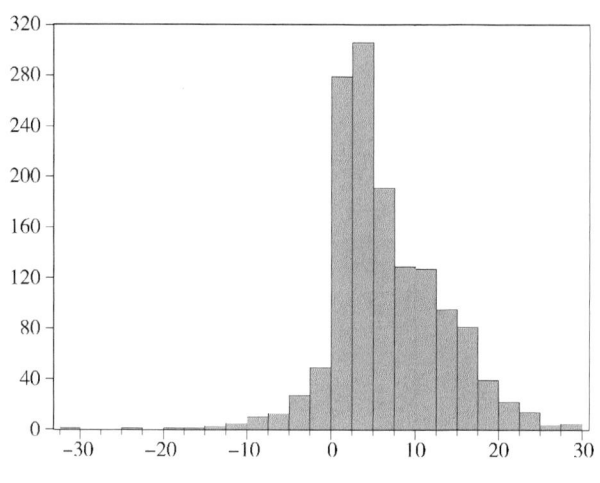

图 6-1 企业分配系数直方图

从图 6-1 上看，企业分配系数成左偏态，多集中在 0~6%，均值由于受到少数经营状态较佳的中小企业影响从而变大，导致均值明显大于中位数，说明中小企业普遍的分配系数较低，分配系数并不符合正态分布。从统计指标来看，Jarque-Bera 统计量等于 139.7873，远远大于 χ^2 的临界值，而 p 值为 0.000000，统计指标均拒绝正态分布的原假设，即企业分配系数不服从正态分布。

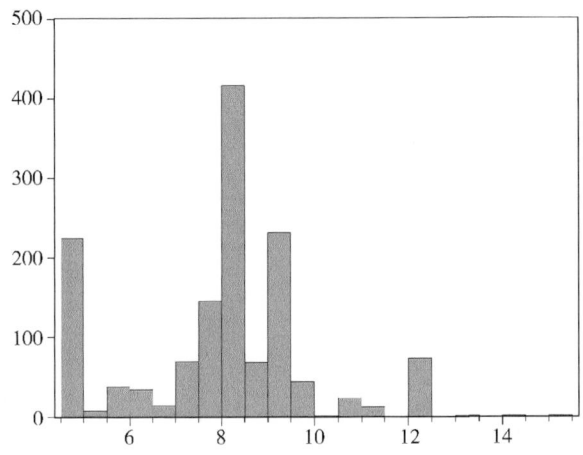

图 6-2　银行分配系数直方图

如图 6-2 所示，从图形上看，银行的分配系数较稳定，浮动区间从 4.59%~15%，而其均值小于中位数，说明银行的分配系数普遍较高，不符合正态分布；从统计指标来看，Jarque-Bera 统计量等于 7.502936，大于 χ^2 的临界值，而 p 值为 0.023483，统计指标均拒绝正态分布的原假设，即银行分配系数不服从正态分布。综合图 6-1、图 6-2 以及表 6-1 样本描述性统计可以看出：

（1）企业分配系数的标准差和离散程度都比较大。中小企业在经营过程中面临较大的经营风险，承受冲击的能力较弱，无论是国家宏观政策的变动，还是地方居民、企业状况的轻微变动，都可能影响中小企业的正常生产运转，导致企业分配系数面临的离散程度较大。从统计数据可以看出，企业分配系数从 -30.03%~29.66%，波动幅度比较大，说明企业的收益面临较大的不确定性。而由于银行不能充分地了解中小企业的信息，因此银行从自身资金的安全性出发,将会对中小企业采取惜贷行为。

(2) 银行的分配系数标准差和离散程度都比较小。在我国四大银行都属于国有控股,而且国家对股份制银行的设立和监管也非常严格,形成了银行业的垄断格局。处于垄断地位的银行类金融机构从自身资金的安全性和盈利性出发采取审慎的借贷行为,因此可以借助资金的稀缺性获得较高的收益。同时由于我国对利率的管制使银行的贷款利率都是在基准利率基础上浮动,这保证了银行收益相对稳定,而且分配系数也稳定在一定范围之内。

(3) 银行更注重资金的安全性。对于固定资产和收益率较高的企业可以发放比较低利率的贷款,达到国家贷款利率的下限——基准利率下浮30%,从图6-2中可以看出银行发放的最低利率所占比例较高,说明银行更愿意为优质企业提供信贷支持。尽管对于风险较高的企业,银行可以调高贷款利率,最高上浮150%,但这个范围的贷款并不多,在1403个样本中仅有1个,说明银行更注重资金的安全性,而不会冒太高的风险去追求盈利性。

(4) 假设1成立:银行(企业)分配系数不服从正态分布。无论是图表还是统计数据都显示银行和企业的分配系数不服从正态分布。银行在选择过程中更注重资金的安全性,尽量选择优质客户,降低违约概率,提高资产的平均收益率。而中小企业面临的风险较大,大多数企业的分配系数都不是太高,这也印证了目前我国资金不愿意进入实体经济,而愿意参与到垄断的金融行业中分享高额利润的事实。

第三节 实证分析

一、模型的设立

本书对银行和中小企业的共生关系进行实证研究,来验证研究假设2~假设6,其中需要考虑的因素包括银行发放贷款的数量和分配系数,以及企业的净资产、净收益、生产总值和分配系数之间的关系。确定银行和中小企业的共生关系，一方面，要确定银行的贷款发放和分配系数对于企业分配系数和企业产值的影响；另一方面，要确定企业的分配系数、净利润和产值对于银行分配系数和贷款额的影响，因此设立如下两个模型。

（一）模型 I 的设立和分析

设立模型 I 的主要目的是研究银行发放的贷款额和分配系数对企业分配系数和企业产值的影响，因此模型 I 将企业生产总值当作被解释变量，将银行贷款总量和分配系数、企业分配系数、企业净利润和企业净资产作为解释变量进行实证检验，据此设立如下经验模型 I：

模型 I：$enpr_i = \beta_0 + \beta_1 asst + \beta_2 prof + \beta_3 k_a + \beta_4 loav + \beta_5 k_b + \mu$ （6-5）

通过对模型的检验发现解释变量之间的相关系数较小，不存在共线性，也不存在异方差和自相关。为了检验银行和企业之间的共生关系，对模型 I 采用逐步回归的方法，对模型设置进行如下安排：MI1 为只包含 $asst$、$prof$、k_a 变量的模型，主要用来检验企业自身的指标对其生产总值的影响；MI2 为只包含 k_b、$loav$ 变量的模型，主要用来检验企业生产总值与银行贷款额和贷款利率的关系，用来验证银行与企业之间的共生关系；MI3 是在 MI1、MI2 的基础上，剔除掉最不显著的变量 k_a 和 k_b 而得到的回归模型。

表 6-2　模型 I 样本回归结果

模型	MI1	MI2	MI3
因变量	$enpr$1	$enpr$2	$enpr$3
const	−136.6597*** (−7.341157)	713.9171*** (11.00588)	−147.7871*** (−7.778037)
asst	0.493325*** (25.85523)		0.484636*** (25.88448)
prof	5.923900*** (29.01967)		6.186054*** (45.14844)
k_a	3.003327* (1.789753)		

续表

模型	MI1	MI2	MI3
因变量	$enpr1$	$enpr2$	$enpr3$
k_b		−3.317995 *	
		(−0.417497)	
$loav$		0.437014 ***	0.199095 ***
		(3.301907)	(3.148603)
R^2	0.651009	0.183200	0.772100
调整 R^2	0.650518	0.182100	0.771611
F-statistic	1570.135	5.454830	1579.881
Prop（F）	0.000000	0.004367	0.000000
observation	1403	1403	1403

注：估计系数下方的括号内显示的是 t 统计量；估计系数的上标，如为 * 表示 10% 的水平上显著，** 表示 5% 的水平上显著，*** 表示 1% 的水平上显著。

从表 6-2 可以看出，中小企业生产总值的主要影响因素是企业自身的净利润和净资产，这是符合现实情况的，至于银行贷款对于企业生产总值的影响相对较小。具体来看可以得到以下结论：

（1）假设 4 成立：银行贷款额与企业生产总值之间成正相关关系。从 MI2 和 MI3 的分析可以看出，银行贷款额对于企业生产总值的影响为正，而且具有一定的解释能力。这说明银行和中小企业之间存在着一定的共生关系，企业获得的贷款额增加，不仅有利于增加研发投入，提高劳动生产率，而且有利于企业生产规模的扩大，从而获得更高的生产总值。但是由于银行对中小企业的惜贷行为，许多优质的中小企业不能从银行获得资金支持，因此需要多方努力推动银企共生关系的发展。

（2）假设 5 成立：银行贷款利率和企业生产总值之间呈负相关关系。从 MI2 的分析可以看出，银行贷款利率对企业生产总值的影响度相对较大，较高的银行贷款利率势必增加了企业的成本，并影响企业的利润，对生产总值产生负效应，但是由于企业生产总值采用万元为单位，而银行贷款利率采用百分比为单位，当银行贷款利率和其他因素一起考虑时，银行贷款利率的影响效果将不显著，这和实证结论相符合。

(3) MI3 剔除了最不显著的变量 k_a 和 k_b 而得到的模型，只考虑了企业的净资产、净利润和银行贷款总额，发现无论是企业净资产、净利润还是银行的贷款总额和企业生产总值之间均呈现正相关关系。而 k_a、k_b 效果不显著，可能还与它们的计量单位相关，因此在下面的模型 Ⅱ 中将考虑此影响因素，对于企业净资产、净利润等指标进行对数变化。

（二）模型 Ⅱ 的设立和分析

本模型重点考虑企业相关指标对于银行分配系数的影响，因此考虑将银行的分配系数设为被解释变量，将企业的分配系数、企业净资产、生产总值以及银行的贷款总额和贷款期限作为解释变量，同时企业的风险等级将是银行发放贷款的主要影响因素之一，因此设立贷款期限为虚拟变量，用 xy 表示，据此设立模型 Ⅱ。

同时为提高研究结论的准确性和说服力，考虑到企业净资产、生产总值和银行贷款额数值较大，而且和银行分配系数的计量单位不同，为了模型能回归真实，因此对上述三个指标取对数。由于大多数银行都建立了自己的客户信用评价制度，然而各评级体系之间却存在一定的差异，本书为了研究的便利性，将金融机构评定为 A（包括 A+ 和 A−）的企业信用状况值 xy 确定为 1，其余为 0。模型设立如下：

模型Ⅱ：$k_{bi} = \beta_0 + \beta_1 k_a + \beta_2 \lg asst + \beta_3 \lg loav + \beta_4 \lg enpr + \beta_5 qx + \beta_6 xy + \mu$

(6-6)

参考模型Ⅰ的方法，对于模型Ⅱ同样采用逐步回归法，对模型设置做出如下安排：MⅡ1 检验企业的净资产和生产总值、贷款期限对银行贷款利率的影响；MⅡ2 剔除了最不显著的变量 lgasst，加入虚拟变量企业信用状况；MⅡ3 在 MⅡ1 的基础上加入了 k_a，从而考察银行分配系数和企业分配系数的关系；MⅡ4 在 MⅡ2 和 MⅡ3 的基础上，剔除了 lgasst，加入了信用等级变量，借此考察信用等级对银行分配系数的影响；MⅡ5 在 MⅡ4 的基础上加入了 lgloav 变量，考察银行贷款金额和银行分配系数之间的关系。

第六章 我国中小企业和银行共生关系实证分析

表6-3 模型Ⅱ样本回归结果

模型	MⅡ1	MⅡ2	MⅡ3	MⅡ4	MⅡ5
因变量	K_b1	K_b2	K_b3	K_b4	K_b5
const	6.689902 *** (17.60374)	7.209516 *** (33.31085)	6.261731 *** (17.57368)	5.759225 *** (24.11980)	5.872287 *** (37.10786)
k_a			−0.080293 *** (−14.30810)	−0.062243 *** (−12.02954)	−0.059200 *** (−14.89254)
lgasst	0.040552 (0.515022)		−0.315280 *** (−4.060011)		
lgloav					0.017835 (−0.576373)
lgenpr	−0.364546 *** (−7.112164)	−0.292753 *** (−8.578486)	0.234692 *** (3.689050)	0.036208 (0.852511)	
qx	0.191060 *** (59.90806)	0.171305 *** (51.38613)	0.165662 *** (47.76414)	0.154656 *** (44.65696)	0.155701 *** (48.59770)
xy		−0.766854 *** (−13.55425)		−0.652066 *** (−11.91738)	−0.651388 *** (−11.88604)
R^2	0.719584	0.752087	0.755403	0.775342	0.775278
调整 R^2	0.718983	0.751555	0.754703	0.774699	0.774635
F-statistic	1196.672	1414.703	1079.379	1206.197	1205.758
Prop (F)	0.000000	0.000000	0.000000	0.000000	0.000000
observation	1403	1403	1403	1403	1403

注:估计系数下方的括号内显示了t统计量;估计系数的上标如为 * 表示10%水平上显著,** 表示5%水平上显著,*** 表示1%水平上显著。

从表6-3中可以看出,各个影响因素对银行分配系数的影响程度存在较大的差异,主要体现在:

(1) 假设2成立:企业收益率对银行分配系数具有反向作用。从MⅡ3、MⅡ4和MⅡ5中均可以看出,在对银行分配系数的解释中,企业收益率呈负数,这说明企业收益率越高,银行所要求的分配系数越低;如果企业收益率越低,银行所要求的分配系数将会越高。从中可以判断,银行对中小企业发放贷款时,企业收益率是一个非常重要的考查指标。

(2) 假设 3 成立：贷款期限对银行的分配系数有正向作用。模型 Ⅱ 的五个变形均考虑了贷款期限的影响，均显示贷款期限和银行的分配系数具有正向作用，贷款期限越长，企业生产经营发生变化的可能性越大，对银行来说风险增大，也就会要求更高的回报率。

(3) 假设 6 成立：企业的信用等级会对银行的分配系数产生影响。MⅡ2、MⅡ4 和 MⅡ5 中涉及了信用等级，三个模型均显示信用等级对银行的分配系数具有反向作用。企业信用等级越高，银行的贷款将更有保障，而且由于优质客户是银行争夺的对象，因此，银行将会要求较低的分配系数。

(4) 从表 6-3 可以看出，lgasst 和 lgenpr 的系数不是很稳定，这说明企业净资产和生产总值对于银行来说是考虑是否发放贷款的重要财务指标，但是不能体现企业信贷风险的大小，而真正体现企业信贷风险的是其收益率指标和信用状况等信息，因此在测算对银行分配系数的影响时存在不稳定的情况。

二、银行和中小企业共生度的测算

根据对共生理论的分析和银企关系的梳理，可以认为银企共生度是指银行和企业各自的主质参量间的关联度，目前对于银行的主质参量可以用银行发放的贷款数额来代表，而中小企业的主质参量可以考虑其净利润和生产总值两个指标。为了研究结论的可信性，将分别测算银行发放的贷款数量与中小企业的生产总值之间以及中小企业的净利润之间的相互影响程度。

(1) 测算银行贷款数量和中小企业生产总值的共生度和共生关系。其中银行的贷款数量为 $loav$，中小企业的生产总值为 $enpr$，则银企共生度为：

$$\delta_{AB} = \frac{dloav/loav}{denpr/enpr} \tag{6-7}$$

如果要测算如上数据，需要设立如下模型：

$$\ln loav = \beta_1 + \beta_2 \ln enpr + u \tag{6-8}$$

利用 Eviews 6.0 测算，可以得到：

$$\ln loav = 3.726279 + 0.204713 \ln enpr + u \tag{6-9}$$

　　　　(21.02399)　　　(3.765005)

其中 $R^2 = 0.210017$　　　　$F = 14.17527$　　　　$DW = 1.926502$

因此，可以得到银企之间的共生度为：

$$\delta_{AB} = \frac{dloav/loav}{denpr/enpr} = 0.204713 \tag{6-10}$$

同理，可以测算出：

$$\delta_{BA} = \frac{denpr/enpr}{dloav/loav} = 0.626020 \tag{6-11}$$

进而测算银企之间的共生系数如下：

$$\varphi_A = \frac{|\delta_{AB}|}{|\delta_{AB}| + |\delta_{BA}|} = 0.2464246 \tag{6-12}$$

$$\varphi_B = \frac{|\delta_{BA}|}{|\delta_{AB}| + |\delta_{BA}|} = 0.7535754 \tag{6-13}$$

（2）测算银行贷款数量和中小企业净利润的共生度和共生关系。其中银行的贷款数量为 $loav$，中小企业的净利润为 $prof$，则银企共生度为：

$$\delta_{AB} = \frac{dloav/loav}{dprof/prof} \tag{6-14}$$

如果要测算如上数据，需要设立如下模型：

$$\ln loav = \beta_1 + \beta_2 \ln prof + u \tag{6-15}$$

利用 Eviews 6.0 测算，可以得到：

$$\ln loav = 4.047210 + 0.161879 \ln prof + u \tag{6-16}$$
$$(31.34387)\ (2.582182)$$

其中 $R^2 = 0.195142$　　　　$F = 6.667663$　　　　$DW = 1.930736$

因此，可以得到银企之间的共生度为：

$$\delta_{AB} = \frac{dloav/loav}{dprof/prof} = 0.161879 \tag{6-17}$$

同理，可以测算出：

$$\delta_{BA} = \frac{dprof/prof}{dloav/loav} = 0.562802 \tag{6-18}$$

进而可以测算银企之间的共生系数如下：

$$\varphi_A = \frac{|\delta_{AB}|}{|\delta_{AB}| + |\delta_{BA}|} = 0.223380 \tag{6-19}$$

$$\varphi_B = \frac{|\delta_{BA}|}{|\delta_{AB}| + |\delta_{BA}|} = 0.776620 \tag{6-20}$$

无论从银行和中小企业的生产总值的共生度来分析，还是从银行和中小企业净利润的共生度来分析，均发现我国中小企业和银行存在一定的共生关系。银行对中小企业贷款的发放有助于中小企业的生产经营和扩大再生产，从而企业的净利润和生产总值得到增长，随着企业净利润和生产总值的不断提高，不断会给予银行约定的利息回报，同时给银行带来更多的存款和中间业务，有助于银行业的发展。但从上述两者的共生系数指标来分析，均存在 $0<\varphi_A<0.5$，$0.5<\varphi_B<1$，表明中小企业对银行业的影响要大于银行对中小企业的影响，这说明目前我国银行对中小企业的支持和影响力度明显不够。目前我国中小企业的生产经营更多地依靠自有资金，而从银行获得正规金融机构融资的途径和渠道较窄，因此结合国外的研究经验，不断拓宽银行业务领域的同时，构建专门为中小企业提供服务的银行显得尤为必要。

小结

通过实证分析可以得出如下结论：

(1) 银行（企业）分配系数不服从正态分布，但企业分配系数的标准差和离散程度都比较大，而银行的分配系数标准差和离散程度均比较小。这说明中小企业面临的风险更大，而银行面临的风险相对较小，收益较稳定，银行和中小企业之间存在的是偏利共生或非对称性共生的行为模式。

(2) 中小企业从银行获得的贷款数额越大，贷款利率越低，企业创造的生产总值可能越大，说明银行的贷款对企业有正向的促进作用。而企业的收益越好、贷款期限越短和信用等级越高，获得银行贷款越容易，而且贷款利率越低，说明企业自身的发展情况会影响其贷款的难易程度和贷款利率。因此，本章从实证的角度证明了银行和中小企业之间存在互相影响的关系。

(3) 无论从银行和中小企业的生产总值还是净利润的共生度指标来分析，我国中小企业和银行存在一定的共生关系。但从上述两者的共生系数指标来分析，中小企业对银行业的影响要大于银行对中小企业的影响，这说明目前我国银行对中小企业的支持和影响力度明显不够，银行和中小企业之间的共生关系需要不断加强和完善，针对上述问题，下一章将展开具体的论述。

第七章 构建中小企业与银行的共生模式

第一节 银行定位问题研究

银行业金融机构无论在机构数量、资产规模还是在信贷资金总量和金融服务的种类上,在我国金融体系中都占据主导地位,也是我国中小企业外部融资的主要来源。作为中小企业外源融资中份额最大的金融机构,商业银行在中小企业金融服务中的领军作用和责任毋庸置疑。但综合考虑各国的经验和我国的现实,大型金融机构更愿意为大企业提供金融服务,为中小企业提供金融服务的倾向相对较弱,而与大型金融机构的经营取向不同,中小金融机构比较愿意为中小企业提供金融服务。因此,在研究中小企业和银行信贷机构共生模式之前,本章将先对大银行和小银行的市场定位问题进行分析。

一、小银行优势论

在银行规模和中小企业贷款方面,国外大量的实证研究发现小银行更倾向于为中小企业提供贷款,由此产生了"小银行优势论"(Small Bank Advantage)。小银行优势论认为扁平、层级少的银行便于和中小企业保持密切的接触和合作,能够及时满足小企业提出的信贷要求。按照信贷配给理论,大银行倾向于为能提供充足抵押的企业或项目放贷,因而中小企业很难获得大银行的信贷支持(Stiglitz and Weiss,1981)。而 Bnaenjee(1994)的长期互动假说则提出中小金融机构具有一定的地域性，借助其地缘和人缘优势，更愿意为当地的中小企业提供服务，而且中小金融机构对当地中小企业的了解程度要大于大型商业银行，因此中小金融机构具有为中小企业服务的信息优势。1998 年 Strahan 和 Weston 提出了关于中小企业融资的规模匹配理论，发现银行的规模会影响银行的贷款倾向，银行规模与其发放的中小企业贷款之间存在着很强的负相关性，利用自身优势大银行更愿意为大企业贷款而不愿意为中小企业提供信贷资金，最后提出发展与中小企业相匹配的中小银行才是是解决中小企业融资难的根本出路。层级控制理论（Berger and Udell，1995；Williamson，1967、1988）认为规模庞大、组织结构复杂的银行在中小企业贷款发放方面缺乏优势，大型商业银行为大企业提供金融服务符合大型银行的特点，也是其优势所在。大型商业银行乐于为大企业提供贷款不仅可以保证资金的安全性，而且可以获得较高的规模收益，因为大银行的贷款审批链条过长，对中小企业发放贷款过程中可能导致单位贷款成本较高，因此，随着银行规模的不断增大，其发放的中小企业贷款比例将会不断下降。从关系型贷款的角度出发，Berger（2001）提出了中小银行是中小企业最佳融资伙伴的结论，因为中小银行在和中小企业的长期合作中会产生各种软信息，这些软信息可能比单纯的财务报表等信息更能反映企业的真实情况，对于消除银企之间的信息不对称发挥了重要作用，为中小企业信贷融资提供了便利。他们根据 1993 年的数据对银行规模和中小企业信贷融资之间的关系进行了实证研究，发现大银行合并后对中小企业的贷款规模会减少，而小银行合并后对中小企业的贷款规模会增加。

国内围绕小银行优势论也展开了大量研究，林毅夫和林永军（2001）提出，中小企业贷款难和中国银行业的行业机构有关，现存的大量中小企业与中国大银行为主导的银行业现状存在规模冲突，而中小银行数量严重不足影响了我国中小企业的顺利融资，因此提出缓解中小企业融资困境的重点是建立与中小企业规模相匹配的中小金融机构体系，这也是我国金融体系将来改革和发展的重点。李志赟（2002）运用信息不对称理论分析了中小金融机构在服务中小企业中的不同作用，并提出建立地方性的中小企业金融机构和信贷担保机构，不断完善中小企业贷款服务有助于缓解中小企业融资难题。张捷（2002）围绕银行组织结构和信贷中的信息种类等关系，通过权衡大银行的理性决策优势和中小金融机构的软信息优势，证明了小银行在发放中小企业贷款中具有优势地位。彭建刚和王睿（2005）指出，不同规模的企业需要不同规模的金融机构为之提供服务，提出要重点发展以城商行为代表的社区银行，完善主要为中小企业服务的中小金融服务组织，建立多层次的金融服务机构。无论是国内还是国外研究，大多数学者都认同中小银行在为中小企业服务方面具有一定的优势，发展中小银行是缓解中小企业融资难的关键。

综上所述，小银行与中小企业之间的合作更能有效地解决信息不对称问题，小银行的组织结构更能有效地为中小企业提供信贷服务，从而建立稳定的合作关系。

二、大银行优势论

面对发展小银行是解决中小企业融资困境根本出路的说法，部分国内外学者提出了不同的观点。国外学者 Gregory F. Udell, Richard J. Rosen（2005）指出，金融市场中占主导地位的银行对中小企业贷款的可得性和贷款利率具有重要影响，如果金融市场中大银行占主导地位，小企业不仅可以获得贷款，而且所获贷款的利率水平将有所降低，从而提出了大银行优势论。后来多位学者证明了在中小企业的贷款供给上，小银行并没有显著的优势。比如 De la Torre（2010）对 12 个国家 41 家银行的问卷调查，反映中小企业贷款的领先者不是小银行而是大银行，贷款决策也并非依赖于基于软信息的关系型贷款技术，而且大银行借助其多样的金融产品和金融服务，在为中小企业融资的过程中可以获得规模经济和范围经济的好处。

国内学者围绕大银行对中小企业信贷融资也进行了相应的研究。邓超和敖宏等（2010）指出，银企之间保持长期的合作关系可以为银行带来利息之外的收益，因此提出大银行对中小企业发放关系型贷款的定价模型，鼓励大银行和中小企业建立长期的业务合作。彭建刚和周鸿卫（2003）认为，随着银行业地域管制的放松，中小银行可能通过并购成为大银行，利用中小银行掌握的中小企业信息、大银行领先的技术设备和强大的创新力量，大银行可以不断开发新产品、新服务和构建新模型来发展交易型贷款，同时大银行更多高附加值的多样化服务有利于为中小企业提供贷款。

三、市场定位

在对中小企业融资中,从信息成本的角度来分析,小银行具有信息优势,大银行不具有这种信息优势。因为在与小企业的信息交流过程中,大银行作为规模较大的共生单元,其内部组织机制相对比较复杂,比如大银行的信贷决策权在高层,即使分支机构的经理人员对当地中小企业的经营状况非常了解,但由于中小企业的硬信息相对较少,软信息难以得到有效的表达和传递,复杂的组织机制导致获取信息的人力成本和时间成本都比较高。另外,由于大银行地方分支机构的经理人员经常调换,他们对中小企业的了解程度相对不足,在激励机制有限而贷款责任制相对严格的情况下,经理人员缺乏为中小企业提供资金支持的动力。而作为共生单元的小银行与外界交流相对便利和简单,组织机制相对简单,不需要传递信息或信息传递的链条短,信息损耗小。对于银行类金融机构而言,无论一次传递信息的数量是多少,获取与处理一次信息所耗费的成本是相对固定和稳定的,这样导致在每一笔贷款的发放中,大银行耗费的成本较高。而且小银行能利用地缘和人脉关系获取中小企业的软信息,降低双方的信息搜索成本;通过长期合作形成的信任关系能够降低谈判成本;地域关系形成的声誉约束效应能够降低合同的执行成本;扁平的治理结构能够降低代理成本,从而保证小银行具有较强的交易成本优势。

从贷款供给者和贷款需求者的规模对称角度来分析,对于小银行来说,因为其规模小、分支机构少,在与大银行竞争优质客户的过程中处于劣势,小银行充分发挥其比较优势,利用对当地中小企业经营状况和企业主私人信息的了解,在软信息的基础上开展业务,从而可以获得较高的收益率,来弥补其较高的成本,与大银行展开差异化竞争。

根据我国中小企业金融服务发展报告(2013)的统计,目前我国的大型商业银行和股份制商业银行发放的全部贷款中,中小企业贷款所占比例大体上位于7%~17%,个别股份制银行,如浦发银行、民生银行、工商银行的中小企业贷款占其全部银行贷款比例超过了20%。由此可见,大型银行相对于股份制商业银行在中小企业的贷款上并没有明显优势,但城市商业银行在这一比例上优势比较突出,领先地位非常明显。中小企业贷款占银行全部贷款的比例前12位的银行均为城市商业银行,且均超过了25%。其中浙江民泰商业银行以超过85%的占比高居榜首,包商银行的这一比例接近70%,它们将主要业务集中于中小企业贷款,和大银行展开差异化竞争,为中小企业的融资提供了更宽松的条件。

由于中小企业的贷款需求金额普遍较小。贷款期限相对较短,贷款带来的收益相对有限,因此在共生利润有限的情况下,大银行为中小企业提供贷款的积极性不高,小银行—小企业的共生关系将更稳定,也更容易产生金融共生能量。总之,小银行与中小企业可谓天然相依,做中小企业的金融也正是小银行的天然优势所在,小银行努力做好中小企业的银行,可谓前途无量。因此图7-1从产品与服务的信息、企业规模和贷款成本的角度考虑,小银行的市场定位更集中于个性信息和规模较小的中小企业,因此单位贷款成本较高,而大银行将集中于标准化信息和规模较大的企业,或者中小企业集群,因此单位贷款成本相对较低。下面两节将分别就中小企业和以社区银行为代表的小银行之间的共生、中小企业集群和大银行之间的共生展开研究。

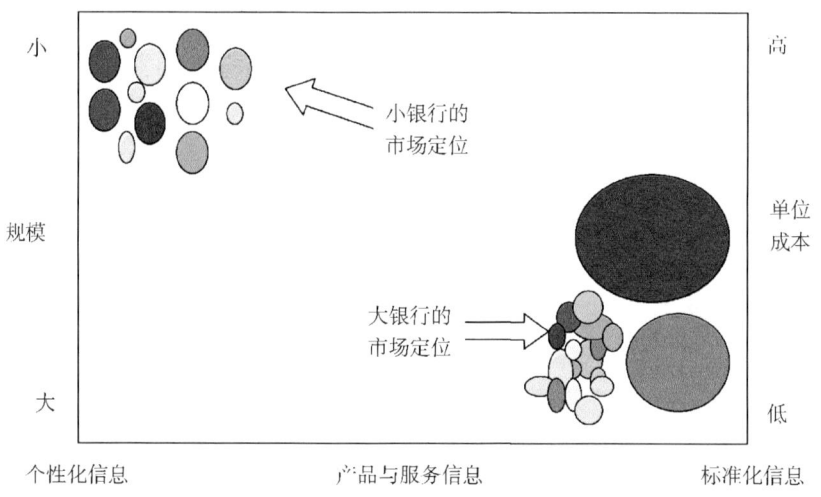

图7-1 银行的市场定位

第二节 中小企业和社区银行的共生

我国并没有真正意义上的小银行,根据国外解决中小企业融资难的经验,这里提出构建我国真正意义上的小银行,也就是构建我国中小企业自己的社区银行。借鉴国外小银行发展的经验,后面的论述用社区银行来替代前面提到的小银行。

一、社区银行的定义

社区银行起源于金融相对发达的西方国家,社区银行的概念最早来源于1981年美国的《银行业》杂志给出的定义:社区银行的主要职能是为社区内的个人和企业提供个性化、私密化以及成本低廉的金融服务,作为社区财政的生命线,支持本地经济的发展和运行。美国独立社区银行协会(ICBA)认为,社区银行在特定的地域范围内独立运营的银行机构,其资产从不到1000万元到数十亿美元不等,主要为当地中小企业、个人客户提供个性化的金融服务。目前国外学者普遍把银行资产规模作为界定社区银行的唯一标准,认为社区银行在发达国家是指资产在10亿美元以下的国内银行,在发展中国家是指资产在1亿美元以下的国内银行以及外资银行(Scott E. Hein et al.,2005;Allen N. Berger,2004)。由于部分学者担心单纯从银行的资产规模划分可能将一部分小型商业银行划入其中,于是他们将社区银行定义为:在一定的社区范围内,资产规模相对较小,主要为经营区域内的中小企业和个人客户提供服务的地方性小型金融机构(Williama R. Emmons,2004;Scott E. Hein,2005)。

我国学者对社区银行的研究大多遵循国外的思路,对社区银行服务对象、服务范围、运作原则的观点较为统一,但在社区银行具体的界定指标上尚未达成一致意见。2002年巴曙松将社区银行定义为:在某一地区的社区范围内按照市场化原则自主设立、按照市场原则独立运营,主要服务于中小企业和个人客户的中小型银行。2005年王爱俭丰富了对社区银行的概念，认为其是以股份制模式建立，资产规模在10亿美元以下，以盈利为主要经营目标，经营范围仅局限于一个特定区域，服务于当地社区经济的小型商业银行。

我国从20世纪90年代中期就开始研究社区银行的发展问题，但到目前为止社区银行在我国基本上还处于探索阶段，如果以单体银行、规模较小、私营为主、主要为中小企业和社区居民服务这四个特征来衡量，到目前为止我国还没有一家真正意义上的社区银行。为了加大对中小企业的信贷融资力度，不少商业银行成立了专门的中小企业金融服务部门，比如中国银行的中小企业贷款部；中国建设银行广东省分行正式在广东省各地推出"社区金融服务"；华夏、民生、招商等中小商业银行在部分社区挂出了"社区银行"的招牌，开展社区金融服务，但与真正意义上的社区银行相比，无论在职能发挥还是在服务机制上都存在较大的差距。

实际上，"社区性"是社区银行的基本特征，因此发展社区银行并不是单纯地让银行机构"进社区"，最终目的是要让社区银行"融入社区"。社区银行的工作人员由于地缘和人缘优势使他们非常熟悉当地客户，能依托所在社区的地缘、人缘和血缘关系开展金融服务和资金借贷活动，为客户提供更人性化的服务。基于地缘优势，社区内的居民和企业更愿意到社区银行存款，尽管短期内存款余额可能会有波动，但长期来看是相对稳定的，可以充当社区银行的主要存款来源。结合国外社区银行的发展经验，我国提倡建立的社区银行就是以某一特定地区为依托，按照市场化原则自主设立、独立运营的单体小型银行类金融机构，主要职能是为社区内的中小企业和个人提供方便快捷、个性服务，带动社区经济的发展。

二、中小企业—社区银行的理想共生模式

社区银行是经营特殊商品——货币的经济单位，而中小企业主要生产和销售商品获取收益，从这个意义上说，它们属于异类共生单元，其共生关系可以通过图7-2来分析。

首先，社区银行是由社区内的中小企业、社区居民和战略投资者共同出资成立的，因此它们将共同监督社区银行的运行，并维护社区银行的利益。其

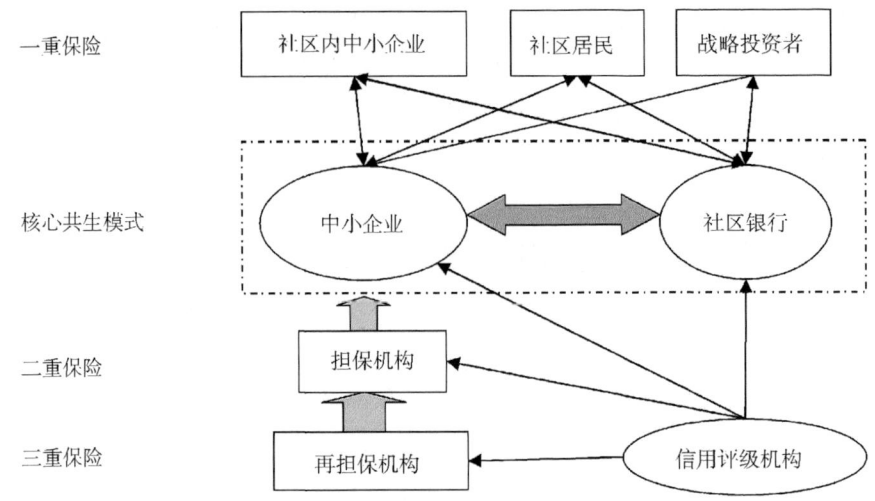

图 7-2　中小企业和社区银行的理想共生模式

次,社区银行也将利用地缘、人缘优势为社区内的中小企业提供融资等金融服务,建立中小企业和社区银行的共生关系。无论是中小企业,还是社区银行都可以从共生关系中获得共生能量。再次,作为社区银行的出资者,社区内的中小企业、居民和战略投资者从社区银行的利益出发,将对从社区银行获得资金支持的中小企业进行监督,并及时和社区银行保持有效的信息沟通。又次,信用评级机构将对中小企业进行信用评级,并将评级结果提供给社区银行和担保机构,便于它们确定费率,做出决策。最后,担保机构将对社区银行和中小企业之间的信贷融资进行担保,而再担保机构将为担保机构提供担保。

这种模式对可以入股社区银行的居民和企业的要求比较严格,比如入股的居民和企业必须具有良好的信誉,能够与区域内其他股东建立起相互信任、相互帮助的协作关系;必须位于社区银行所在的一定区域空间内,遵守一致的商业价值观和文化观,能够形成互相监督、互相制衡的机制。股东之间的互相监督机制提高了贷款的安全性,可以有效避免关联交易的发生,保持社区银行的独立性,更好地为社区内有发展潜力的中小企业提供资金支持,保持社区经济的可持续发展。

三、中小企业—社区银行共生机制分析

（一）风险防控机制

在中小企业—社区银行信贷融资共生体系中包括三重风险防控机制，共生模式的第一重保险是与社区银行相关联的各投资主体的制衡机制；第二重保险是担保机构对于中小企业银行信贷融资的担保；第三重保险是信用评级机构对中小企业的信用评级，以及再担保机构为担保机构提供的担保功能。

1. 第一重保险机制——共生模式制衡机制

社区银行由社区内的中小企业和社区居民以及战略投资者共同出资组成，社区内的中小企业作为出资者更容易从社区银行获得信贷支持，这种共生关系存在多重交叉制衡的机制。一是银行和作为股东的中小企业之间，中小企业作为银行的股东，要以银行利益最大化为目标，借助和其他中小企业之间的业务联系、地缘以及人缘关系，对贷款的中小企业形成一种有效的监督。一旦贷款的中小企业提供的信息存在虚假，或者经营状况不良，社区银行将比较容易获得相关信息。二是中小企业和作为股东的社区居民之间，它们相对比较集中在某一个区域内，而居民与社区内的中小企业有着千丝万缕的联系，对企业的生产经营、产品质量、环保等相关信息的了解，有助于维护社区银行的利益。三是战略投资者和中小企业之间，战略投资者为了社区银行的利益，将会借助自身的经验设立严格的筛选和信用评级体制，规范社区银行的信贷机制，严格筛选中小企业，对中小企业形成一定的制约；社区内的中小企业即使是社区银行的股东，也必须面对战略投资者的专业考核，因此会降低逆向选择和道德风险的发生可能性。

2. 第二重保险机制——共生模式担保机制

对于中小企业社区银行信贷融资模式的第二重保险机制来自于担保机构的作用。由于中小企业自身固定资产少，缺乏信用记录和核心技术等原因，难以满足银行担保、抵质押条件，因此中小企业从社区银行获得资金支持需要担保

机构为其提供担保。我国目前的融资担保服务业发展非常迅速,在整理分析中小企业的有关信息和经营状况等方面,专门的中小企业担保机构比社区银行更专业、更高效。专门的中小企业担保机构的参与能有效地分担在为中小企业提供贷款过程中社区银行面临的高风险,使中小企业可以获得更多的贷款。

3. 第三重保险机制——信用评估机制与再担保机制

社区银行在对中小企业发放信贷融资的过程中,必然伴随着对中小企业大量的资信调查和评估工作,这对于社区银行来说难度较大、成本较高。信用评级机构专业负责对中小企业的信用评级,而信用评级是基于企业大量信息的基础上完成的。如果企业得到了较高的信用评级,将更容易获得担保机构的担保和银行的信贷支持;反之,则相反。信用评级机构专门负责对中小企业的信用评级,一方面向银行揭示了中小企业的信用风险和相关信息,为银行节约了收集信息的成本,从而将精力集中于中小企业信贷业务市场的开拓。另一方面信用评级机构的评级也构成了中小企业的信用"身份证",中小企业凭借这张"身份证"更容易获得信贷资金和担保,并简化贷款和担保手续,降低了信贷资金价格,这构成了中小企业社区银行信贷融资的第三重保险机制。

再担保机制和信用评估机制一起,对中小企业和社区银行之间的共生模式构筑起了第三重保险机制。再担保机构为担保机构提供担保,有效地分散了担保机构的风险,提高了其信用保证能力,有利于调动担保机构的积极性,担保机构积极为中小企业信贷融资提供担保的同时,也有效地降低了社区银行的风险。

(二) 共生模式风险分担机制

在现有的中小企业银行信贷融资体制下,银行处于绝对优势地位,银行在利益驱动下不愿承担高风险,从而对中小企业存在惜贷、慎贷行为。而中小企业和社区银行之间的共生模式将这种高风险在中小企业、社区银行、担保机构和再担保机构之间实行了有效的分担,使得各方实现了收益共享、风险共担的理想模式。

首先,企业、居民和战略投资者共同出资成立了社区银行,他们将按照出资比例的多少,承担风险分享收益。其次,银行利用自身掌握的中小企业信息,借助信用评级机构对中小企业的信用评级,可以有效地对中小企业信贷融资进行定价。对中小企业的贷款风险较低，银行将要求较低的利率，风险越高，银行将要求越高的利率，甚至要求担保机构为中小企业的融资提供担保，使中小企业的融资成本进一步加大，有效地实现了中小企业和社区银行之间的风险共担机制。再次，在担保业务中，银行和担保机构将按照一定的比例对担保风险进行分担，无论是银行还是担保机构都面对一定的风险，因此都会对中小企业的贷款和担保进行慎重的审查和监督。最后，再担保机构在担保项目发生违约后，将对担保机构的最终损失额承担连带担保责任，有效地分担了担保机构的风险，保障了社区银行的利益。

（三）共生模式信息反馈机制

金融共生单元之间存在物质、信息和能量的交流，共生体系中金融共生单元间物质流动、能量产生以及能量分配的基础是信息交流。Banerjee（1994）提出了"共同监督"假说和"长期互动"假说，认为社区银行作为地方性金融机构对信用和沟通的关系依赖程度比大银行更高，它们可以充分地利用人际关系网络来了解和调查中小企业的发展前景。社区银行由于其地域性和便利性，社区内的中小企业几乎将所有业务均集中于此，信贷经理能比较容易将小企业的信息进行综合分析和处理，银行可以通过长期与中小企业保持密切的合作与互动来获得企业的各种内部信息。在长期的合作中，社区银行对当地中小企业的了解程度不断增加，社区银行的员工作为社区内的成员对本地客户也非常熟悉，因此在审批贷款时，利用自身的信息优势可以为中小企业提供较多个性化的服务。同时中小企业又是社区银行的客户，社区银行要站在中小企业的立场上，为中小企业开发更多适合的金融产品和金融服务。

另外，随着信用评级机构将中小企业的"身份证"信息录入信用信息数据库，方便了担保机构和社区银行的随时查阅。社区银行可以放心地根据企业的财务状况、经营能力和信用评级状况对中小企业进行放贷；反过来，信用良好的中小企业也将主动邀请信用评级机构定期对自己的资信情况进行评级并对外公布，这对信用不良的中小企业形成了一种倒逼机制。

（四）共生模式收益分配机制

各个机构参与到中小企业银行信贷融资的共生体系中，在分担风险的同时，可以分享共生模式的收益。中小企业通过共生模式获得信贷资金支持，从而可以扩大生产规模、进行技术创新，获取更多利润，保证企业的可持续发展。共生模式中的社区银行在承担借出资金无法收回风险的同时，也享有通过借出资金获得利息收益的权利。同样担保机构在为中小企业进行担保增信、分担银行风险的同时，获得一定的担保收入，而且担保收入的多少将与企业风险等级的多少成正比，与其分担的银行风险多少成正比。而再担保机构在为担保机构提供担保的同时获得一定的担保收入，信用评级体系通过对中小企业的信用评级，通过为社区银行、担保机构和再担保机构提供信息获得一定的收益。

中小企业社区银行信贷融资共生体系通过风险防控机制、风险分担机制、信息反馈机制和收益分配机制的作用，保证了风险共担、收益共享，实现了中小企业和社区银行之间的互利共生，有助于缓解中小企业的信贷融资难题。

四、中小企业—社区银行共生关系分析

（一）中小企业和社区银行生成了一个共生界面

社区银行通过吸收存款发放贷款并为企业提供其他金融服务来获取收益，因此其主质参量是贷款数量；中小企业的收益主要来自于生产销售产品获得的收入，其主质参量是产品的产量和销售收入。而中小企业具有旺盛的资金需求，在自有资金有限的情况下，需要银行的资金支持，而社区银行就凭借地缘的信息积累和优良的服务，能以较低的成本快捷地满足客户的需要，使产品的产量和销售收入与社区银行的存贷款数量相互影响和转化。同时中小企业又是社区银行的股东，其出资和稳定的存款有力地支撑着社区银行的发展，使得社区银行和中小企业之间具备了稳定的关联度和兼容性。因此，可以说社区银行和中小企业之间有一组主质参量是兼容的，并生成了一个共生界面。

（二）中小企业和社区银行均可从共生体系中获得共生能量

共生单元通过共生界面的相互作用形成的共生体系能产生正的能量函数，共生单元均可从中获利，从而维持其长期的合作关系。社区银行的出资更多地来自于社区内的居民和企业，也始终以社区内的居民和企业为服务对象，有效

地防止了大银行"虹吸现象"的发生,可以为当地经济的发展提供源源不断的血液和营养,而地区经济的大发展也有力地支撑着社区银行的可持续发展。同时当社区内中小企业的产品销售数量和销售收入增加时,企业的经济效益会得以提高,企业职工收入也将增加。随着社区内企业职工收入的增加,由于地缘关系的影响,也将有更多的资金流入社区银行,增加社区银行的存款数量,从而保证了社区银行有更多的资金用于放贷,中小企业也将有更多的机会得到贷款支持,从而不断地进行科技研发改进技术、提高产品质量和产量,增加销售收入。同时居民收入不断增加,也会增加对中小企业产品的需求,从另一方面支持中小企业的发展。但同时由于社区银行的资金很大一部分来自于社区居民,社区居民要对资金的使用和安全负有一定的监督职能,因此会利用地缘优势、信息优势等对中小企业的生产经营和资金使用等进行监督,在保证自有资金安全的情况下,对社区银行发放的贷款起到了保障作用。由此可见,社区银行、中小企业和社区居民通过合作形成了共同的利润,并在长期的合作中,推动整个共生界面和国民经济的发展。

(三) 社区银行和中小企业形成连续性共生组织模式

共生组织模式反映了金融共生单元之间相互作用的组织方式,包括点共生、间歇共生、连续共生和一体化共生四种组织模式。任何企业的发展都不可能依靠自有资金,银行信贷资金是不可或缺的重要组成部分,对于中小企业来说,发展壮大的过程中不可避免地需要银行资金的持续支持。社区银行和中小企业在多个方面发生连续的相互作用,中小企业为了获得持续的资金支持将会尽力维护自己的信誉,保证按时还本付息,社区银行为了自身业务的发展也会尽力维护企业的利益,为了企业的可持续发展而提供连续的资金支持,这种合作关系比较稳定并具有一定的必然性。而在中小企业和社区银行内部交流的阻力较小,它们之间的利润分配取决于共生的模式,并在多方面存在交流,具有比较强的共同发展、共同进化的特征。因此,中小企业和社区银行之间的组织模式超越了点共生和间歇共生模式,属于连续共生模式。

(四) 社区银行和中小企业形成互惠共生的行为模式

金融共生行为模式揭示金融共生系统的各单元之间相互作用的行为类别,

包括寄生、偏利共生、非对称性互惠共生和对称性互惠共生。社区银行和中小企业之间的共生一定会产生新能量，而且新能量一定在两者之间进行分配，所以它们之间的共生行为模式不可能是寄生和偏利共生模式。重点在于分析新能量的分配问题，如果新能量在中小企业和社区银行之间按照对称机制分配，就是对称性互惠共生模式；如果新能量按照非对称机制进行分配，就是非对称性互惠共生。从目前的银企共生关系来看，新能量将不会在中小企业和银行之间对称性分配。在中小企业获得银行贷款之后，企业在面临高风险的时候，也会获得较高的收益，除了支付银行利益之外，收益其余部分将会被高风险的中小企业独享，此时中小企业只承担有限责任，银行将会面临较高的风险，因此它们之间的关系属于非对称性互惠共生。这种非对称性互惠共生将使银行处于不利的地位，从而对中小企业产生惜贷，使中小企业面临融资"瓶颈"的约束。通过社区银行为中小企业提供资金支持可以有效地缓解这个问题，使共生利润能够按照承担的风险多少进行对称性分配。社区银行依靠地缘优势和人缘优势，为社区内中小企业提供各种金融服务，对企业的信息掌握非常全面，能够较客观地按照企业的信用和风险来决定贷款利率的高低，在面临高风险时获取更高的利息收入；同时对科技含量高、发展前景好、信誉良好的中小企业提供更多的资金支持，推动中小企业的可持续发展。

五、社区银行的发展模式

（一）产权选择模式

社区银行产权模式的核心是公司的产权组织形式，通过选择不同的产权组织形式，将产生不同的法人治理结构，这会对社区银行的经营理念、经营方向、市场定位和业务开拓等多个方面产生影响。目前的产权组织形式主要包括合作制、股份制以及股份合作制。

合作制社区银行的资金主要来自于本社区内的个人和中小企业，他们以合作的方式组建银行，在经营上将不以单纯盈利为目的，而是从支持企业自身发展和社区经济发展的原则出发从事经营。这就不可避免资金会大量流入股东企业或者关联企业，造成不平等竞争和关联交易，影响社区银行的健康发展。而且银行的经营管理是个高度专业化的工作，社区银行对于中小企业客户要进行更多软信息的收集和分析，业务主观性较强，单纯的合作制，缺乏银行业经营管理的经验积累，难以很好地开展工作。

股份制社区银行的资金不仅来源于社区内的中小企业和个人，更多的资金可能来源于社区外的企业、个人以及战略投资者。这就导致股份制社区银行要像其他商业银行一样，从资金的安全性、盈利性和流动性等出发考虑问题，以追求利润最大化为目标，而放弃为社区内真正需要资金的小型企业提供服务，使社区银行的发展方向违背了原来的设立初衷。

鉴于上述两种产权模式的优缺点考虑，考虑我国的现实情况，因此主张建立股份合作制社区银行，既可以在从社区内的企业和个人吸收资金的同时，又要引入战略投资者，按照股份合作制原则组建银行，从而集中股份制和合作制两种方式的优点，在追求利润最大化的同时兼顾社区银行股东的利益。社区银行按照企业、个人、战略投资者出资额的多少分配股权，社区内中小企业和居民出资后成为社区银行的股东，将与社区银行共担风险、共享利益。

（二）设立模式选择

尽管我国各类金融机构都开始重视中小企业的融资问题，并不断创新融资模式。但无论是国有商业银行还是城市商业银行的市场定位都集中在为大中型企业提供服务方面，而城市信用社、农村信用社也在不断扩大规模，实现跨区域运行，积极向城市商业银行迈进。要想实现城市信用社、农村信用社或者邮政储蓄机构向社区银行的改制，使其真正承担起社区银行的职能难度较大。因为上述银行在全国各地具有多个机构网点，在努力追求做大、做强的同时，很容易产生资金的"虹吸"现象，不能坚持资金运用属地化，很难真正融入到社区中，为社区居民以及中小企业提供服务。

经过长期发展，我国的民间资本发展较快，主要由民间资金组建的抵押贷款公司、典当行、小额贷款公司等机构的设立初衷就是为当地中小企业提供融资服务。但是这些机构仍没有纳入国家正规金融体系当中，不能享受国家鼓励中小企业融资的相关优惠政策，而且在营业过程中存在或多或少的不规范之处。由于受到国际经济危机的冲击和国内经济不景气的影响，民间资本的发展遇到了各种问题，急需政策性的引导，而且从"非公经济36条"到"新36条"

都鼓励民间资本进入金融服务业。

因此,允许民间资本组建新的社区银行,是将民间资本纳入国家正规的金融体系中来的一个比较现实的通道。民间资本组建的股份合作制社区银行不但可以保持产权清晰,建立相对完善的公司治理结构和相应的监管激励机制,而且在信贷管理政策和应对市场环境变化方面也较为灵活,保证了社区银行经营行为的规范性与灵活性。同时民间资本组建社区银行,可以利用出资者自身的信息优势,了解客户的软信息、产品的发展前景、科技含量以及财务经营状况,为客户提供异质化、个性化的金融服务,从而有效缓解中小企业融资难的问题,后面将对这个问题展开讨论。

(三) 区位模式选择

社区银行的设立应选择合适的区域,不能一拥而上,任何一种产品或产业的存在和发展都受到供需双方的影响,需求存在的地方供给方才能得以持续发展;而缺乏需求的地方,供给方不可能长期存在。因此尽管社区银行的存在能有效促进社区内中小企业的发展壮大,但社区银行一定是选择在经济发展较快、中小企业比较发达的地方,才会持久生存。在江浙一带民间金融的迅速壮大就反映了需求的力量,比如浙江的台州市就有三家法人民营银行——台州银行、浙江泰隆银行、浙江民泰银行。我国东部沿海地区中小企业发展程度较高,数量集中,发展社区银行具有一定的地域优势,同时更容易获得政策的支持,有利于开展社区银行的试点工作。比如,温州金改实施细则提出加快发展新型金融组织的目标,台州成立浙江省小微企业金融服务改革创新试验区也鼓励成立专业的小微企业金融服务组织机构。

另外,国有商业银行从基层退出的过程中局部地区形成了金融服务真空,而当地的信用社远远不能满足基层商业银行所放弃的信贷市场的资金需求。因此,社区银行可以选择在国有商业银行退出的地区设立,利用商业银行撤出网点的营业场所、人力和设备资源,为当地经济发展较好的中小企业和居民提供金融服务。同时在区域选择上应注意所在地中小企业的发展程度能为社区银行提供多大的生存空间,关注社区银行的设立地点以及经营区域,划定有效的社区边界,避免社区银行的恶性竞争。

(四) 监管模式选择

对于社区银行的监管应以社区银行自身的内部控制体系为基础,以国家或地方监管机构制定的监管制度为依托,构建以银行内部自律管理、外部监督管理为主导的银行监管体系,同时辅之以必要的社会监督。

社区银行需要建立完善的公司治理结构和内部控制制度,保证经营机制正常运转的同时规避内部风险。国家、地方政府以及各级监管机构利用法律法规对社区银行的经营进行管理约束,避免直接的行政干预。比如金融监管当局可以对社区银行的经营范围和规模进行限制性规定,要求社区银行的资金必须优先满足所在社区的信贷需求,不得向所在社区之外随意拆借,并将社区银行满足其所在社区信贷需求的状况与相关的优惠政策挂钩,避免大银行对落后地区的"虹吸"现象,使社区银行真正地服务于社区内的中小企业。针对社区银行的特点,在合规性监管方面,要重点关注社区银行对关联企业的融资问题,防止部分大股东利用投资社区银行的方式变相圈钱,损害其他中小股东和广大储户的利益。

(五) 准入模式和退出模式

无论讨论产权模式、设立模式还是区位选择,前提是社区银行的准入机制问题。无论是"非公经济36条"还是"新36条"都允许民间资本进入金融领域,发起或参与设立村镇银行、农村资金互助社、贷款公司等小型金融机构,但由于种种条件的限制民间资本也很难直接发起设立。而实际上只要有符合监管要求的足够资本、具备相应风险控制制度和管理信息系统、拥有合格的经营管理人才,就应该允许民间资本发起设立社区银行,从而为社区内中小企业和个人提供服务,缓解中小企业融资困境。因此,拆除民间资本组建社区银行的"玻璃门",允许小额贷款公司等民间金融机构改组社区银行,允许民营企业参股城商行重组,建立社区银行市场化的进入机制是我国社区银行发展的基础和根本。

社区银行因为规模较小、资金实力不强,应对风险的能力较弱,在激烈的市场竞争中可能面临退出或者被并购的危险,因此需要建立健全社区银行的接管制度、撤销制度以及破产制度,这些制度将对社区银行的经营行为形成市场约束,迫使社区银行不断改革创新,与时俱进。

六、建议民营资本组建社区银行

目前我国民营资本准入领域逐步放宽,但入股银行业只能通过发起设立、增资扩股以及在资本市场中买入股份等方式进行,存在较严重的进入壁垒。同时大量民营资本的流动使经济产生了动荡不安的因素,与其让民营资本隔离在体制之外无法监管还不如让其进入银行业,组建社区银行,这有利于政府监管并降低系统性金融风险。然而我国银行业对民营资本进入一直存在着"玻璃门"或"弹簧门",社会各界对此非常关注。随着民营资本的不断膨胀和中小企业融资难问题的加剧,民营资本进入银行业组建社区银行的呼声越来越高。2013年以来,我国金融改革步伐明显加快,随着贷款利率下限"松绑"和人民币自由兑换进程的加快,金融改革进入了"深水区"。2014年3月11日,中国银监会宣布10家民营资本组建的我国首批5家民营银行试点方案,包括浙江"阿里巴巴+万向"组合主打"小存小贷"模式;广东的"腾讯+百业源"组合主打"大存小贷"模式;天津民营资本"商汇+华北"主打"公存公贷"模式;上海"均瑶+复星"和浙江温州"正泰+华峰"代表上海和浙江温州两大金融改革前沿阵地,属"特定区域存贷款"模式。主要支持观点认为,民营资本进入银行业可以加剧银行之间的竞争降低其垄断利润,拓宽民营资本的投资渠道,缓解中小企业融资难等。但是民营资本组建社区银行可能产生哪些问题呢?如何避免这些问题从而引导社区银行沿着既定的方向发展呢?

(一)可能产生的问题

1. 社区银行可能定位不清楚

社区银行设立的初衷是缓解中小企业融资难的问题,因此社区银行应该主要为社区内的居民和中小企业提供服务,但许多金融机构一提发展就是要走向全国、走向世界。如果监管和引导不力,社区银行也可能存在市场定位不清的问题,从而不甘心于为社区内大量的中小企业服务,而是努力与大银行争夺高端客户,处于高不成、低不就的尴尬境地。

2. 民营资本组建社区银行不可避免会出现关联贷款问题

社区银行具有资产规模小、社区内生性等特点，能深度掌握当地经济信息和区域内客户情况，易与客户建立长期稳定的业务关系。如果制度不健全、监管不善，民营资本家可能将社区银行作为自己的融资平台，为自己的关联企业或亲朋的企业提供贷款，产生关联贷款，甚至部分关联贷款发放给财务状况较差的关联企业，严重影响社区银行的利润和资金安全，违背社区银行建立的初衷。

3. 民营资本组建社区银行加剧了银行之间的竞争

社区银行由民营资本组建，资本的逐利行为可能导致社区银行出现高息揽存、低息放贷的情况，不断扩大的贷款额可能增加整个金融系统的风险。而且由于民营资本组建的社区银行信用不足，金融系统一旦出现风吹草动就可能遭遇挤兑风潮，使银行体系的脆弱性加大，导致整个金融系统的不稳定。

4. 社区银行的经营管理风险

民营资本组建社区银行进程一旦开始，大量民营资本会挤入银行业，试图分享银行业的高额垄断利润。银行的高风险要求经验丰富的管理人员从事经营管理，到底有没有那么多的合格的银行行长和管理人员，如果没有合格的银行行长，建立社区银行的风险则很大。

上述问题如果处理不好，社区银行可能既不能强化市场竞争机制，也不能解决中小企业融资难的问题，而只是为了获得当前银行高利润的好处，加剧了银行系统的风险。也正是由于上述原因，政府对银行业监管一直非常严格，但是在温州民间融资的最高峰，地下金融规模占到正规融资规模的1/3，如此巨大的金融规模被割裂在金融监管体系之外，不是解决问题之道，如果不尽快将其纳入正规的金融体系之中，可能会引发金融动荡。而且我国金融市场的改革和开放内在地要求发展社区银行，对于可能产生的各种问题，应该在全面开放社区银行之前，努力推动金融改革制度创新，对民营资本进行正确引导的同时，制定社区银行准入、监管和退出等方面的法规，不能因噎废食。

(二) 民营资本组建社区银行的策略

鼓励民营资本设立社区银行,既可以避免民营资本进入地下金融产生系统性风险的可能,又可以缓解社区内的中小企业融资难的问题。

1. 民营资本要确定正确的办行宗旨,努力将社区银行办成中小企业的利益合作者

社区银行要准确定位:①根据自身的区位优势和信息优势,为社区内的中小企业和个人提供所需要的金融服务。社区银行将在一个地区吸收的存款贷给当地的中小企业和个人,与大银行开展差异化竞争。②发挥社区银行的信息优势,利用其多重互相监督、互相制衡的机制,发放关系融资贷款业务,为不能出具正规财务报告的中小企业、家庭,很难从大银行获得贷款的中小企业提供资金支持。

2. 社区银行要进行合理的风险控制

针对中小企业高风险的特征,社区银行应利用自身区位优势和信息优势,将信贷管理深化到对中小企业的经营管理和业绩监督上,约束经营者的无序经营行为,将借款企业的利益与社区银行的利益捆在一起,在保护社区银行自身利益的同时成为中小企业的利益合作者。

3. 社区银行要针对中小企业的不同特点开展差异化服务

中小企业普遍存在可供抵押资产少、信息不透明等特点,所以无法从大银行获得资金支持。如果能利用自身优势适度控制风险的话,社区银行的资产业务门槛可以适度降低,存款准备金率、信贷用途、保全措施可以适当放宽,从而真正满足中小企业的融资需求。同时以高定价的方式稀释信贷风险,增加风险损失金的计提比例,提高抗风险能力。

4. 社区银行可以采用有限度的人民币储蓄存款股权化机制

社区银行将股本金分成固定资本金和变动资本金,允许愿意将储蓄存款股权化的储户按比例享有变动资本部分的收益和损益的分配权益,让社区居民可以分享社区银行利润,从而吸收更多的存款。同时利用社区居民对社区内中小企业的信息优势,成为社区银行的利益保护者和监督者。

只有民营资本确立正确的经营观念才能使得公众对社区银行充满信心,保证社区银行的稳定运行。社区银行的设立不仅为社区内中小企业的发展提供了资金支持,也对中小企业的发展注入了"强心针",同时有利于我国金融体系的完善和服务效率的提高。

第三节　中小企业集群和大银行的共生

相对于社区银行而言,我国目前的银行类金融机构都存在较多的分支机构,属于多体经营,因此,将其归为大银行,以下内容用大银行指代我国现有的银行类金融机构。

一、中小企业集群—大银行共生的前提条件

(一) 大银行具备为中小企业集群融资的积极性

尽管社区银行将成为中小企业融资的主力军,在中小企业的融资支持体系中发挥着重要作用,但在为中小企业集群提供信贷支持方面,相比大银行缺乏资金实力和竞争力。而作为大银行尽管缺乏为单个中小企业提供信贷资金的积极性,但有意愿和动力为中小企业集群提供融资支持,原因如下:

(1) 银行的利润增长点发生变化。随着利率市场化进程的加快,我国资本市场快速发展,为大企业提供了更多上市融资的机会,大企业金融脱媒现象不断加剧,甚至成立了自己的金融资产公司和集团财务公司。同时大企业大客户自身资金实力雄厚,信用记录良好,具备较强的盈利能力和还款能力,是许多银行争夺的焦点,而且贷款利率往往不高。尽管众多中小企业融资需求强烈,并愿意承担较高的融资成本,但是银行鉴于信息收集和贷款成本等多重原因,不愿意为单个中小企业提供信贷支持,但多个中小企业组成的中小企业集

群融资金额较大，而融资风险却比单个中小企业要低，大银行具备为中小企业集群提供资金支持的实力和意愿，也是其重要的利润增长点。

（2）有利于银行分散风险，实现风险和收益的均衡。如果银行将贷款集中于某一地区、某一客户或某一贷款类型，一旦经济发生周期性波动，银行可能面临系统性风险。目前我国大银行的主要客户集中于大型企业，存在潜在的集中度风险。而大量增长潜力巨大的中小企业组成中小企业集群，具有行业分布广泛、资金需求数量多、担保形式多样化等特点，有利于大银行分散风险。

综上，现有银行凭借雄厚的资金实力具备发放大额贷款的能力，因此将与社区银行展开差异化竞争，主要集中在资金需求量较大，社区银行难以满足的集群融资方面。

（二）中小企业集群融资的优势

中小企业集群是指在某一个特定的领域内，以一个大产业为核心，将大量密切联系的中小企业在空间上集聚在一起。这些企业地理位置上相邻，企业之间相距不远，经济活动呈现出高度的协同性和强劲的持续竞争优势，形成了中小企业产业集群。目前我国中小企业集群化特征显著，任何企业的发展都离不开其他企业和产业的支持和协助，中小企业借助地域上的相互联系，通过集聚化的方式拓展融资渠道，重要原因在于中小企业集群赋予了集群内企业特有的融资优势和风险约束机制。

1. 中小企业集群融资具有规模优势

中小企业集聚在一起，易于引起当地政府的关注，获得相应的政策支持，比如低息或贴息贷款、降低税费、研发补贴、就业补贴、出口补贴、科技创新基金、产业发展基金、风险投资基金等也会比较多。尽管单个中小企业的风险较高，但多个中小企业集群的组织结构比单个企业可信度高、稳定性强，又比集团企业具有更大的灵活性和自主创新性。在集群融资模式下银行同时给集群内的多个中小企业发放贷款，额度较大，收益较稳定，风险相对分散，而且可以产生一定的乘数效应和规模效应。处于集群内的中小企业经济增长率较高，资本积累的速度相对较快，商业银行对中小企业集群发放贷款，预期收益较高，可以有效地增强其放贷的积极性。

2. 集群式融资能提高中小企业的整体信用

中小企业集群往往由众多有业务关联又相互独立的中小企业组成，集群内企业依据协作关系进行专业化分工，形成了以专业分工为基础的合作和竞争并存的网络关系。集群内的中小企业为了更好地拓展自身业务，会更积极地参与创新，不断增强自身的竞争力，并参加各种行业协会、行业中介、贸易联合会等，不断加强企业间的联络。集群内的各类企业、机构和组织之间保持了广泛且紧密的联系，信息在中小企业集群内传播的速度非常快，如果集群内某家企业出现不守信用的行为，相关企业将会迅速获知并进行传播，这将损害企业的声誉，使其他企业和经济组织拒绝与其进行合作，从而造成重要客户和供应商的流失和警惕，导致在以后的交易中不得不面临更严格的信用条件和贷款条件。产业集群内部的互相监督机制加大了企业的违约成本，对企业行为构成了一定的约束，使企业更加重视自身信用的建立和维护。而且金融机构可以从其他关联企业和客户那里获得企业的相关信息，减少了银行和企业之间的信息不对称程度，增加了中小企业获得银行贷款的可能性，同时因为信贷资金的安全性得到保障，银行更愿意为中小企业集群提供信贷融资。

3. 中小企业集群融资可以缓解企业抵押担保物不足的问题

银行目前发放的贷款大多需要机器设备或房产等固定资产作为抵押物，然而单个中小企业规模较小，可用来抵押的固定资产非常匮乏。在中小企业信用记录和担保体系都不是很健全的情况下，单个中小企业很难获得信贷机构的信用贷款。而集群内的中小企业彼此熟悉和信任，在经营过程中业务合作较多，存在着一种隐形的担保机制。同时集群中小企业在融资过程中互相承担连带责任，建立了风险共担的机制，形成了对集群内其他企业的信用担保或抵押担保，有效地缓解了中小企业抵押担保物不足的问题。

4. 集群式融资降低了银行交易成本

单个中小企业由于贷款额度小、频率高、风险大等原因，导致银行给单个中小企业贷款的成本是非常高的。但对于商业银行来说，当需要对中小企业集群发放贷款时，对集群内众多中小企业的贷前调查、贷时审查以及贷后监督可以批量进行。集群融资在降低了银企信息不对称的同时，也降低了银行对中小企业的信息收集成本、知识产权评估成本、谈判成本和监督成本。相同类型的中小企业贷款通过业务流程的标准化，获得了规模效益，有效地降低了银行的交易成本。

综上所述，银行有能力也有积极性为中小企业集群提供融资支持，而中小企业集群比单个中小企业在融资方面具有更大的优势，能获得更有利的贷款条件，这为建立中小企业集群和大银行之间的共生模式创造了基础条件。同时对于商业银行而言，它不可能把其吸收的存款全部发放出去，而必须保留一部分存款准备金，大银行可以用于发放贷款的资金数量相对较多，提供长期贷款、大额贷款的能力也较强，大银行的规模决定了其提供资金的数量和期限灵活性更强，因此大银行满足集群企业的资金要求的能力比小银行满足集群企业的资金要求能力更强，中小企业集群和大银行的共生关系更为稳定。

二、中小企业集群—大银行的理性共生模式

中小企业集群和大银行属于异类共生单元，其共生关系可以通过图7-3来分析。

首先，多个中小企业组成中小企业集群，在中小企业集群内部中小企业大多在同一地域范围内，存在着业务上的横向或纵向联系，彼此互相了解。其次，中小企业集群作为一个整体从大银行获得资金支持，大银行为中小企业集群提供信贷资金支持不但降低了信息收集和调查等交易成本，而且可以获得规模效益。再次，担保机构为中小企业集群和大银行之间的资金借贷提供担保，在对中小企业集群起到信用增级作用的同时，有效地降低了大银行的风险。同时，再担保机构对担保机构的担保，降低了担保机构的风险，对大银行构成了更牢固的保障。最后，信用评级机构利用其掌握的企业信息，不但对每个中小企业进行信用评价，而且对中小企业集群做出信用评价，其信息提供给大银行、担保机构以及再担保机构，从而将共生模式中的多个机构联系在一起。因此，中小企业集群和大银行的共生模式在担保机构、信用评级机构和再担保机构的共同作用下更为稳定。

第七章 构建中小企业与银行的共生模式

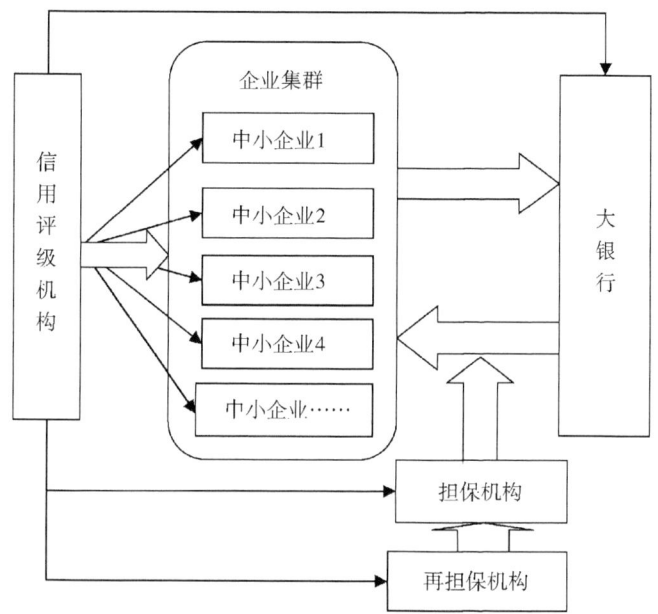

图 7-3 中小企业集群—大银行理想共生模式

三、中小企业集群—大银行共生机制分析

（一）风险防控机制

中小企业集群将多个中小企业的利益联系在一起，集群内的中小企业地理位置接近，企业之间的联系较多，如产品质量、产品深加工以及交货时间等都是建立在相互信任的基础上，一旦某企业在业务交易中出现违约，很快就会在集群内传开，信息传播的速度和范围将影响企业与集群内其他企业的合作。而且任何一个中小企业的违约将影响其他相关企业的利益，从而使得这些中小企业可以进行切实有效的互相监督，在一定程度上提高了企业的违约成本，形成了第一层风险防控机制。

大银行在对中小企业集群发放信贷融资之前，会对中小企业集群进行调查，根据中小企业集群的整体情况决定贷款金额和贷款利息。因此中小企业集群为了获得优惠的信贷条件并降低自身风险，在建立集群时会优先选择信用良好的企业合作。这种筛选机制本身具有一定的风险防控功能，而大银行对中小企业集群的考察本身又形成了第二层风险防控机制。

另外，信用评级机构在对企业做出评级之前，需要对企业的相关信息进行调查分析，了解企业的经营状况、财务状况以及未来发展前景等，信用评级对于大银行和担保机构的决策和信贷费用具有一定的影响。而且信用评级对信用较高的中小企业形成支持的同时，对信用较低的中小企业形成了一种有效的监督和惩罚机制，降低了其违约的概率，形成了第三层风险防控机制。

（二）风险分担机制

中小企业集群内部具有一定的制衡机制，一旦某家企业不能按时偿还贷款，其他企业将承担连带责任，各个中小企业共同承担风险来偿还银行贷款。另外，担保机构对中小企业集群融资进行担保，银行的贷款损失将在担保机构和银行之间按照约定进行分担，而担保机构的风险会由再担保机构帮助分担。因此，中小企业的信贷融资最终由中小企业、银行、担保机构和再担保机构共同分担，降低了银行的风险，为企业融资提供了便利。

（三）信息反馈机制

集群内中小企业通过各种途径紧密地联系在一起，而且中小企业为了更好地拓展业务，也愿意参与企业之间的联络，自身信息公开的同时获得了集群内其他企业的信息，加强了信息交流和沟通，同时形成了一种互相监督的机制。集群内的企业和地方政府、金融机构、科研机构紧密地联系在一起，集群内部又有商会、行业协会、行业信息中心等加强企业联络的部门和专业的信用评级机构，它们可以为银行提供更多、更完备的信息，使银行收集企业信息的成本得以降低，并有效缓解了银行和中小企业之间的信息不对称问题。

同时大银行对于优质的企业集群将给予更优惠的信贷条件和贷款利率，优质的企业集群乐于将自身的信息提供给银行，而不愿意提供信息的企业集群可能被理解为是劣质的企业集群，因此促进了银行和企业集群之间的信息交流。同样中小企业或中小企业集群为了获得更好的评级和更优惠的担保费率，也愿意主动提供信息给评级机构和担保机构。而对于提供虚假信息的企业，无论是银行、担保机构还是信用评级机构都会对其进行严厉的惩罚和信息公开。

(四) 收益分配机制

中小企业集群在共生模式的支持下更容易获得银行的贷款支持，有效的融资途径便利了其新业务的开展和投资，从而可以获得更多的盈利机会，银行通过为其提供的服务获得相应的贷款利息收入，担保机构将根据和银行承担风险的比例获得相应的收入，信用评级机构也将通过信用的评价和信息的提供获得一定的费用。中小企业集群的快速发展，不但增加了银行的贷款业务和利息收入，而且也会带来银企之间的存款业务、中间业务的不断增加，借助银行的乘数效应，推动经济发展的同时，中小企业和银行都将从中受益。

四、中小企业集群—大银行共生关系分析

(一) 中小企业集群和大银行生成了一个共生界面

中小企业通过各种形式组织起来，然后互相提供担保，形成了中小企业集群，集群内企业在业务上互相关联、互相支持，对彼此的信息了解较多。从各自的利益出发，在互助担保过程中，会将劣质企业排除在外，互保模式形成了第一层筛选机制，增强了中小企业集群实力的同时，对资金的需求量也相应增大。相对于社区银行而言，大银行具备更强的资金实力和承受风险的能力，可以同时对许多中小企业发放贷款。大银行可以从中获得规模经济和经济外部性收益，使银行实力增强的同时，集群融资企业的优势不断提升，因此在大银行和中小企业集群之间具备了稳定的关联度和兼容性。大银行的主质参量是向中小企业集群发放贷款的数量，中小企业集群的主质参量是集群企业的生产能力，中小企业集群和大银行之间的主质参量是兼容的，并生成了稳定的共生界面。

(二) 中小企业集群和大银行均可从共生体系中获得共生能量

共生单元通过共生界面的相互作用形成的共生体系产生共生能量，共生单元均可从中获利，从而维持其长期的合作关系。各中小企业参与到集群融资中，不但降低了其搜索成本、交易费用和风险，更提高了其盈利能力，这是银

行发放贷款时更关注的问题。集群企业盈利能力的提高也提升了其融资能力，银行更愿意对其发放贷款。而更多的资金支持有助于提升集群企业的研发能力和获利能力，形成互利共赢的局面。同时银行对单个中小企业进行信用评估和前景预测的成本相对较高，而针对集群企业，银行可以从行业协会、集群组织中获得更多更完备的信息，获得外部经济效应。由此可见，大银行和中小企业集群通过合作形成了共生利润，并均可以从共生体系中获得共生能量，增强了各共生单元的实力。

（三）中小企业集群和大银行形成连续性共生组织模式

在金融共生界面的生成上，大银行相对于小银行更有实力满足中小企业集群的资金需求，大银行和中小企业集群的共生界面具有一定的必然性和稳定性。稳定的共生界面使中小企业集群和大银行之间的相互作用消除了随机性和长时间搜索对象的过程，共生阻力也因为共生界面的稳定和介质的多元性和内生性而较小，从而保证了共生能量、信息和物质交流可以通过稳定的共生界面顺利进行。同时，由于介质的内生性，可以减少能量、信息和物质传输过程的损耗或失真，有效地降低了共生阻尼。在中小企业集群和大银行的共生过程中，中小企业通过互相担保形成了一个产业集群，在业务上将结成更加紧密的关系，有利于中小企业之间的互相支持、互相监督；大银行在这个共生界面中不断扩大业务规模，积累客户资源，为银行的业务形成了强有力的后续支持，形成中小企业集群和大银行共同进化的局面。无论从共生界面特征、分配特征、阻尼特征还是共生进化特征来看，大银行和中小企业集群之间都符合连续共生模式的特征，在大银行和中小企业之间形成了连续共生的组织模式。

（四）中小企业集群和大银行形成互惠共生的行为模式

金融共生行为模式揭示金融共生系统的各单元之间相互作用的行为类别，包括寄生、偏利共生、非对称性互惠共生和对称性互惠共生。对称性互惠共生模式的典型特征是共生单元间的竞合关系最强，在共生过程中产生的系统性新增能量，可以在共生主体中普遍分配，且分配均衡，从而使共生单元可以同步进化，达到集群企业成长的平稳成熟阶段。由于多个中小企业组成互助担保的集群形式，可以改善在与大银行谈判中的弱势地位，克服单个中小企业抵押品不足的缺陷，并为集群内的企业争取更有利的贷款条件。集群内部企业信息了解更为充分，建立在信任和合作基础上的互助担保组织从自身的利益出发，将会尽可能地剔除高风险的企业，维护自身利益同时有效地保障了银行的利益，在大银行和中小企业集群之间形成互惠共生的行为模式。

在实际操作过程中，由于涉及的企业较多，不同企业有不同的利益追求和风险规避诉求，会使得集群融资模式的实际设计和应用过程耗费较长的时间。同时，如何设计合作机制才能使参与各方主体的风险分摊更加合理，使合作模式的寿命更长，也是需要考虑的问题。但不可否认，中小企业集群与大银行之间的对称互惠共生模式是目前最适合我国中小企业集群的融资模式。

五、中小企业集群融资发展模式

（一）互助抵押贷款模式

互助抵押贷款模式是在各个中小企业互相信任的基础上，以各自较少不动产作为共同的抵押物，成立中小企业互助抵押贷款担保组织，从而获得银行抵押贷款的一种互助融资形式。单个中小企业由于自身规模较小，抵押物和信用相对不足，难以获得所需贷款，但通过加入集群内的互助抵押贷款担保组织，可以获得一定的融资便利。互助抵押贷款是银行乐于发放的一种抵押贷款，它以集群企业的不动产作为抵押物发放贷款，有效降低了对中小企业发放贷款的风险。而互助抵押贷款对于中小企业而言，仅仅提供了较少的固定资产作抵押，更多的是一种信用贷款，由互助抵押贷款担保组织承担主要风险。因此为了保障银行和互助组织内大多数中小企业的利益，互助抵押贷款担保组织对中小企业必须进行严格的筛选，并制定严格的规章制度，及时披露故意发生违约行为的中小企业，并进行严厉惩罚，降低中小企业违约的概率，保证互助抵押贷款担保组织的正常运行。

（二）互助担保基金模式

本着利益共享和风险共担的原则，集群内的中小企业各自缴纳一定数额的资金，建立互助担保基金，将互助担保基金交给专门的担保机构，由担保机构负责为集群内中小企业的贷款融资提供担保。互助担保基金的成立有效分担了银行为中小企业提供贷款的风险,为中小企业搭建起了快速融资的平台。对于中小企业来说,通过缴纳一定的保证金给互助担保基金,不需要提供抵押资产,就可以得到所需贷款,而且贷款额度在授信期内可以循环使用。而且中小企业仅以其认缴的互助保证金为限承担贷款风险,不需要承担其他企业违约的连带责任。为了保证互助基金的正常运转和集群中小企业的利益,互助基金将对中小企业资格进行严格的审查,比如审查企业的工商登记、产品质量、信用评级、缴纳税费等信息,只有各项指标良好的中小企业才能加入互助担保基金。为了保证基金的稳定运行,鼓励基金内成员之间互相监督,禁止成员在基金存续期内清退认缴的基金额度,但允许对基金额度进行转让,一旦企业违约,将被互助基金披露并进行严厉制裁。尽管互助担保基金有效地降低了银行的风险,但是银行对于单个中小企业的信贷额度也是取决于中小企业的信用和风险,因此银行在授信过程中将对中小企业进行严格的风险评估,必要时会提前清算,防止贷款持续恶化或变成坏账,以确保银行的利益。

(三) 网络联保贷款模式

网络联保贷款是一种新兴的中小企业集群贷款模式,在互联网电子商务快速发展的背景下,电子商务网站基于一种全新的风险管理理念,联合银行推出的一种低息便捷、无须抵押担保的新型银行贷款模式。电子商务网站通过筛选将多个信用较好、资金实力较弱的中小企业联合起来,按照利益共享、风险共担的原则,以其整体的信用为担保向银行申请贷款。在网络联保贷款模式下,如果一家企业出现无法还贷的情况,联合体内的其他企业必须承担连带担保责任,共同代为偿还银行贷款本息。网络联保为符合规定的中小企业提供了更多贷款机会,并对违反规定的中小企业进行网络曝光和封杀,对中小企业的违法违规行为实行严厉的制裁,使中小企业更加注重自身的信用,是一种有效的中小企业集群融资模式。但网络联保贷款的开展,需要银行和电子商务网站之间不断的磨合,同时解决数据和网络系统复杂、技术升级困难和网络的虚拟性导致的网络诈骗等问题。因此,国家必须加快立法,使网络联保贷款合法化和透明化,对违法违规行为的处罚有法可依。

(四) 大企业担保模式

在集群中处于核心竞争地位的企业相对实力较强,在信贷融资过程中可以为其上下游的中小企业提供信誉担保。因为集群内企业之间相互了解的程度较深,存在较多的业务合作,大企业对相关中小企业的信息比较了解,为了稳定业务关系,大企业愿意为其提供信誉担保,支持中小企业的发展,加深彼此的信任,同时增强大企业在集群内部的地位。但是如果中小企业发生违约,大企业将承担连带责任,相对来说这种方式增加了大企业的风险,特别是在金融危机时期,中小企业资金链的断裂可能导致大企业的破产,因此大企业只对业务往来密切且比较信任的中小企业提供信誉担保。

以上几种集群融资模式,虽然运作方式和管理体制有所不同,但都是充分利用企业的行业共性或产业链关系,建立信用增强和约束机制,降低信用风险的同时有效简化贷款手续,提高贷款效率,使中小企业可以获得批量贷款,有效缓解中小企业的融资难题。

小结

目前中小企业从银行获得的资金支持相对较少,难以满足其生产经营的需要。本章针对大银行和小银行的不同特点对其市场定位进行了分析,确定社区银行作为中小企业信贷融资主导地位的同时,明确了大银行在服务中小企业方面的优势所在,提出在中小企业集群融资方面,大银行具有明显的优势。

在中小企业和银行等金融机构的共生体系中,社区银行作为小银行的典型代表具有明显的优势,社区银行借助地缘、人缘和血缘关系,掌握中小企业较多的软信息,易于和中小企业形成金融共生关系。同时对社区银行的设立模式进行了探讨,鼓励社区内居民、企业以及战略投资者参股社区银行,形成多重监督制衡机制,保证社区银行的持续发展。鼓励民营资本组建社区银行,只要明确了社区银行的定位,利用自身比较优势开展业务,将对中小企业的融资起到积极的作用。下阶段我国要积极支持社区银行的构建,在社区银行和中小企业之间建设对称性互惠共生模式。

大银行的市场定位在于规模较大、信息相对完备的大企业,对于中小企业的融资支持，可以利用自身的资金和信息优势，为集群性中小企业提供大规模的资金支持，集群性中小企业的互相担保和互相监督功能有效地降低了银行的风险。但是大银行和中小企业集群之间的关系一般不能达到对称性互惠共生的模式，在目前资金紧缺的情况下，大银行将持续处于竞争优势，可以获得较多的共生能量。但通过长期的合作，大银行和中小企业集群之间的共生组织模式将从点共生和间歇性共生模式向连续共生模式转变。

因此，在大力发展社区银行的同时，要注意发挥大银行的作用，利用大银行和社区银行的比较优势，在中小企业融资方面开展差异化服务，构筑更为融洽的共生关系。

第八章　中小企业和民间金融共生关系实证分析

随着中小企业的迅速发展,对资金需求越来越大,但在正规金融市场上处于弱势地位,很难得到资金支持。即使在中小企业比较发达的东部沿海地区,中小企业依然面临银行的"惜贷"和"慎贷"问题。在我国严格金融监管体系下,中小企业大量的资金需求和民间大量的流动资金共同催生了民间金融。作为一种自发形成的融资体系,我国民间金融与中小企业通过相互作用和相互结合,不断地进行物质、信息和能量的交流,将对方纳入了各自的共生圈,在共生过程中不断产生共生能量,形成了中小企业和民间金融之间的互利共生关系,不断推动着经济的发展。本章将对我国中小企业与民间金融的共生度和共生关系进行实证分析和测算。

第一节　我国民间金融规模的测算

一、测算方法

民间金融是存在于政府批准并进行监管的金融活动之外,游离于现行支付法规边缘的金融,比如合会、合作基金、民间借贷、私人钱庄、民间集资、小额信贷等,因其"地下"和"隐蔽性"而无法进行精确统计,官方统计机构也无法将其纳入其中。目前,民间金融的测算方法共有如下几种:第一种是抽样直接推算法，首先对中小企业的民间借贷情况进行实地调研，然后根据抽样调查的民间借贷发生额和样本与总体比例来估算民间借贷的总量，因为这种方法需要进行实地调研，如果样本偏小，则代表性不强，并不能够有效地说明问题，而且费时费力。第二种是资金供求轧差法，也就是从社会实体经济资金需求等于资金供给来推算，这是一种相对省时省力的间接估算方法，但只能推算过去一年发生的民间借贷总量，而且受社会资金统计原因的影响较大。第三种是郭沛（2004）的推断法，通过企业固定资产投资总额与正规金融贷款的相关数据测算正规金融融资渠道之外的融资部分，然后根据窄口径（5.5%）和宽口径（26%）估计企业非正规外源融资。第四种是借鉴李建军（2005）在分析国民经济核算和金融统计时采用的经济金融相关系数法，也就是根据信贷融资和国内生产总值的比例来测算民间借贷的总量，即间接 θ 估算法。这种方法适用面较广，可以估算各年份民间金融的时间序列值，但这种方法存在两个基本假设，可能与现实不符。后期彭芳春（2010）对第四种方法进行了改进，分别计算了含财政资金和不含财政资金下的各年的 θ 值，然后通过各年份的平均 θ 值和变动 θ 值来测算出四个民间金融的规模，最终将四个民间金融规模的数值进行算术平均作为民间金融的规模。李晓玲（2013）在测算温州民间金融的规模时对 θ 值法进行了一定的修改，包括对正规金融资产的重新调整和对 θ 值的修正来测算温州民间金融的规模。第五种是任启哲和仪明金（2012）从经济主体的实际总收入与总支出相等的角度出发，将经济主体的总收入分为公开经济部门的收入和地下经济部门的收入，那么经济主体从地下经济部门获得的收入就代表地下经济规模，于是测算出了民间金融的规模，但这种方法的数据可得性较差，采用起来存在一定困难。

因为中小企业对资金的需求很大，但难以通过正规金融得以满足，在很大程度上需要依靠民间金融的支持来进行生产经营活动，可以说民间金融是中小企业的重要资金来源。关于民间金融规模的测算，目前学术界采用最多的是李建军（2005）的 θ 值法来估算各地的民间金融规模，这里也将在对 θ 值估算法进行改进的基础上来测算民间金融的规模。具体测算方法如下：

假设1：无论是否包含民间金融，一个地区经济活动的投入产出比是恒定的。即：

$$\theta_a = \frac{FF_i + IF_i}{GDP_i} = \frac{FF_j + IF_j}{GDP_j} \quad （不含财政资金） \tag{8-1}$$

$$\theta_b = \frac{CZ_i + FF_i + IF_i}{GDP_i} = \frac{CZ_j + FF_j + IF_j}{GDP_j} \quad （含财政资金） \tag{8-2}$$

其中，θ 为各地区的经济金融相关系数，CZ 为某地区的财政资金，IF 为某地区民间金融的规模，FF 为地区正规金融数量，包括短期信贷余额、外商直接投资、股权融资和债券融资，但其中外商直接投资、股权融资和长期债券融资是一种长期的资金，主要用于企业固定资产的购置，一般不会投入到企业的日常运营中，而短期信贷余额和短期债券余额反映了当年社会对于短期资金或流动资金的需求额度。由于利率水平较高，现阶段民间金融通常用于短期资金融通，统计表明多数民间借贷的期限集中在 2~3 个月，因此在统计过程中将 FF 简化为短期信贷余额，不再考虑外商直接投资和长期资本市场融资。同时因为中小企业很难获得政府的财政资金支持，因此将公式简化为：

$$\theta = \frac{SL_i + CSF_i + IF_i}{GDP_i} = \frac{SL_j + CSF_j + IF_j}{GDP_j} \tag{8-3}$$

其中，SL 为某地区银行短期贷款期末余额，CSF 为某地区短期债券融资，IF 为某地区民间金融规模。因此某一地区的民间金融规模测算公式可以表示如下：

$$IF_i = \theta \times GDP_i - (SL_i + CSF_i) \tag{8-4}$$

假设 2：在正规金融越发达的地区，民间金融规模相对越小，所以正规金融发达的北京地区的民间金融规模相对较少，在模型中忽略不计。

民间金融是正规金融的有益补充，从经济金融的监管力度和发达程度来看，正规金融发达的地区民间金融的发展空间有限。我国北京地区的正规金融资源最为丰富，相对于其发达的正规金融规模来说，其民间金融的规模可以忽略不计。实际上，以北京地区的 θ 值作为参考，来测算我国民间金融的规模和各地区民间金融的规模相对合理。

但因为各地区的生产总值结构不同，其对信贷的依赖程度也不一致，不能简单地假设全国的经济金融相关系数和北京的经济金融相关系数相同。由于第二产业每单位生产总值对信贷的依赖程度远远高于第一产业和第三产业每单位生产总值对信贷的依赖程度，所以如果两个地区的经济结构差距较大，其经济金融相关系数并不会相等，需要对其进行适当调整，得出的结果才能与现实比较符合。借鉴公司估价中的可比公司法，在经济金融相关系数 θ 值的基础上，对 θ 值进行类似装载处理和卸载处理，以便测算出的民间金融数值更加真实可靠。

第 n 年 i 地区调整后的 θ 值可以表示如下：

$$\theta_{in} = \frac{\theta_{jn}}{\beta_{jn}} \times \beta_{in} \tag{8-5}$$

其中，θ_{jn} 代表北京地区第 n 年的 θ 值，β_{jn} 代表北京地区第 n 年第二产业产值与生产总值的比重，β_{in} 代表 i 地区第 n 年第二产业产值占生产总值的比重，通过对北京地区第二产业产值占生产总值比重的卸载和对 i 地区第二产业产值占当地生产总值比重的装载，测算出 i 地区的 θ_{in} 更加符合实际。

将公式（8-4）和公式（8-5）合并，可得到修正后的测算某地区民间金融的公式：

$$IF_{in} = \frac{\theta_{jn}}{\beta_{jn}} \times \beta_{in} \times GDP_{in} - (SL_{in} + CSF_{in}) \tag{8-6}$$

通过公式（8-6）可以看出，利用北京地区经济金融相关系数、北京地区第二产业产值占国内生产总值的比重，以及我国国内生产总值、银行短期贷款余额、短期债券余额和第二产业占国内生产总值的比重，就可以测算出我国的民间金融规模。

二、数据处理和测算结果分析

根据《北京统计年鉴》和《北京金融年鉴》获得的北京地区银行短期贷款余额、短期债券融资和北京 GDP 的数据，根据《中国统计年鉴》得到我国第一、第二、第三产业占 GDP 的比重，利用公式（8-1）测算出北京地区各年度的 θ 值如表 8-1 第二列所示。

表 8-1 我国 2001~2012 年 θ 值的测算

年份	北京 θ 值	北京市（%）			中国（%）			调整后的国家 θ 值
		一产	二产	三产	一产	二产	三产	
2001	0.36	2.4	30.7	58.0	14.39	45.15	39.74	0.53
2002	0.34	1.9	28.9	69.2	13.74	44.79	41.47	0.53
2003	0.37	1.7	29.7	68.6	12.80	45.97	41.23	0.58
2004	0.42	1.4	30.8	67.8	13.39	46.23	40.38	0.62
2005	0.37	1.3	29.1	69.6	12.12	47.37	40.51	0.60
2006	0.33	1.1	27.9	71.0	11.11	47.95	40.94	0.57
2007	0.33	1.1	26.8	72.1	10.77	47.34	41.89	0.58
2008	0.32	1.0	23.6	75.4	10.73	47.45	41.82	0.64
2009	0.31	1.0	23.5	75.5	10.33	46.24	43.43	0.61
2010	0.30	0.9	24.0	75.1	10.10	46.67	43.24	0.59
2011	0.34	0.8	23.1	76.1	10.04	46.59	43.37	0.69
2012	0.36	0.8	22.7	76.5	10.10	45.30	44.60	0.71

从表 8-1 可以看出，北京地区三次产业的占比与全国三次产业的占比差距较大，北京地区无论是第一产业还是第二产业比重均呈现不断下降的趋势，特别是第二产业的比重从 2001 年的 30.7%下降到 2012 年的 22.7%，而第三产业的比重不断上升，从 2001 年的 58%上升到 2012 年的 76.5%，占到国民生产总值的 2/3 强，上升幅度较快，说明北京服务业相对发达，服务业对资金信贷需求相对较少，社会整体的信贷需求也会不断减少。而从全国情况来看，全国的第一产业比重呈现略微下降，而第二产业的比重从 2001 年的 45.15%上升到 2006 年的 47.95%，达到了近 10 年的最高点，而后呈现下降趋势，到 2012 年达到 45.3%，略高于 2001 年的水平，而第二产业对资金的需求相对较大。根据公式（8-3）计算北京地区的 θ 值，根据各地区投入产出比恒定的假设，这也是全国调整前的 θ 值，根据公式（8-4）测算传统方法下的全国民间金融规模，然后通过第二产业生产总值的占比对传统的 θ 值进行调整，根据公式（8-5）计算全国调整后的 θ 值，然后根据公式（8-6）测算出调整后的全国民间金融规模，具体测算出来的数据见表 8-2。

表 8-2　全国 2001~2012 年民间金融规模的测算

年份	传统 IF（亿元）	调整 IF（亿元）	平均 IF（亿元）	当年增加额（亿元）	年度增幅（%）
2001	3654.55	8964.31	6309.43	—	—
2002	4028.72	9350.77	6689.75	380.32	5.69
2003	4218.00	12168.22	8193.11	1503.36	18.35
2004	6570.08	16073.37	11321.73	3128.62	27.63
2005	7094.67	19389.87	13242.27	1920.55	14.50
2006	6396.15	21104.81	13750.48	508.21	3.70
2007	8397.06	27365.58	17881.31	4130.83	23.10
2008	10814.68	39812.14	25313.41	7432.10	29.36
2009	9458.64	38880.52	24169.59	−1143.83	−4.73
2010	11191.18	44192.78	27691.97	3522.39	12.72
2011	17554.23	64910.99	41232.61	13540.64	32.84
2012	23412.58	76324.47	49868.53	8635.91	17.32

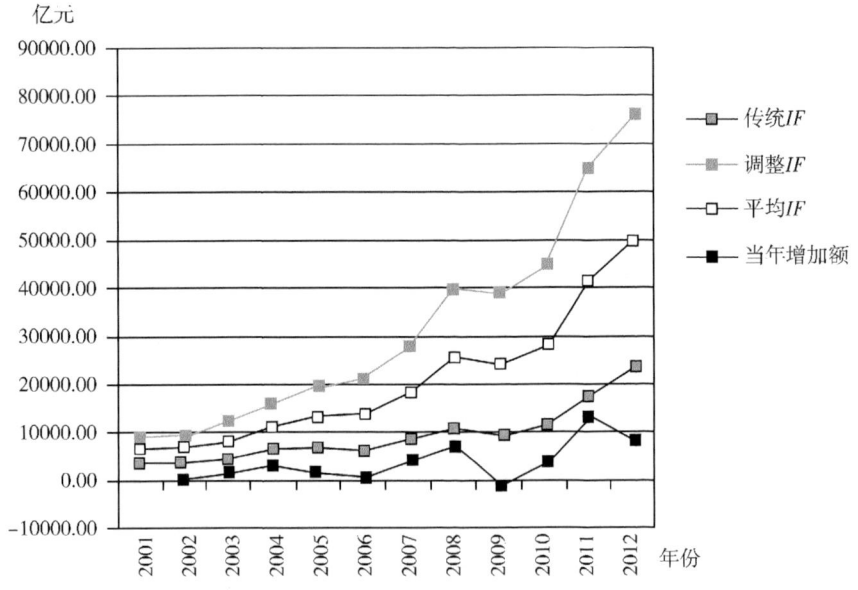

图 8-1　2001~2012 年民间金融规模趋势图

从图8-1可以直观地看出，两种方法计算的民间金融规模增长趋势变化不大，基本反映了我国民间金融的发展状况。本研究为了更准确地测算我国民间金融与中小企业之间的共生关系，采用上述两种方法的平均值作为我国民间金融的规模。

众所周知，民间金融的规模代表了资金充裕与否，反映了资金市场的供求状况。可以看出，2001~2008年民间金融规模稳定上升，这是我国中小企业迅速发展的阶段，对资金的需求量非常大，在正规金融无法满足的情况下，有能力和意愿以较高的利率从民间金融获取所需资金。而随着2008年金融危机的到来，无论是中小企业还是民间金融组织的经营都遇到了困难，出现资金链断裂、企业倒闭的现象，导致2009年我国民间金融规模的降低。而伴随着国家一系列优惠政策和措施的出台，对中小企业提供了众多支持，也带动了民间金融规模的进一步活跃。

第二节 模型建立和检验

测算我国中小企业和民间金融之间的共生关系，首先需要确定中小企业和民间金融的主质参量，假设中小企业的主质参量是其生产总值，民间金融的主质参量是民间金融的规模。民间金融的信贷融资支持对中小企业的经营发展有一定的促进作用，同时可以分享中小企业经营的利润，从而实现共生共荣，因此可以假设中小企业生产总值和民间金融规模之间存在共生关系，下面将对这个假设进行实证分析。

关于中小企业的生产总值，因为目前我国对中小企业的经济产值数据没有统计，因此采用排除法进行，地区的总产值减去规模以上工业企业和服务企业的产值统计为中小企业的产值，这一群体从正规金融渠道得到资金的比例较少，除了依靠自有资金外，对民间借贷的依赖较大。尽管采用排除法计算出来的产值明显大于中小企业的产值，但其对民间借贷的依赖程度大体类似，而且由于我国GDP在统计过程中可能存在遗漏，忽略部分中小企业，所以采用排除法作为中小企业的产值比较合理。下面利用Eviews 6.0来对此展开实证分析。

一、指标分析

在中小企业与民间金融之间的共生关系中起主要作用的是质参量,通过主质参量的相互作用共生体系产生共生能量,判断共生关系是否存在的关键是主质参量是否兼容,共生单元之间共生能量的产生是共生关系存在的判断标准。共生关系是共生单元相互作用的方式,具体刻画出了共生单元之间的物质、信息和能量关系,主要指标包括共生度和共生系数。

(一) 金融共生度

金融共生度反映了民间金融和中小企业各自的主质参量之间的关联程度,假设民间金融的主质参量为 Z_A,中小企业的主质参量为 Z_B,则金融共生度为:

$$\delta_{AB} = \frac{dZ_A/Z_Z}{dZ_B/Z_B} \tag{8-7}$$

(二) 金融共生系数

金融共生系数描述金融共生单元的主质参量间相互影响的程度,也是描述和判断共生关系的重要指标。假设我国民间金融和中小企业之间的共生系数为 φ,则共生系数用公式描述为:

$$\varphi_A = \frac{|\delta_{AB}|}{|\delta_{AB}| + |\delta_{BA}|} \tag{8-8}$$

$$\varphi_B = \frac{|\delta_{BA}|}{|\delta_{AB}| + |\delta_{BA}|} \tag{8-9}$$

$$\varphi_A + \varphi_B = 1 \tag{8-10}$$

如果 $\varphi_A = 0$,表明民间金融对中小企业没有任何影响,只有中小企业对民间金融发生作用;如果 $\varphi_A = 1$,表明中小企业对民间金融没有任何影响,只有民间金融对中小企业发生作用;如果 $\varphi_A = 0.5$,表明中小企业对民间金融的影响和民间金融对中小企业的影响相同;如果 $0 < \varphi_A < 0.5$,表明中小企业对民间金融的影响要大于民间金融对中小企业的影响;如果 $0.5 < \varphi_A < 1$,表明中

小企业对民间金融的影响要小于民间金融对中小企业的影响。

二、建立模型

本书认为中小企业和民间金融之间存在共生关系，随着民间金融规模的扩大，对中小企业的信贷融资也不断增大，中小企业发展潜力和速度会不断提高，从而创造更高的利润回报民间金融，推动民间金融组织的发展壮大。参照张希慧（2009）、李晓玲（2013）分析民间金融对中小企业发展的影响时采用的柯布—道格拉斯生产函数，建立如下模型：

$$Y = A(t)K^{\alpha}L^{\beta} \tag{8-11}$$

其中，Y 表示中小企业的生产总值，K 代表资本投入量，包括自有资金投入、正规金融机构的贷款和民间金融规模，L 代表劳动力的投入，$A(t)$ 是与时间有关的技术变量，假设 η_1、η_2、η_3 分别代表自有资金、正规金融、民间金融资金利用效率系数，而 K_0 代表初始资本，那么：

$$K = \eta K_0 = \eta_1 \eta_2 \eta_3 K_0 \tag{8-12}$$

从而得出：

$$Y = A(t)\eta_1^{\alpha}\eta_2^{\alpha}\eta_3^{\alpha}K_0^{\alpha}L^{\beta} \tag{8-13}$$

令 $K_1(t) = \eta_1^{\alpha}$，$K_2(t) = \eta_2^{\alpha}$，$K_3(t) = \eta_3^{\alpha}$，则上式可以表示为：

$$Y = A(t)K_1(t)K_2(t)K_3(t)K_0^{\alpha}L^{\beta} \tag{8-14}$$

其中，$A(t)$、$K_1(t)$、$K_2(t)$、$K_3(t)$ 都是与时间有关的变量，分别代表中小企业技术水平、中小企业自有资金水平、正规金融资金水平和民间金融资金水平。对上式两边求对数得到：

$$\begin{aligned}\frac{dY}{Y} &= \frac{dA}{A} + \frac{dK_1}{K_1} + \frac{dK_2}{K_2} + \frac{dK_3}{K_3} + \alpha\frac{dK_0}{K_0} + \beta\frac{dL}{L} \\ &= G_A + G_{K_1} + G_{K_2} + G_{K_3} + \alpha G_{K_0} + \beta G_L\end{aligned} \tag{8-15}$$

其中，G_A 表示技术进步对中小企业产出的影响，G_{K_1}、G_{K_2}、G_{K_3} 分别表示自有资金、正规金融和民间金融发展对中小企业产出的影响，αG_{K_0} 代表原始资本发生变化时对中小企业产出的影响，βG_L 是劳动力水平发生变化时对中小企业产出的影响。本书主要分析民间金融对我国中小企业发展的支撑作用，因此暂时忽略技术水平、自有资金、正规金融发展水平、初始资本投入和劳动力变化对中小企业产出的影响，令：

$$G = G_A + G_{K_1} + G_{K_2} + \alpha G_{K_0} + \beta G_L \tag{8-16}$$

令 G 为常数，那么我国中小企业总产值和民间金融发展水平变化的关系可以表示如下：

$$\frac{dY}{Y} = G + \frac{dK_3}{K_3} \tag{8-17}$$

因此，公式（8-17）建立起了分析中小企业和民间金融共生关系的理论模型，下面具体来展开验证。

三、数据平稳性检验

数据包括 2001~2012 年的中小企业的生产总值和民间金融规模，属于时间序列模型。对于时间序列模型，如果数据存在不平稳性，那么在毫无关系的两组数据之间可能会出现很强的相关关系，也就是出现虚假回归现象，因此需要对时间序列进行平稳性检验。为了消除时间序列中的异方差现象，可以对时间序列进行自然对数的变换，这样既不会改变变量的协整关系，又可以使时间序列变得更加线性化。因此本书首先对数据进行对数变化，用 $\ln EP$ 和 $\ln IF$ 表示。

由表 8-3 可以看出，$\ln EP$ 的 ADF 检验值小于 10% 的显著性水平临界值，是平稳的时间序列。但是 $\ln IF$ 的 ADF 检验值大于 10% 的显著性水平临界值，说明 $\ln IF$ 是不平稳的时间序列。于是对 $\ln IF$ 进行一阶差分，发现经过一阶差分后的 $\ln IF$ 通过了平稳性检验，其 ADF 统计值小于 10% 的显著性水平临界值。因此一阶差分后的变量都是平稳的变量，可以使用经典最小二乘法回归。

表 8-3 数据平稳性检验结果

指标	ADF 检验值	1%的显著性	5%的显著性	10%的显著性	平稳性判断
$\ln EP$	-4.490680	-4.297073	-3.212696	-2.747676	平稳
$\ln IF$	-2.458319	-4.582648	-3.320969	-2.801384	不平稳
$\ln IF$ 一阶差分	-4.203325	-4.582648	-3.320969	-2.801384	平稳

第三节 实证分析

一、回归分析

对于我国民间金融规模和中小企业生产总值之间的协整关系,本研究采用 OLS 法来检验。通过上一部分的平稳性检验可以确定用 $\ln EP$:I(1) 和 $\ln IF$:I(1) 来检验 $\ln EP$ 和 $\ln IF$ 之间的协整关系,则估计模型如下:

$$\ln EP = C + \beta \ln IF + e \tag{8-18}$$

利用上述公式对时间序列变量进行回归,得到以下回归结果:

$$\ln EP = -5.474178 + 0.052262\ln IF + e \tag{8-19}$$

$$\text{S. E.} = (1.114157)\ (0.114387)$$

$$t = (-4.913292)\ (14.90118)$$

$$\overline{R}^2 = 0.952595, \quad F = 222.0452$$

从以上分析可以看出模型的拟合程度比较高,下面对残差序列 e 进行 ADF 检验,得出其 ADF 检验值为 -5.454298,小于其 1% 的显著性水平(-5.295384),小于 5% 的显著性水平(-4.008157),小于 10% 的显著性水平(-3.460791),因此可以认为残差序列 e 为平稳序列,从而可以确定 $\ln EP$ 和 $\ln IF$ 具有协整关系。我国民间金融规模对中小企业的弹性指数为 0.152562,这说明了民间金融规模每增加 1%,将会给我国中小企业的生产总值带来 5.2% 的增长,表明民间金融对中小企业发展具有较大的推动和促进作用。尽管上面的分析说明了我国民间金融和中小企业之间存在正相关关系,但要确定两者之间的因果关系需要对这些经济指标间的关系进行 Granger 因果检验,利用误差修正模型 ECM 进行 Granger 因果检验,结果如表 8-4 所示,在滞后期为 1 期和 2 期时,按照 5% 的显著性检验水平来看,均接受了原假设"我国民间金融不是中小企业的 Granger 原因"和"我国中小企业不是民间金融的 Granger 原因";在滞后期为 3 期时,按照 5% 的显著性检验水平来看,检验结果均拒绝了原假设"我国民间金融不是中小企业的 Granger 原因"和"我国中小企业不是民间金融的 Granger 原因",即认为我国民间金融和中小企业两者互为因果,存在着相互促进、相互支持的共生关系。上述分析结果说明短期内民间金融和中小企业之间的相互影响并不大,随着时间的推移,民间金融和中小企业之间的相互作用越来越显著,这说明民间金融对中小企业的促进作用需要较长的时间才能在企业中发挥作用,带动其生产总值的增长。

表 8-4 Granger 因果检验结果

原假设	滞后阶数	F-statistic	Probability	5%显著性 F 值	结论
我国民间金融不是中小企业的 Granger 原因	1	0.39673	0.0264	241.90	接受
我国中小企业不是民间金融的 Granger 原因	1	7.37264	0.5463	241.90	接受
我国民间金融不是中小企业的 Granger 原因	2	10.91314	0.0291	19.37	接受
我国中小企业不是民间金融的 Granger 原因	2	7.78742	0.2415	19.37	接受
我国民间金融不是中小企业的 Granger 原因	3	51.53070	0.0850	8.94	拒绝
我国中小企业不是民间金融的 Granger 原因	4	10.92750	0.0191	8.94	拒绝

二、共生关系分析

根据公式(8-7),对我国民间金融和中小企业的共生度进行测算:

$$\delta_{AB} = \frac{d\ln IF/\ln IF}{d\ln EP/\ln EP} = \frac{\ln EP}{\ln IF} \times \frac{d\ln IF}{d\ln EP} = \frac{\ln EP}{\frac{\ln EP - 0.292604}{0.152562}} \times \frac{1}{0.152562}$$

$$= \frac{\ln EP}{\ln EP - 0.292604} \tag{8-20}$$

因为 $\ln EP$ 的值均大于 0.292604，所以 $\delta_{AB} > 0$。

$$\delta_{BA} = \frac{d\ln EP/\ln EP}{d\ln IF/\ln IF} = \frac{\ln IF}{\ln EP} \times \frac{d\ln EP}{d\ln IF} = \frac{\ln IF}{0.292604 + 0.152562\ln IF} \times 0.152562$$

(8-21)

因为 $\ln IF$ 的值均大于 0，所以 $\delta_{BA} > 0$。从上述分析可知，我国民间金融和中小企业之间是正向共生关系。根据公式（8-8）和公式（8-9）测算出我国民间金融和中小企业之间的共生系数。具体数值如下：

表 8-5 2001~2012 年我国民间金融和中小企业共生度和共生系数

年份	δ_{AB}	δ_{BA}	φ_A	φ_B
2001	1.033464	0.847948	0.549302455	0.450698
2002	1.032012	0.848650	0.548749358	0.451251
2003	1.030387	0.851033	0.547664460	0.452336
2004	1.028841	0.854683	0.546231922	0.453768
2005	1.027989	0.856388	0.545532428	0.454468
2006	1.027098	0.856792	0.545200575	0.454799
2007	1.026282	0.859547	0.544207394	0.455793
2008	1.025439	0.863033	0.542999166	0.457001
2009	1.025060	0.862580	0.543037960	0.456962
2010	1.024478	0.863906	0.542515650	0.457484
2011	1.024136	0.867645	0.541360883	0.458639
2012	1.023832	0.869359	0.540796847	0.459203
平均值	1.027418	0.858464	0.544799925	0.455200

从表 8-5 中可以看出，我国中小企业和民间金融连续 12 年的共生度和共生系数数值都比较稳定，从共生度指标来分析，我国中小企业和民间金融的共生关系良好，两者一直保持着相互支持、相互促进的共生互动关系。从共生系数指标来分析，发现 $0.5 < \varphi_A < 1$，$0 < \varphi_B < 0.5$，表明中小企业对民间金融的影响要小于民间金融对中小企业的影响。具体来看，民间金融首先要对中小企业进行一定的投入和支持，才能推动中小企业的技术创新和科技进步，带动

技术水平的提高和产业规模的不断扩大,从而带来生产总值和利润的提高,这是中小企业和民间金融的共生能量,在共生能量的分配过程中,民间金融获得成长和发展,从而更有能力和信心支持我国中小企业的发展。

小结

根据对中小企业和民间金融的共生关系的实证分析,本章得出以下结论:

(1)本章在对 θ 值估计法进行改进的基础上,测算我国 2001~2012 年民间金融的规模,从 2001 年到 2008 年民间金融规模稳定上升,由于受到金融危机的冲击,2009 年我国民间金融的规模略有下降,随后一路攀升,到 2012 年民间金融达到 4.9 万亿元,和现实情况基本吻合。

(2)利用柯布—道格拉斯生产函数来建立民间金融对民营企业发展的影响模型,最终建立了我国中小企业总产值和民间金融发展水平之间的关系如下:

$$\frac{dY}{Y} = G + \frac{dK_3}{K_3}$$

,并以此作为分析中小企业和民间金融共生关系的理论模型。

(3)利用格兰杰因果检验法得出我国中小企业和民间金融两者互为因果的结论。根据检验结果可知,短期内中小企业和民间金融之间的相互影响并不大。但随着时间的推移,我国中小企业和民间金融之间呈现出越来越显著的共生关系。

(4)测算结果显示我国中小企业和民间金融连续 12 年的共生度和共生系数都比较稳定,充分说明我国中小企业与民间金融之间存在较好的共生关系。从共生系数指标来分析,发现 $0.5 < \varphi_A < 1$,$0 < \varphi_B < 0.5$,表明中小企业对民间金融的影响要小于民间金融对中小企业的影响,证明了民间金融对中小企业的重要性。

综合上述分析结果,本章从实证的角度证明了我国中小企业和民间金融之间存在着共生关系,在现实中小企业和民间金融之间的共生是如何形成的,共生的稳定性需要进一步的讨论。

第九章 构建中小企业和民间金融共生模式

第一节 民间金融的比较优势

目前我国资本市场上存在大量闲置的民间资本,到处寻找投资渠道,而很多情况下中小企业的资金需求却无法在正规金融市场得到满足,这在一定程度上催生了民间金融。民间金融对中小企业的支持已成为一种历史悠久的传统金融支持方式,也是中小企业金融支持的主要方式。现阶段,民间金融发展的态势愈演愈烈,规模不断扩大,组织形式越来越成熟,原因在于相对于正规金融而言,民间金融具有自身的比较优势和一定的历史必然性。

一、民间金融视角的原因

民间金融对于满足中小企业融资需求具有天然的契合性,可以满足中小企业多样化、分散化、非制度化和标准化的融资需求,从民间金融对中小企业融资促进的实践来看主要有以下几点优势。

(一) 民间金融有助于克服融资中的信息不对称问题

民间金融和正规金融在获取中小企业信息的问题上存在较大差异,正规金融和中小企业之间普遍存在信息不对称问题。目前我国的社会信用体系不健全，正规金融机构信息收集成本太高，甚至无法获得中小企业的相关信息，导致正规金融机构不得不对中小企业采取信贷配给政策，或者要求中小企业提供条件苛刻的担保，以降低自身的风险。但是，这些策略无助于正规金融机构解决信息不对称问题，却增加了中小企业的融资困难，使中小企业不得不转向民间金融。

民间金融的资金供给者对于中小企业的信用和收益状况了解比较充分，有助于克服信息不对称带来的违约风险和资金损失（林毅夫、孙希芳，2005）。首先，民间金融在对中小企业发放贷款上具有人缘、地缘优势。由于其贷款对象一般都是比较熟悉的地域上临近的中小企业，对企业的资信、收入状况、还款能力比较了解，因此对于中小企业的信息甄别和选择具有天然的优势，这是对风险的事先预防机制。同时，民间金融的制度设计也有利于缓解信息不对称问题，比如，民间金融都会定期地拜访、接触其贷款对象，及时了解贷款对象的最新信息，加强感情联系，并监督中小企业资金的使用，这属于风险的事后防范机制。由于民间金融具有明显的信息优势，可以防范中小企业融资过程中的逆向选择和道德风险，并有效缓解和中小企业之间的信息不对称问题。

（二）民间金融的担保形式比较灵活

民间金融对于中小企业提供的担保品没有严格的限制，可以充分利用中小企业的现有资源作为担保。由于民间金融和中小企业所处地域相近，接触渠道较多，处置和管理担保品的成本相对较低，导致正规金融机构眼中的劣质担保品有可能成为民间金融市场上的优质担保品。民间金融在放贷时可能不要求中小企业提供抵押或担保，主要依靠中小企业或企业主的个人信用，个人信用有着道德约束的保障，比法律制裁更为有效，而且企业主对借款有着无限责任。史晋川（2004）提出，由于民间金融的担保机制非常灵活机动，可以接受无形担保，即社会地位、声誉等无形担保，有效地降低了违约率。因为民间金融市场的借贷双方还处在一定的社会联系中，这不仅为民间金融提供了关于中小企业的资产状况、经营状况、资信以及还款能力等信息，也能够给当事人带来一种物质或精神收益，同时，形成了一种隐性的约束机制。如果中小企业及时足额还本付息，这种社会联系就能够得到很好的维持；如果中小企业违约，在一定的范围内将会名誉扫地，这种惩罚非常严厉，甚至可能影响企业正常的生产经营,这种隐性担保机制大大增加了中小企业的违约成本,使民间金融对中小企业保持一定的控制力,约束中小企业按规定使用贷款并履行还本付息的义务,有效地降低了民间金融的违约率。

(三) 民间金融降低了中小企业的融资成本

因为正规金融规模较大,体制固化,发放贷款时面临较多繁杂的手续,导致贷款效率较低,而管理费用和交易成本相对较高。对于正规金融机构,发放一笔大额贷款和小额贷款的固定成本几乎相同,这对于中小企业短、频、快的融资需求来说平均每笔贷款的成本太高,也不能有效地满足中小企业的融资需求。

而民间金融具有明显的交易成本优势,首先,民间金融由于其地缘、人缘优势,对中小企业的生产经营状况、还款能力、资信和品质相对了解,降低了信息收集成本。其次,民间金融机构的操作比较简便,技术要求也不高,可以根据实际情况进行调整创新,从谈判到签订合同的过程中所耗费的时间少、成本低,能大幅度地降低交易成本。最后,民间金融组织用于运转的时间和精力相对较少,工作人员较少,且支付的薪水和培训费用也不会太高,能有效地降低融资成本。

(四) 民间金融资金配置效率高

正规金融市场上信息不对称比较严重,由此导致的道德风险和逆向选择问题使信贷市场无法有效出清,使资金配置的效率降低。民间金融具有明晰的产权关系,而且民间金融股东常常就是民间金融的经营管理者,监督成本和出现不良行为的可能性大大降低,使得民间金融的委托—代理问题要小得多。民间金融是借贷双方自愿达成交易的一种市场化融资机制,在没有任何行政干预的情况下经营管理者会将资金投放到预期收益最佳的投资项目或还款能力最有保障的借款人手中。对于中小企业来说,作为资金供给方的民间金融组织是产权明晰、自负盈亏的市场主体,无形中强化了中小企业的信用约束和还款责任,激励中小企业合理高效地使用资金。同时民间金融可以跨时间、跨空间、跨主体去配置其资源,而且无论是合同的变更还是贷款的延期相对来说都比较便捷,不需要繁琐的审批流程。而且民间金融的贷前审查和贷后调查相对快捷,手续非常简化，有效地提高了资金配置的效率，深受中小企业的欢迎。

（五）民间金融的非正规性

民间金融在多个方面存在非正规性迎合了中小企业个性化的资金需求。首先，民间金融的利率活动空间比较大，利率更趋于市场化运作，一般随行就市，可以根据还贷款期限、抵押品的多少等灵活调整，因此对各种各样的环境均具有适应性，容易与各层次的中小企业开展业务。民间金融的利率支付也比较灵活，不管是按年、按月支付都可以灵活协商，相对来说更适应中小企业不断变化的经营情况。其次，民间金融贷款手续相对灵活，中小企业可以快速获得所需资金，满足生产经营的需要。最后，民间金融借助和中小企业千丝万缕的联系，可以较好地避免逆向选择和道德风险的发生，有助于满足中小企业的个性化需求。因此，民间金融相对于正规金融机构来说，更能适应中小企业个性化的融资需求。

二、中小企业视角的原因

（一）中小企业自身实力薄弱

我国大多数中小企业属于劳动密集型的传统产业，无论是在资产收益率、成本利润率、所有者权益报酬率等经营业绩指标上，还是其生产设备、创新能力和产品质量上都比大企业落后，在与大企业的竞争中难以占据优势。正规金融的目标是安全性、收益性，而中小企业的低收益率和高倒闭率使得正规金融对其望而却步，导致中小企业不得不求助于利率较高的民间金融。

（二）信息封闭的主观意愿使得企业愿意选择民间金融

中小企业要想在正规金融市场上获取资金，就需要向银行机构披露包括资产状况、生产信息、财务信息、经营状况、资本运营以及投资收益等方面的信息，而中小企业，一方面没有健全可信的信息记录，另一方面不愿意透露自身的商业信息，导致不愿面对正规金融机构的详细调查，甚至可能为了顺利融资制造虚假信息，影响了自身的信用。王晓辉（2012）指出，家族式为主的中小企业为了防止企业失去控制权，不愿意公开信息或者采用股权融资。因此，当企业发展到一定程度，内部融资无法满足企业发展需求时，面对正规金融市场的种种限制，不得不转向民间金融。

（三）中小企业抵押担保贷款困难

正规金融机构为了减少逆向选择、道德风险，往往要求中小企业提供抵押或担保。然而中小企业固定资产相对缺乏，难以提供有效抵押品，满足银行对抵押物的要求。随着企业产权制度改革和法制观念的增强，企业担保与被担保的风险意识不断强化，那些效益好而且具有担保资格的大企业不愿意为经济风险大的中小企业提供担保，而中小企业之间的联保、互保，不能满足正规金融机构的资金安全性需要。因为缺乏足够的抵押担保品，也难以找到合适的担保机构为其提供担保，中小企业难以从正规金融机构获得资金，不得不求助于民间金融。

第二节　中小企业和民间金融共生性分析

一、共生关系形成的原因分析

（一）正规金融供给不足形成巨大的市场缺口

中小企业正规的融资来源包括以银行为主的间接融资和以资本市场为主的直接融资。前面章节对于银行体系给予中小企业的资金支持进行了详细论述，鉴于我国以大银行为主导的银行体系主要服务于大型国有企业，加上中小企业的资产规模、资信、经营状况以及社会地位等都无法与大型企业相竞争，所以中小企业从银行获得资金支持相对较少，远远不能满足中小企业的融资需求。在国外中小企业融资中发挥主导作用的多层次资本市场在我国发展相对比较缓慢，无论是主板、中小企业板、创业板，还是新三板扩容，对于中小企业融资难题的缓解可谓杯水车薪。同时，我国债券市场规模较小，发行主体多是金融机构，中小企业集合债券和中小企业集合票据也仅仅对于缓解地区内优质的中小企业融资难具有一定的作用，而且发债规模和数量相对较少。

正规金融对于中小企业的资金供给严重不足，而中小企业的发展需要大量的资金支持。民间金融可以为急需资金的中小企业提供贷款支持，即使民间金融的利率高于市场利率，中小企业在从银行等正规金融机构无法得到资金的情况下，也会求助于民间金融。可以说民间金融对于中小企业具有天然的适应性，正是由于中国现有的金融机构无法满足实体经济的需求才导致民间金融愈演愈烈。

（二）民间金融具有充足的资金支持

随着我国经济的不断发展，在民间蕴藏着为数众多的闲散资金。由于我国居民投资渠道较少，银行储蓄利率偏低，股票市场波动较大收益不稳定，房地产市场的宏观调控不断加强等原因，大量的民间闲散资金需要寻找新的投资渠道。民间金融以高于银行存款的利息吸收资金的特点正好迎合了这种需求，集聚了大量资金，有能力为中小企业提供资金支持，因此大量追逐高额利润的民间资金和中小企业的特性决定了它们之间存在着互利共生的关系。

综上所述，在正规金融无法有效满足中小企业资金需求的同时，民间金融集聚了大量闲散的民间资金，将其投向中小企业，缓解了中小企业的融资难题，推进其生产经营和投资，促进了中小企业的成长。同时，民间金融通过为中小企业提供融资，自身也获得了收益，带动了民间金融的进一步发展壮大。民间金融作为资金盈余部门和赤字部门的中小企业之间通过物质、信息和能量的交换，促进双方共生关系的形成，实现了中小企业和民间金融的互利共生。

二、中小企业—民间金融的共生模式

（一）理想的共生模式

中小企业和民间金融之间理想的共生模式如图9-1所示，中小企业和民间金融之间保持着非常密切的联系。从信息流的角度来看，中小企业和民间金融之间可能存在一定的业务联系从而持有对方信息之外,也可能通过共同认识的第三方获得相关的信息,甚至中小企业和民间金融的负责人以及员工之间存在的私人联系也能为共生机制提供一定的信息交流。从担保流的角度来看,民间金融可以接受的担保品形式多样,担保机制也相对灵活,有效地推动了中小企业和民间金融之间共生关系的建立。

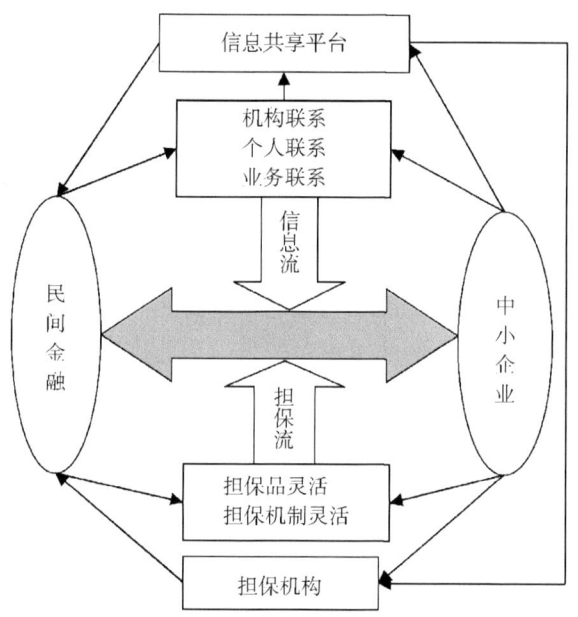

图 9-1 中小企业—民间金融共生模式

除了共生单元内部的信息流和担保流之外,还包括外部存在的信息共享平台和担保机构,通过各主体之间的相互联系和共同作用实现中小企业和民间金融之间的共生。通过第三方机构——信息共享平台可以为中小企业和民间金融提供更充分的信息,保证信息的真实性和可靠性。中小企业和民间金融之间除了原有的担保机制之外,需要借助专业担保机构的力量,为其共生机制的顺利运行提供担保。而且民间金融没有复杂的贷款手续,贷款利率、还款期限和抵押品的设定比较灵活,有助于实现了中小企业和民间金融之间的互利共生关系。

(二) 共生机制分析

民间金融和中小企业之间不断地进行着物质、信息和能量的交换，中小企业需要不断地从民间金融获得资金支持，维持其生产经营和扩大再生产，而民间金融通过为中小企业提供融资服务，实现收益的增长和规模的扩张。中小企业和民间金融之间的共生机制主要包括如下几方面：

1. 履约担保机制

正规金融机构出于自身安全考虑一般要求中小企业提供较高的抵押或担保，而中小企业由于自身的特点所限难以满足这种要求，但民间金融所要求的履约担保机制相对比较灵活，缓解了中小企业融资中面临的担保困境。

(1) 担保物品多样化。正规金融机构可能拒绝管理和处置成本较高或者实际价值较低的物品，但由于民间金融与中小企业所处地域接近而且接触途径多样化，管理和处置担保品的成本相对较低，因此许多在正规金融市场上不能接受的担保品可以被民间金融市场所接受。而且民间金融和中小企业之间的担保不仅包括各种各样的有形担保，还包括无形担保，比如企业的社会地位、声誉、社会关系等，而后者对于正规金融而言是无法接受的。

(2) 抵押担保机制比较灵活。由于民间金融常常是基于地缘、人缘和血缘关系而发生的，在民间金融市场上，民间金融和中小企业不仅存在借贷关系，还存在一定的社会联系，这种社会联系可以作为一种担保，就是"社会资本"的担保，Biggart 和 Castanias (2001) 把"社会资本"引入经济金融交易的分析之中，他们认为作为社会资本的社会关系可以执行抵押品的功能，从而促进经济交易契约的实施。尽管这些社会联系对于贷款者没有任何意义，但却可以为借款者带来一定的物质收益和精神收益，可以同物质资产一样对借款者起到约束作用。在企业不能提供有效的有形担保的情况下，"社会资本"可以起到一定的替代作用。"社会资本"担保使民间金融在信息搜集、客户甄别以及监督贷款投资方向的成本上具有比较优势。尽管贷款人对借款人的行为难以密切监督，但对其人品有一定的信息量，减少了违约的可能性和道德风险的发生。一旦借款者违约，就会受到"社会制裁"，失去周围人的信任和声誉，这种社会信用对于贷款人而言是一种巨大的无形资产，是不敢轻易失去的。因此,"社会资本"作为一种隐性的担保机制,通过"社会制裁"在很大程度上对中小企业形成了一种风险防控机制。

(3) 担保机构的参与。单纯依靠中小企业和民间金融自身的履约担保机制安全性略显不足,在金融危机的冲击下,中小企业倒闭潮不仅拖垮了民间金融链条,而且使经营良好的中小企业难以得到后续资金支持,带来中小企业资金链条的断裂和破产倒闭。因此,为了避免这种资金链带来的连锁反应,担保机构的加入是非常有必要的。在危机出现的时候,担保机构可以及时弥补民间金融的资金损失,保证民间金融资金的正常运行,从而维护整个市场的正常经营秩序。

2. 信息反馈机制

民间金融机构利用地域性和社区性的特点,通过长期和中小企业保持密切的近距离接触来获得各种非公开的关联信息。而且民间金融的放款者,多数是当地社会关系网络十分广泛的人,甚至和企业主或者其员工的私交甚好,对企业的资金状况、生产经营情况、还款能力以及信用程度等具有比较充分的信息。而且出于地缘、业缘和血缘的关系,民间金融市场上借贷双方会保持相对频繁的接触,这种获取信息的便利使得贷款者能比较及时地了解贷款的投资去向和回收情况,并采取相应的行动。因此,民间金融与民营企业之间的信息交流是非常充分的,民间金融比较容易获得关于中小企业的相关信息,为民间金融和中小企业的共生创造了充足的信息流。

作为经营良好的中小企业为了获得更便捷和利率更低的贷款,乐于支持信息共享平台的建设,同时民间金融和中小企业之间保持的密切信息流也可以为信息共享平台注入新的信息,保持信息的真实性和有效性。这为民间金融获得中小企业信息提供了另一条有效的途径,保证了民间金融和中小企业之间的共生机制有效运行。

3. 利率定价机制

由于中小企业存在较大的资金缺口,而从正规金融部门获得资金支持的难度较大,因此即使民间金融提供的资金利率较高,中小企业也乐于接受。而且民间金融的利率浮动范围较大,是在双方灵活协商的基础上确定的,民间金融机构根据中小企业的特点、信用、风险和预期利润等信息做出是否贷款的决策，进行自主定价。民间金融凭借对中小企业资信、项目、经济实力和发展前景等信息的了解，愿意将资金以高利率借给发展潜力较大的中小企业，使大量闲置的资金配置到收益最高的项目中去，实现了经济学上的帕累托最优。因此可以说，在灵活的利率定价机制的作用下，中小企业和民间金融的共生关系有效地提高了资源配置的效率。

尽管适度的高利率可以提高民间金融资金配置的效率，扩大对中小企业的资金支持，但过高的利率会使中小企业难以承受，加剧其本已严峻的融资形式，导致出现经营困难和产业空心化，因此利率监管必然存在一个最佳值，不仅可以有效缓解中小企业的融资难题，而且可以提高社会资金的配置效率。

从图9-2可以看出，存在最优的利率配置点，当民间金融的利率高于或者低于最优利率时，资金的配置效率都会不断降低，民间金融的利率只有在最优配置点附近，才可以实现效率的最大化。如果民间金融的利率过低，中小企业倾向于民间借贷，不但影响了资金的使用效率，而且影响了国家宏观经济的运行。如果民间金融的利率过高，将引发高利贷等非法地下金融的发展，影响中小企业的融资和投资积极性，影响整个经济的平稳发展。因此，通过适度的监管将民间金融的利率维持在最优效率点附近，可以有效地促进民间金融和中小企业之间的共生关系，使其向着连续、对称性的互惠共生方向发展。

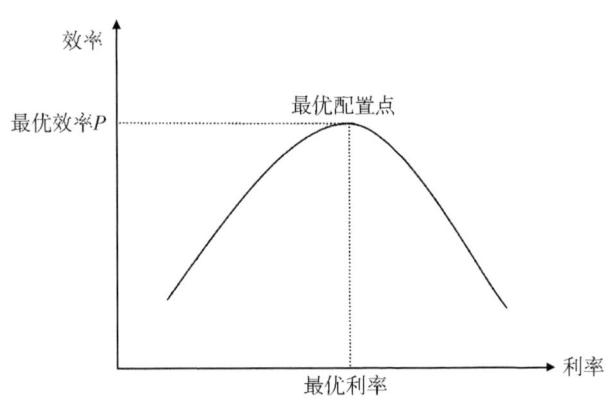

图9-2 最优配置利率

然而最优利率只有通过利率市场化改革才能形成，通过逐步放开利率管制，让银行贷款利率和民间金融利率逐步并轨，让市场对资金进行配置，实现资金配置的最优化。通过放开对贷款利率的限制，让正规金融机构和民间金融灵活的利率优化了资源的配置效率。

三、共生关系分析

共生单元中小企业的主质参量（生产总值）和民间金融的主质参量（贷款数量）是兼容的，在双方物质、信息和能量的交流过程中，民营企业获得了进一步发展的机会，民间金融有了存在的依据和动力，双方均可以获得共生能量，因此，两者之间存在共生。

（一）中小企业和民间金融生成了一个共生界面

民间金融和中小企业作为我国经济生态系统中两个重要的主体，都是以利润最大化为目的，在追求利润的同时其相互依赖和相互制约的关系得到不断的加强和优化。中小企业的扩大再生产要求一个能支撑其发展的资金盈余部门，而大量的民间资金在寻找投资的出路，从而形成了两者的共生基础。作为资金盈余部门民间金融的主质参量是贷款数量，作为资金赤字部门的中小企业其主质参量是生产总值，中小企业利用民间金融提供的资金支持进行生产经营规模和产量的不断扩张，说明其主质参量是兼容的，而且形成了自己的共生界面。这个共生界面，不但为中小企业和民间金融提供接触的机会，提供表达借贷愿望和信息的机会，而且是其物质、信息和能量的转移通道，可以说转移通道的存在是共生机制建立的基础。

（二）中小企业和民间金融均可从共生体系中获得共生能量

金融共生能量是金融共生单元在共生界面下相互作用所产生的物质成果，是金融共生系统实现数量扩张和质量提高的前提条件，也是金融共生系统生存和发展能力的具体体现。金融共生单元通过资金、物质和信息的交流产生了它们各自单独存在情况下所不能产生的共生能量，增强了双方抵御风险的能力，并产生了更多的经济利润和共生能量。

根据金融共生能量生成的原理表明，要使金融共生系统获得更快的增值与发展，就要减小金融共生界面作用的阻力，也就是减少成本，降低共生所耗费的能量，提高界面作用的效率。根据共生理论，共生系统产生的共生能量要大于形成共生所耗费的能量，共生才能产生。首先分析融资成本，民间金融的利率相对较高，甚至可能达到正规金融的四倍，但平均来看，民间金融的利率逐渐接近银行利率的两倍左右。但从正规金融机构贷款，中小企业除了利息之外还需要支付担保费用、抵押物登记评估费用、风险保证金以及公关寻租费用，因此中小企业从民间金融机构贷款的利率和从正规金融机构贷款的利率差距不是太大。因为中小企业从民间金融机构的融资无须支付隐性成本，而且借助地缘和人缘优势，相关的担保、保险等手续相对简单，耗费的能量随着共生关系的不断持续而降低。

（三）中小企业和民间金融的共生组织模式

共生组织模式反映了共生单元之间相互作用的组织方式，包括点共生、间歇共生、连续共生和一体化共生四种组织模式，至于每种组织模式的特点前面相关章节已经进行了详细的论述。

正规金融的不足以及中小企业对资金的渴求加大了民间金融的发展空间，林毅夫和孙希芳（2003）认为，正规金融信息不对称造成事先的逆向选择和事后的道德风险问题也是导致民间金融广泛存在的一个根本原因。事实上，民间金融贷款者对于借款者的资信、收入状况和还款能力相对比较了解，相对于正式金融而言，具有更强的信息优势。这种信息上的优势使贷款者能够比较及时地掌握贷款归还的动向，并采取相应行动，因此，民间金融与中小企业之间的信息交流是十分充分的，民间金融比较容易掌握企业和企业主的相关信息，为民间金融和中小企业的共生创造了有利条件。而且借贷双方之间不仅存在信用关系，还存在一定的社会联系，这些社会联系为借贷双方提供了相关信息，如企业主的社会地位、头衔、声誉甚至身家性命等，也可以为借款者带来一定的物质收益和精神收益，同样会对借款者产生一定的约束作用。Akeen（1990）通过多项调查研究发现，同一地区非正规金融的违约率一般要低于正规金融5%左右。罗德明和奚锡灿（2010）证明了在区域经济内尽管民间金融的利率比正规金融的利率高，但民间金融违约的概率较小。通过以上分析发现，尽管民间金融高利贷现象较多，但这些都是中小企业急需资金的情况下产生的点共生或间歇共生关系，而基于地缘和血缘关系形成的民间金融和中小企业的共生模式则可以实现连续共生。

（四）民间金融和中小企业的共生行为模式

共生行为模式包括寄生、偏利共生、非对称性互惠共生和对称性互惠共生四种模式，共生行为模式可以明确共生的内部作用机制，共生行为模式的变化有时会引起共生组织模式的变化。目前民间金融和中小企业的共生尽管是以分工和合作为基础而产生新利润的，但新利润并没有在共生单元之间实现对称性分配，而在资金稀缺的前提下，分配机制更偏向于民间金融，中小企业只有无法从正规金融获得资金的情况下，才借助民间金融的，因此目前民间金融和中小企业的共生行为模式属于非对称性共生行为模式。但对称性互惠共生行为模式才是效率最高、最稳定的金融共生行为模式，而中小企业和民间金融之间的共生行为模式只有在担保机构和信息共享平台的支持下，才能逐步向对称性互惠共生行为模式转变。

第三节 民间金融的发展建议

中国作为发展中国家，今后相当长的一段时期内经济发展的主要动力仍是大量的中小企业，要有效地推动中小企业的发展，首先就要解决中小企业发展的"瓶颈"——融资难的问题。但是这些中小企业的融资需求很难通过我国的正规金融机构来满足，而民间金融和中小企业之间存在很强的共生性，民间金融可以利用其灵活的经营机制和信息优势为中小企业提供资金支持，建立与正规金融的合作互补关系。同时民间金融对中小企业的信贷支持，促使正规金融不断提高对中小企业服务的质量和效率，形成了对正规金融的竞争压力。只有一大批地方性的民间金融机构，与地方性的中小企业共同成长，才能满足其金融需求。但如何引导民间金融良性发展，让民间金融更好地为中小企业服务呢？应从如下几个方面着手：

一、专门立法赋予民间金融合法的竞争地位

在目前我国正规金融难以满足中小企业资金需求的情况下,民间金融却处于隐蔽状态,容易出现非法集资和高利贷等非正常经营活动,引发金融风险,扰乱金融秩序。而且中小企业通过民间金融融资,可能削弱国家金融宏观调控的能力和效果,导致国家信贷调控政策难以实现。因此,支持民间金融的合法化,让民间资本在合理的监管中规范运行,实现与中小企业的共生共荣,才是推动经济发展的有效途径。

保证民间金融的合法性和合理性,必须从立法角度予以支持。由立法部门制定合理的民间金融法规和办法,比如《民间借贷法规》或者《民间借贷管理办法》,从而界定什么是合法、什么是非法、什么样的资金来源途径是正当的、资金使用是否合法等。对管理正规、财务健全、资金用途正当、利息合理的民间融资形式进行合法化,使民间金融有法可依、有章可循,从而保护正常的民间借贷行为和借贷双方的合法权益,正确引导民间借贷走上正常的运行轨道。加快研究出台《放贷人条例》,明确民间融资活动主体的法律地位和权利义务关系,尊重金融本质和运行规律,以不触碰法律底线为前提,鼓励包括P2P网贷在内的民间金融进行创新,支持用新技术和新手段发展新型的民间金融形态,缓解中小企业融资难题。

与此同时,对非法的民间借贷交易,要坚决取缔和限制,严厉打击民间金融活动中的违法行为,尤其重点打击高利贷交易,对高利贷和暴力讨债等违法行为进行持续的高压打击,防止其危害社会和经济的稳定运行。

因此,民间金融合法化、阳光化可以给予民间金融更大、更广阔的发展空间,使富余的民间资本可以较容易地进入金融等垄断性较强的行业,发挥民间金融的经济运行中的积极作用,比如提升金融业的效率、优化资源配置、推动社会信用体系的建设、减轻中小企业的信贷压力、促进经济结构的转型等。

二、完善民间金融监管机制

目前游离于正规的金融体系之外的民间金融主要依靠"道义作用"进行

约束，而且受市场利率波动的影响较大，缺少国家的信誉作为担保，容易发生违约和破产倒闭的风险。因此，建立有效的民间金融监管体系，指定专门的机构或部门对民间金融进行管理、监督，将民间金融纳入国家宏观金融管理范围，加强和规范对民间金融的监管，克服民间金融的无组织性和分散性。具体可以考虑以下几个方面的问题：

（1）建立健全民间金融准入机制。根据各地民间金融的发展情况，由金融监管机构对其经营场所、注册资本、组织形式、经营方案、管理层的任职资格等做出明确的规定，制定市场准入制度。要求民间金融机构只有通过主管部门的审批才能设立，使其逐步向正规的民间金融组织发展。

（2）要求民间金融机构建立内部控制制度，由金融监管机构对民间金融的内控制度进行有效性审查。同时要求民间金融机构严格执行内控制度，并定期对其执行情况进行检查，形成有效的风险控制和监督机制。

（3）建立民间金融监测通报制度，随时监测民间金融的动态。通过当地人民银行、银监会、工商局、统计局、行业协会等机构，及时获取民间金融机构的相关数据，以便监管部门监测和管理，同时加强对民间金融主体、规模和利率的监管。

（4）建立民间金融风险预警机制，监管部门根据风险预警指标，可以通过现场或非现场手段进行风险监测，及时掌控和化解风险，保证民间金融的安全运行。

（5）建立民间金融风险处置机制。对于发生风险的民间金融机构，建立紧急处置机制，综合运用经济、行政、法律等手段，依法对其进行收购、兼并、破产清算或者行政关闭等。

三、促进民间金融组织建设

为了避免民间金融给国家金融监管和金融调控造成难题，鼓励通过政策引导、机构创建等方式将大量的民间金融活动纳入体制内的正规金融系统中。对于组织化程度较低的小规模民间金融组织，政府和相关部门通过对其进行引导，使其逐步向合法的轨道上发展，努力建立多样化的中小民间金融机构。

(一) 转为正规民间金融机构

鼓励民间金融机构依法阳光化,转为正规民间金融机构,考虑如下两种形式:

(1) 由民间资本发起设立多层次的专业性中小投资机构,将"非法集资"等负面因素从民间金融中剔除出去,将民间金融演变为合伙制的投融资市场,灵活投资有利可图的投融资项目,有效解决中小企业直接融资,形成民间金融和正规金融互补的局面。通过民间资金合伙组建中小型投资机构,可以使民间金融更加规范和透明,满足民间金融追求高收益、高风险的特点,同时满足了中小企业的资金需求,促进当地经济发展。

(2) 由民间资本和中小企业发起设立合作金融机构,引导其通过联合运行提高资本增值效率。合作金融机构通过吸收民营企业和个体私营者入股,资金来源和用途只限于为机构内的中小企业提供融资支持。一方面,中小企业通过内部机构融资,可以相对灵活地进行资金余缺调整,减少了外部融资成本,提高了融资效率,有利于企业的生产运营。另一方面,合作金融机构内的中小企业互相监督,降低了中小企业的违约风险,有利于合作金融机构的正常有序运转。

(二) 规范民间金融机构的服务定位

民间金融机构应当充分利用自身优势培育核心竞争力,严格限定自身服务定位,专注于为中小企业提供融资支持,与正规金融形成互补竞争的格局。因此明确规定其主要服务对象是中小企业,资金总量的80%必须提供给中小企业,明确单家企业最大的信贷金额,避免资金使用不均衡。当服务中小企业达到一定年限和一定规模之后,逐步放开其对中小企业融资比例的限制,允许其从事非中小企业的业务,有效地提高了其为中小企业提供服务的积极性。

(三) 加强对中小企业信贷风险的管理

由于民间金融机构的资本规模小,管理水平有限,主要为中小企业提供融资支持,导致民间金融机构的风险不断叠加,因此非常有必要建立完善的信贷风险管理机制。民间金融机构要不断扩大中小企业相关信息的来源,并保证信息的准确度;同时保持与企业不定期的联系,了解企业信贷资金的运用和生产经营情况;必要时为中小企业提供相应的帮助和咨询,尽可能避免风险的出现,并建立风险处置的应急机制。

四、完善民间金融的配套建设

(1)为民间金融搭建专业的服务体系。借鉴国外发达国家和地区的先进经验,为民间金融构建专业的服务体系,在民间金融和中小企业之间建立沟通的平台,减少双方的搜寻时间和搜寻成本,使民间金融的融资效率不断提高。考虑如下两种方法:一是定期组织推介会。鼓励中小企业在推介会上介绍自己的创业或扩张计划,从而吸引民间金融的投资,缓解资金困难;民间金融也可以借此向中小企业介绍自己的情况争取更多的客户,为高成长性的中小企业与民间金融创造沟通的平台。二是设立民间金融专业网站。在专业网站上,中小企业可以随时和民间金融进行沟通,消除资金供需双方的信息障碍,为供需双方资金匹配提供便利条件。

(2)建立民间金融存款保险制度。由于民间金融机构规模普遍较小,大多属于中小金融机构,经营主要集中于当地的中小企业,导致抵御金融风险和系统性风险的能力较弱。因此建立民间金融存款保险制度,不但有利于提高其抵御风险的能力,维护民间金融的经营安全,又有利于保证民间资金所有者的利益和整个金融行业稳定发展。

无论在发达国家还是在发展中国家,正规金融机构都难以满足所有经济主体的资金需求,特别是中小企业作为一个弱势群体,不可能单纯依靠正规金融机构来提供资金,因此民间金融的生存土壤永远存在。综合各国经验,除了不断扩大正规金融体系的覆盖领域,并继续严厉打击高利贷行为,鼓励正规金融和民间金融的良性互动之外,应当不断规范和管理民间金融的市场准入、风险运作等机制,推动民间金融的合法性,引导民间金融向正规金融发展和转变。

第十章　中小企业信贷融资共生环境

第一节　共生环境的概况

中小企业和信贷机构之间的共生关系不是在真空中发生的，而是在一定的环境中产生和发展起来的，中小企业和信贷机构以外的所有因素的总和统称为共生环境。作为金融共生环境，对于金融共生关系的有效运行具有保障和支持的作用。中小企业信贷融资共生体系同样离不开共生环境的支持和保障，其共生环境涉及法律、经济、中介机构、征信、技术和人才等方面，单纯依靠市场机制往往存在一定的弊端，政府的介入成为一种必然的选择，在政府和市场的共同作用下，建设良好的共生环境对于中小企业信贷融资共生体系的建设显得尤为必要。

从图10-1可以看出，中小企业信贷融资共生环境包含的内容非常丰富，既包括政策和制度方面的因素，又包括担保机构和信用体系的不断完善，还包括技术支持和人才支持等，都属于共生环境的范畴，本章将对此逐一展开论述。

第十章 中小企业信贷融资共生环境

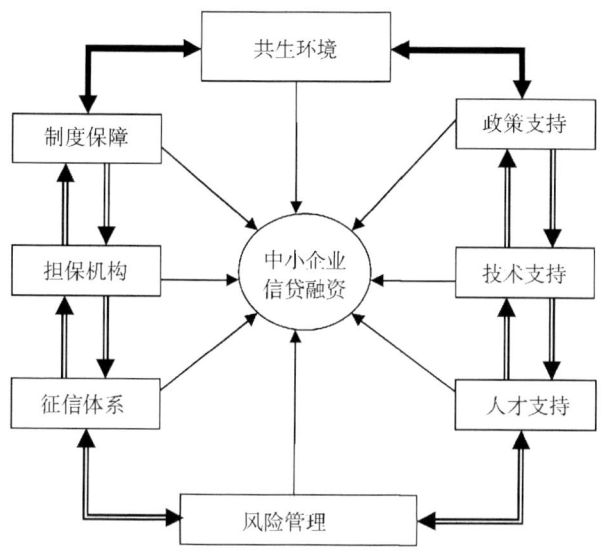

图 10-1 中小企业信贷融资共生环境

第二节 政策和制度保障

世界上中小企业发展比较成功的国家都拥有比较完善的政策和制度保障体系对中小企业进行扶持和支撑，然而我国对中小企业的各项支持政策和保障体系刚刚起步。我国构建完善的中小企业信贷融资政策和制度保障，既要借鉴发达国家的经验，又要充分考虑中国的国情，循序渐进地推进具有中国特色的中小企业信贷融资共生体系政策和制度建设。

2002年《中华人民共和国中小企业促进法》出台，在资金支持、创业扶持、技术创新、市场开拓和社会服务等方面搭建起了中小企业政策扶持框架。随后，有关部门相继出台了配套文件50多个，各省（市、自治区）出台相关配套文件200多个。2008年我国的《反垄断法》正式颁布，致力于为中小企业营造公平竞争的市场环境。2009年开始，针对中小企业在金融危机中面临的困境，国务院出台了若干意见，地方出台了多个配套措施，主要集中在改善中小企业的融资环境、加大财税扶持力度、引导企业技术进步和结构调整，以及构建社会化服务体系等多个方面。

一、建立健全政策扶持体系

中小企业的信贷融资依赖一个强有力的法律法规环境，这对于有效地保护中小企业、银行业金融机构以及民间金融的利益，构建中小企业信贷融资共生体系具有重要作用。

（一）相关政策法规落实到位

近年来国家出台了一系列扶持中小企业发展的政策措施，比如《关于小型微型企业划型标准的规定》、《政府采购促进中小企业发展暂行办法》、《关于促进中小企业公共服务平台建设的指导意见》和《关于进一步支持小型微型企业健康发展的意见》等，涵盖了中小企业划型标准、中小企业融资、政府采购支持、信用担保体系建设以及中小企业发展等方方面面，但在实际执行中部分意见由于缺乏可细化的操作性办法，往往落实不到位，达不到理想的效果。政府的一个重要工作是监督检查已出台的各项财税和金融支持政策的落实情况，主要方法包括如下三种：一是梳理已出台的政策措施，通过政策汇编、网上公开、专题培训、媒体宣传等多种手段将已出台的优惠政策送到企业，让中小企业了解可以享受的优惠政策，然后积极申请。二是深入基层，对已出台优惠政策的具体实施情况进行摸底调查，狠抓落实，并积极为中小企业提供有针对性、高效率的服务，让中小企业真正享受到优惠政策。三是开辟中小企业反映政策落实情况的通道。畅通中小企业反映问题的渠道，让企业的呼声和要求及时顺利地传达到相关政府部门，便于中小企业反映问题，促进政策落实到位。通过推动已有政策法规的落实，不断减轻中小企业的税费负担，增加对中小企业的支持力度。

（二）不断完善中小企业的法律法规

为了有力地推动中小企业的发展，需要将中小企业发展纳入国家和各地经济社会发展的总体战略，为其营造良好的发展环境，因此制定专门的《中小企业基本法》，推进中小企业管理走上法制化的轨道显得尤为必要。在制定中小企业信贷融资相关法律法规方面，可以学习美国制定《中小企业贷款法》的经验，规定中小企业在筹建、开办、运行中政府可提供的贷款金额、利率等问题，对中小企业进行一定的直接支持。同时制定基本法的相关配套措施，比如《中小企业辅导准则》、《中小企业设备计提折旧的有关规定》、《中小企业信用保险法》、《中小企业促进法》等，制定政策时要避免政策不实或难以执行的情况，把握好政策出台的细节和节奏，保护中小企业的合法权益，不断增强中小企业在国民经济中的地位和作用。

二、加大对中小企业的财税优惠

（一）强化税收征管工作

我国的税收制度是全国统一的，税收征管制度也是全国统一。但多数中小企业纳税意识淡薄，财务制度不健全，导致中小企业征管效率低下，征收成本较高，因此要区别对待各类中小企业，不断完善征管机制。对于没有能力建账建制的中小企业，积极推行税务代理制度，实行专人帮扶机制，通过定期稽查加强监管，鼓励其自行申报或者采取定额征收形式。对于愿意建立账簿的中小企业，对中小企业进行税务、财务培训和税收筹划，帮助中小企业建账建制和财务核算，并通过一定的税收优惠鼓励中小企业按时纳税。

（二）建立税收优惠政策

中小企业税收优惠政策的制定和落实对于鼓励和支持中小企业发展具有重要意义。比如提高中小企业税收的起征点或者降低税率、允许规模特别小的微型企业缴纳个人所得税代替企业所得税等，不断减轻中小企业的税负。支持中小企业进行科技创新，并不断完善各项优惠政策，鼓励中小企业与大专院校、研究院所进行技术合作，对于购买专利技术的相关费用允许其在应纳税所得额中扣除。适当提高中小企业固定资产折旧率，延长折旧年限和税收宽限期等税收优惠政策，缓解中小企业资金紧张的状况，鼓励中小企业发展。同时清理取消各种不合理的收费，加大减负工作的监督检查力度，执行严格的收费公示制度，增加社会和舆论的监督功能。建立专门的中小企业税收优惠体系，加快其系统性、稳定性和规范性建设，节约中小企业的纳税成本，提高税收优惠效率，并加大税收优惠政策的宣传力度，为中小企业了解税收优惠政策提供便利，尽最大努力促进中小企业的发展。

（三）设立中小企业发展基金

由国家制定中小企业发展基金的具体实施和操作办法，将分散在各个部门和领域的中小企业支持资金集中到一起，设立统一的中小企业发展基金，做到集中管理、专款专用，引导中小企业的发展。同时设立中小企业创业基金、出口导向基金以及风险投资基金等，增加对中小企业的支持力度，并有针对性地对涉及环境保护、高新技术的中小企业给予重点支持，提高基金管理的高效性和针对性，确保基金的运作效率和运作成效。

三、建立专门的中小企业管理机构

目前我国中小企业的管理部门众多，从中央到地方的管理机构和职能都没有实现整合，主要有发改委、工信部、工商行政管理局、科技部、人民银行等多个部门和机构，分别对中小企业中的某一类型或某一生产经营环节进行管理，机构重叠、职能重复，经常存在政出多门的现象。同时管理部门众多导致中小企业的统计数据分散，各项统计数据不完整、统计标准不统一的现象非常普遍，导致政府无法全面了解中小企业的实际情况。同时中小企业行业众多，涉及不同的领域和金融、财政、税务等多个政府部门，管理协调存在一定的难度。这些状况显然已不适应中小企业发展的需要，而且增加了政府科学决策的难度和政府政策效果的有效发挥。

建立专门的中小企业管理机构，改变目前我国没有专门中小企业管理机构，而是由多个部门分别管理中小企业不同事务，导致各部门经常互相争夺权力、推卸责任的现状。专门的中小企业管理机构主要是为中小企业提供服务和支持，而不是进行管理；服务范围不能仅仅限于目前的工业领域，而是覆盖三次产业，作为高规格的权威部门进行中小企业的管理和协调工作，不断推动我国中小企业的发展。主要职责应包括如下几个方面：

（1）通过税收、技术、人员以及资金支持等方式鼓励中小企业进行科技创新，努力开发新技术并推动现有的科技创新成果的产业化，推动我国中小企业科技水平的不断提高，使我国中小企业向科技型、集约型转变。

（2）招募退休专家、经理人员、科研人员、律师、会计师等组成志愿者团队，为中小企业出谋划策。建立志愿者团队和中小企业沟通的平台，便利中小企业和专家之间的信息交流，为中小企业迅速找到相关专家排忧解难，各种指导和方案的成本都非常低廉，而且不具有强制性，仅供中小企业参考。

（3）负责中小企业的技术统计工作和数据库建设。随着企业规模的不断扩大，我国统计部门只统计规模在2000万元以上的工业企业，这显然不能反映我国中小企业的实际情况。目前服务业中小企业和规模以下的工业企业构成了我国中小企业的主体，最需要得到政府和相关部门的支持和关注，因此建立普查与抽样相结合的中小企业统计体系，提供关于中小企业的相关具体数据，反映中小企业的真实发展情况，为政策制定和实施提供有效的支撑显得尤为必要。

四、完善政府采购制度

要先从法律上明确中小企业在政府采购中的比例。尽管目前的《政府采购法》考虑到了中小企业的利益，也对中小企业有一定的支持作用。但在实际运行过程中，可操作性不强，缺乏强制性措施、惩罚措施以及相关配套的法律法规，导致在实践中很难贯彻落实。因此，必须建立一套完善的法律法规体系，明确政府采购中中小企业所占的比例，并对中小企业产品视不同的行业给予一定的价格优惠，提高中小企业参与政府招投标的积极性，有效保护中小企业的相关权益。

同时建立中小企业政府采购服务中心和服务平台，对政府采购相关知识进行集中宣传和培训，不但使中小企业全面了解政府采购法，更要提高中小企业在政府采购中的投标水平和谈判水平。通过政府采购服务平台及时公布政府采购的相关信息，使中小企业及时了解政府采购的内容，并利用现代化的信息网络技术及时通知相关的中小企业。对于政府采购中比较大的合同，因为单个中小企业没有能力独立承担采购项目，可以允许中小企业组成联合体来进行投标，由政府采购服务中心帮助理顺和完善联合体内中小企业的关系，提高中小企业的对外竞争优势。中小企业政府采购服务中心为中小企业参与政府采购提供各种便利和支持，鼓励中小企业不断提高技术和产品竞争力，为中小企业寻找有利商机，推动中小企业不断壮大。

五、健全中小企业的社会化服务体系

建立重点突出、布局合理的中小企业的社会化服务体系，支持中小企业发展，包括为中小企业提供良好的技术、信息、知识、培训、创业、投融资、质量检验、企业管理咨询等方面的服务，促进各类中介机构的发展，完善相关规范制度，引导其拓宽服务领域。有针对性地开展员工技能培训，不断加大职业教育培训的力度，提高中小企业的用工质量，缓解中小企业用工难的问题。同时积极开展企业家培训，为其做好政策解读工作，帮助其更好地利用新政策实现企业的发展；建立中小企业和科研院所、高等院校以及社会资深专家的沟通平台，为企业提供技术支持、技术培训和管理咨询服务，帮助企业培育竞争力，并不断提高经营管理水平。

各级政府管理部门要切实转变观点，充分认识发展中小企业的重要性，把指导和促进中小企业的改革发展作为工作重点来抓，而不是仅仅体现在政府的文件和口号中。

第三节　信用担保体系

中小企业信用担保体系可以搭建信贷机构和中小企业之间的桥梁，缓解信息不对称问题，为中小企业增信的同时，降低信贷机构的风险。但在我国中小企业担保体系建设过程中，担保机构法律地位不明确、担保损失补偿缺乏保障、担保机构运作不规范、风险控制不严等问题普遍存在，这些都影响了我国担保体系的建设。目前政府扶持的中小企业信用担保公司规模较小，而民间的信用担保公司担保成本较高，难以满足中小企业担保、抵押和质押的需求，而且加重了中小企业的资金负担，因此需要建立专门的中小企业担保机构。专门

的中小企业担保机构有效地分担了信贷机构为中小企业提供贷款所面临的高风险,有利于中小企业获得更多的信贷支持。充分发挥中小企业担保机构的作用,用少量的担保资金为中小企业带来数倍的信贷资金,将对中小企业的信贷融资提供有力的支持。

一、建立完善的融资担保法律法规

(一) 制定专门的信用担保法

中小企业融资担保的开展,应该遵循立法先行的原则,我国虽然于1994年颁布了《担保法》,但该法调整的是属于民事行为的担保问题,而且侧重于保护债权人,对债务人的权益保护不够。而《中小企业促进法》主要是支持中小企业的发展,从侧面对信用担保机构为中小企业提供信用担保进行鼓励,并没有对此做出强制性的法律规定。首先,我国有必要出台一部专门的中小企业融资担保法,不但从法律上明确中小企业融资担保机构的法律地位,而且对担保机构的准入标准、行为规范、资格认定、法律责任、风险分散等方面做出具体的规定,使中小企业融资担保机构的建立有法可依;其次,使担保机构在风险准备金的提取、税收优惠以及财务制度等方面做到有法可依,利用专门的中小企业信用担保法从整体上对中小企业信用担保的运作进行系统的规范。

(二) 用法律明确中小企业融资担保的监管体制

发达国家的担保机构都有完善的监管体制,而我国还没有全国性的中小企业融资担保机构和相应的监督管理机关。我国可以借鉴美国的做法,设立单独的中小企业融资担保主管机构,主管全国的中小企业融资担保机构的监管工作,并用法律的形式明确监管体制和监管功能,同时对该行政管理机构的职责、权限范围和监管程序做出规定。

二、健全信用担保体系的内部建设

我国中小企业信用担保体系与发达国家和地区相比处于落后状态,亟待完善。通过不断完善中小企业信用担保体系的内部建设，健全和优化中小企业信用担保机构，建立更加有利于我国中小企业的发展的担保体系。

（一）实现担保机构资金来源多样化

建立和完善各级担保体系的建设，鼓励国有大中型企业、有实力的民营企业、私营企业和金融机构共同出资，逐步实现投资主体的多元化，不断扩大现有担保机构的实力，增强其抗风险的能力，建立健全融资性担保体系。信用担保机构建立和从事经营活动的前提有足够的资金来源，资金来源渠道可以多样化。首先，借鉴国外的做法，政府资金作为引导资金必不可少。通过公共财政支持体系对担保机构形成长期稳定的资金来源，保证了担保机构的安全性和稳定性，有利于吸引更多的资金流入，增强了担保机构的实力。其次，鼓励不同类型的企业和金融机构共同参与，实现资金来源多元化的同时，也建立了多元化的监督渠道和业务渠道。最后，信用担保机构可以提供丰富的信用产品，或者开发综合性的担保产品，为不同的中小企业提供担保服务，使担保机构的获利能力不断提高。

（二）强化担保机构的内部建设和管理

在建设中小企业信用担保体系的过程中，要不断加强信用担保机构的内部管理，并不断规范其运作机制、提升行业从业人员素质和技术水平，提高信用担保业务专业化、标准化。加强内部监督管理，包括明确产权关系，建立规范的内部组织机构和法人治理结构，规范管理，防范风险，实现真正的市场化运作。一是实现担保机构对中小企业信用评定的规范化，并根据信用等级来确定担保费率，达到降低担保机构风险的目的。二是实行严格的审、保、偿分离制度，防止感情担保、行政担保造成的外部风险，并对放款后的贷款实施实时跟踪管理，防范管理不善带来的内部风险。三是在担保机构内部建立科学的决策程序和方法，按照企业信用等级、项目风险和授信额度的不同，由不同级别的负责人做出决策，承担风险。

（三）引进专业担保人才

专业人才是信用担保体系发展不可或缺的因素，中小企业担保专业性很强，需要多方面知识的融合，经营管理人员和业务操作人员的专业知识水平、对担保项目风险控制和管理的能力在很大程度上决定了担保机构能否成功地经营担保业务，因此对从业人员的素质也提出了较高的要求。一是建立从业人员准入制度，实行从业人员资格考试制度。二是对现有的工作人员进行业务技能培训，增强其专业知识和技术水平的同时，提高其预测、分析、谈判、社交等综合能力。三是通过多种途径，积极引进高级的专业担保人才。通过多种措施，使担保机构的从业人员具备较高的风险管理经验和对风险、经营环境的认知和判断能力，增强担保机构的能力。

三、建立担保机构和信贷机构之间的风险共担机制

从发达国家和地区的经验来看，担保机构在承保的过程中可以通过不断优化担保组合、增加担保品种、拓展参保企业数量、扩大业务覆盖范围以及控制单个参保企业的限额等方式来降低其担保风险，实现风险和收益的平衡。但目前我国担保机构在担保过程中处于弱势地位，信贷机构将担保机构承保的信贷风险全部转嫁给了担保方，使其承担了全部风险，影响了担保机构积极作用的发挥。

市场经济条件下经济主体之间的合作必然要达到利益共享、风险共担，这是市场经济的必然规律。发达国家经过几十年的发展，基本形成了风险共担的社会化机制，如在德国，融资担保机构仅为小企业的贷款向银行提供60%~80%的担保。英国担保机构为中小企业的贷款向银行提供70%~85%的担保，而美国小企业管理局承诺支付至少90%的未偿贷款。

因此，必须协调信贷机构与担保机构在担保过程中产生的利益矛盾，建立风险共担的合理机制，在信贷机构和担保机构之间建立合理化解和分散风险的机制，强化信贷机构对于资金安全的责任感，防范信贷机构的道德风险，使信贷机构和担保机构共同关注中小企业的经营发展状况，维护资金的安全性。根据国外先进经验和我国实际情况，在信贷机构和担保机构风险分担的问题上，以担保机构适宜承担70%~80%的风险、信贷机构承担20%~30%的责任为宜。这样，不但有效地防范和控制了中小企业的信用风险，而且增强了信贷机构和担保机构的责任感，有效地分散了担保机构的风险，有利于担保行业的快速发展。

四、强化中小企业融资担保的再担保制度

所谓"再担保"是指再担保机构给予担保机构整体或其从事的具体担保项目的一种信用补偿,再担保为担保机构增补信用,放大了担保基金的作用,是信用担保体系的拓展和延伸。在西方发达国家,再保险、再担保体系在中小企业融资担保中发挥着非常重要的作用,可以有效地化解和分担信用担保机构的风险,推动信用担保体系的健康发展。然而我国各担保机构大多孤军奋战,风险过分集中在担保机构自身,没有防范系统性风险和分担风险的有效措施,限制了担保机构担保能力的提升。因此我国应充分利用已有的保险资源,让保险体系参与到中小企业信用担保体系中来,发挥再担保、再保险机制分散风险、控制风险的功能。目前,我国的北京、陕西、广东、江苏等地先后成立了中小企业信用再担保机构,但对于再担保机构的管理制度、组建原则、组织模式、资金来源、资金规模、风险控制和收费标准等问题还有待于进一步地探讨和完善。通过再担保机制的不断健全,更好地发挥中小企业信用担保的作用。

第四节 征信体系的建设

无论是中小企业的信贷融资,还是中小企业信用担保体系的建设,企业信用都是必须要考虑的因素之一,应该引起各界的关注和重视。经过近10年的酝酿,我国首部征信法规《征信业管理条例》于2013年3月开始正式实施。它的出台对于打破政府垄断征信行业的现状,鼓励多种所有制形式的征信机构进入征信行业,提高征信业整体运行效率,从而为信贷机构提供更充分、更全面的信用信息具有重要的作用。随着《征信业管理条例》的出台,我国征信体系的建设步伐将不断加快,同时需要在以下几个方面做出努力:

一、尽快出台条例的配套规章制度

综观美国、欧洲等信用建设比较发达的国家和地区，都有一套完整的信用立法体系。我国也应该在借鉴国外成功经验的基础上，从自身实际国情出发建立健全相应的法律法规。我国目前的《征信业管理条例》的规定多为一个宏观层面的管理方向，许多方面有待改进。首先，尽快出台征信管理办法。鼓励征信机构合法经营，健全企业征信业务和个人征信业务，有效保护信息提供者和信息使用者的合法权益，切实推行征信行业的规范发展。其次，由于信用信息分散掌握在中小企业、政府以及相关部门手中，因此应从法律上明确规定各单位和部门应该与征信机构共享中小企业的相关信息，共同构筑中小企业的征信平台。再次，在信息共享的基础上对涉及中小企业商业秘密和国家安全的内容进行明确的界定和保护，对企业秘密数据处理和传播的方式做出相应的规定。最后，建立失信惩罚机制，通过法律手段授权政府部门对中小企业和各机构部门的失信行为进行惩罚的权力，明确规定企业、机构和个人失信行为及惩罚措施。政府必须用法律手段来保障中小企业征信体系的建立，为中小企业搭建起信用体系的基本框架，为其创立良好的融资环境。

二、建立合理有效的信用评价体系

尽管各管理部门、银行业金融机构以及担保机构都为不同类型的企业建立了独特的信用评价体系，但很少有单位针对中小企业建立专门的信用评价体系，因此建立科学、切合实际的中小企业信用评价体系，科学界定中小企业的信用等级，是建立其征信体系的关键所在。

首先，信用评价体系要根据中小企业的特点与条件，在充分了解地方政府、金融机构以及担保机构等相关部门需求的基础上，全面反映影响中小企业信用状况的各项要素。既要考虑中小企业的各项资产、经营管理和财务核算情况，也要考虑经营者的从业经历、消费信贷、纳税以及违规违约记录等情况，使各指标有机配合。其次，信息来源除了中小企业本身之外，第三方的客观数据能有效地保证数据的可信度。无论是会计、审计、公证机构，还是资产评估、认证认可、质量检验和价格鉴定的中介服务机构，都应该遵循诚信经营的理念，对中小企业的经济和社会活动进行公证和监督。最后，构建客观的经济计量指标和模型，将散乱的信用数据进行分类、计算、比较分析和评估等一系列加工处理，确定中小企业的信用等级，最终设计出与中小企业相适应的、可操作性强的评价指标体系。

三、构筑中小企业的信息共享平台

目前，纳入我国人民银行征信系统的金融机构种类和数量不断扩大，中国平安成为首家接入人民银行征信系统的保险公司，多个小贷公司也接入征信系统，进一步扩大了人民银行征信系统覆盖的金融机构范围。然而信息共享平台必须将财政局、工商局、税务局、海关、环保、法院、银行、公用事业缴费（电费、水费、煤气）、中小企业局、技术监督局和证券监管等各相关部门所拥有的关于中小企业的信用数据整合起来才能完成，这需要依靠法律法规的保障和政府的强制力来执行。

信息共享平台，一方面实现了信用信息的纵向发展，使工商、海关、银行、税务、公安等部门已具有的信用资料和数据管理趋于专业化、规范化；另一方面实现了信用信息的横向发展，将散落在不同部门的涉及中小企业的信用信息有效地整合起来。目前我国的行政体制以及现实利益等问题导致政府各部门之间的信息处于封闭状态，特别是工商、税务等政府部门没有建立起信用信息公开制度。政府应对信用信息共享出台相关法律规定，尽快解决工商、海关、财政、税务、法院等职能部门和邮政、通信、环保、光电、电力等非政府公用事业单位掌握的中小企业的信用信息共享问题，实行统一规范和统一技术标准，建立中小企业电子信息共享机制，推动各相关部门中小企业电子信息的整合，实现信息批量采集与更新，将各项数据纳入征信机构的企业和个人信用信息基础数据库，构筑有效的信息共享平台。

四、建立中小企业内部信用管理制度

从自身利益出发，中小企业必须不断增强信用意识，建立并不断积累自身

的信用，全面改善在生产经营、财务核算等方面的信用状况，塑造自身良好的信誉形象。中小企业征信体系的建设需要企业提供相关的数据，包括企业概况、企业主和管理人员的相关情况、企业资产状况、企业关联交易情况、财务状况、纳税状况、企业付款记录以及被追账记录、破产记录、犯罪记录等情况。但是由于我国中小企业本身信息记录不完善以及家族性特点，给信息的收集增添了不少难度。而且中小企业从自身利益出发，在没有奖惩机制和监督机制的情况下，提供虚假信息更容易得到银行等金融机构的优惠贷款。但从长远来看，中小企业内部信用管理是企业生存和发展的基础。首先，中小企业应逐步建立起客户资信管理、客户授信管理和应收账款管理制度，维护企业信用，提高企业的信用级别。其次，中小企业要强化财务管理，保证财务会计信息的准确性和真实性，并向征信机构及相关部门提供真实、可信的财务数据，树立诚信守法的新形象，赢得征信机构、银行以及担保机构的信任。

五、中小企业和企业主个人信用交叉参考

我国目前的征信体系中，企业信用和个人信用是分开的，但是中小企业大多是家族企业，而且中小企业的经营能力和信用与企业主密切相关，因此在对中小企业进行信用评价的过程中，应综合考虑企业主的个人信用，以及企业主曾经经营的企业的信用状况。

中小企业征信体系应该赋予企业主个人信用一定的权重，同时延长对企业主的考核时间和信用保留时间，使关联企业的信用相互影响，不断拓展征信信息范围和真实性，并利用交叉影响对企业主产生违约警戒能力，有效地增进中小企业和企业主对信用的重视程度，提高整个社会的诚信度。

六、建立健全信用监督机构

奖罚分明是信用体系正常发挥作用的保障，因此应建立健全信用监督机构。如果政府相关部门或企业提供了虚假信息，监督机构有权对其进行制裁和惩罚，而且这种制裁和惩罚需要一定的法律依据，就像交警有权力给违规车辆开罚单一样，要有权威性和执行力，这种惩罚必须足够重，可以阻止各机构以

及企业提供虚假信息。比如将失信者向相关的经济和社会领域披露，对其生产经营和发展带来负面影响，或者对失信者进行信用降级和经济处罚等，使其失信成本大于失信收益，从而选择守信守法。如果部门或企业提供虚假信息，其信用的降低将影响其将来的发展，甚至各部门的负责人、企业管理者的个人信用也被降级，使其提供虚假信息所受的惩罚要远远大于其收益。对于守信者可以从自身信用的维护中得到更多的优质客户、更优惠的贷款利率和担保费率，从而鼓励我国中小企业愿意建立并维护自身的信用。

当然随着我国综合国力的不断增强，我们正逐步向市场经济迈进，征信体系在政府主导下经过一段时间的发展，应该得到逐步的完善。在各部门和企业的共同努力下，在监管机构的监督制约下，征信体系发挥巨大作用的同时，也应该不断向市场化迈进，这不但有助于我国市场经济健康发展，而且有助于我国各经济主体参与国际经济竞争。

第五节　技术支持和人才支持

中小企业自身的实力是影响其信贷能力的重要因素，中小企业的实力取决于其技术水平和科研水平，因此技术支持和人才支持构成了共生环境的重要组成部分。

一、技术支持

科技创新已成为经济发展的第一推动力，中小企业的发展关键在于技术的支撑，而且拥有了高新技术的中小企业更容易获得银行的贷款，所以对于中小企业技术支持平台的构建至关重要。因此要积极引导中小企业依靠科技创新、重视技术改造，调整优化产业结构。政府除了直接补贴之外，应从如下几个方面帮助企业进行技术创新，提升企业的创新能力。

(一) 增强企业创新意识

无论是企业家还是工人都必须转变思想观念，树立技术创新的观念，认识到只有不断的技术创新才能帮助企业更好地生存和发展。社会创新意识的培养和创新文化的形成需要政府和企业的共同努力。第一，国家要加强政策的引导与激励，在引导中小企业提高技术创新主体意识的同时，在科研投入、资金配置上向中小企业的科技创新倾斜，对所需要的科研设备和研究经费尽量给予全方位的支持。第二，通过宣传、辅导等形式增强企业自主创新的紧迫感，培养员工的自主创新意识，激发员工的创新潜力，鼓励且培育自主品牌，使其真正成为技术创新的主体和科技成果应用的主体。

(二) 不断提高中小企业技术创新能力

中小企业自主创新能力薄弱，缺乏关键的核心技术，成为制约其发展的主要"瓶颈"，导致许多行业出现产业技术空心化的危险。因此从政府的角度出发，支持中小企业研发投入，积极开发先进适用的技术、工艺和设备，加快中小企业技术改造，生产适销对路的新产品，不断提高产品质量显得尤为必要。对企业来说，集中自身优势，攻克技术难关，实现市场空白领域的技术创新显得尤为必要，同时积极消化吸收引进的技术和产品，并形成二次创新，形成企业自己的技术体系和知识体系。

(三) 利用财税优惠政策鼓励中小企业技术创新

考虑到中小企业在我国技术创新中的重要地位和自身的资金、设备、人才等劣势，积极制定和完善中小企业的财政补助制度和税收制度，鼓励中小企业科研投入，给予适当的税费减免，完善研发费用所得税税前加计扣除政策，引导中小企业增加研发投入，并对中小企业的技术创新项目进行一定的财政补贴和优惠贷款，扶持中小企业的技术创新。同时不断深化财税制度，加大政府财政资金的投入，继续对科学研究、技术开发和转让、技术咨询、技术服务等实施税收减免政策和对科技人员的奖励政策。

(四) 鼓励以市场需求为导向，积极开展产学研合作项目

我国每年有很多的科研成果和专利由于不符合市场需求而束之高阁，因此，科研创新一定要以市场需求为导向。中小企业自身研发能力较弱，但可以准确地了解市场需求的动向，是科研成果转化的直接需求者和受益者。政府应致力于建立产学研合作的平台，搭建起科研院所、高等院校和中小企业之间联系的桥梁，一方面鼓励科研部门、大专院校参与进来，为中小企业的科研难题提供技术支持，联合开发适销对路的新产品，另一方面使企业有技术后盾，利用我国高校和科研机构的优势和科研成果，不断提高自身的技术创新能力。发挥各类技术服务机构的功能，鼓励针对中小企业的技术推广和技术培训，为中小企业的科技创新提供支持和服务。

(五) 严格保护知识产权

知识产权是高新技术中小企业的核心资产和主要竞争力所在，知识产权保护不力已经成为技术型中小企业倒闭的主要原因，加强对科技成果和知识产权的保护已经迫在眉睫。首先，加大知识产权宣传力度，通过多种途径引导企业加强知识产权保护意识，提高人们对知识产权的保护观念，在全社会形成鼓励创新的良好氛围。其次，加大对知识产权的保护力度，对侵害知识产权事件实行严厉惩处，不断规范专利市场，鼓励创新。

二、人才支持

中小企业的发展一定要落实"人力资源是第一资源"、"人力资本是第一资本"的理念。

(一) 加大内部人才培养

大力推进内部人才培养，建立企业内部人才市场，发挥好现有人才队伍的潜能，采取培训、轮岗等多种方式改善人才队伍的技术和知识结构。同时鼓励职工参与各种培训，加强岗位技术培训，提高职工的技术技能，重视职业教育，为中小企业技术改造和产业升级培养高素质的技术性人才。创新人才是企

业技术创新的灵魂,中小企业应格外重视人才激励制度的建立,在较好的激励制度下,技术研发人员才会充分发挥其自身潜力,为企业创造价值。除了薪酬待遇之外,还要给专业技术人员足够的个人发展和晋升空间,营造良好的工作氛围,健全专业技术人才的成长机制,从物质需求和精神需求两方面关心和满足专业技术人才队伍的需求,避免人才流失。不断改善和优化人才发展环境,建立人才的引进、培养、使用和晋升机制,鼓励中小企业员工的技术创新与管理创新,并与人才市场等服务机构建立人才交流协作系统,为中小企业引进人才提供便利和支撑。

(二)大力发展教育事业,提供后备技术人才

充分利用现有管理院校、培训中心的人才培养和输出的作用,对中小企业的管理人员和技术人员进行技能培训,提高中小企业科技人才的综合素质。支持高等院校、科研院所和海外回国的科技人才自己创办企业或者参与到中小企业的技术创新中去,为中小企业培育后备技术人才。

总之,在全球经济疲软和中国经济转型升级的关键时期,面对外部环境的变化和内在的发展要求,政府要不断加强对中小企业的服务和管理工作,切实为中小企业健康发展营造良好的环境,积极引导中小企业不断提升生产和管理水平,不断增强科技水平和市场竞争能力,推动中小企业健康发展,这对于抵御新一轮的全球经济危机,确保中国实体经济健康发展意义重大,也将对推动我国整体经济的健康、平稳发展做出重大贡献。

第十一章　基本结论和研究展望

第一节　基本结论

本书从我国中小企业融资困境入手，发现目前我国中小企业外来融资来源主要是信贷机构，因此提出构建中小企业和信贷机构之间的共生体系是缓解中小企业融资难题的关键。通过我国中小企业信贷融资共生体系的构建，不仅为我国中小企业信贷融资活动提供理论支持，而且对我国银行业金融机构和民间金融的发展具有一定的指导意义。本书的主要结论如下：

（1）中小企业对于经济增长方式的转变和产业结构的调整具有重要作用，支持中小企业的发展已经成为当前一个阶段的重要任务，国家出台了系列政策支持我国中小企业的发展。但是融资难一直困扰着我国中小企业的发展，成为制约其稳定、健康和可持续发展的重要因素。

（2）信贷融资成为我国中小企业外部融资的主要来源。中小企业在初创期往往依靠自有资金和亲朋好友的借款得以发展，当企业发展到一定阶段，需要进行外部融资时，面临重重困难。在外部融资市场上，我国无论是资本市场、债券市场还是风险投资，发展都比较缓慢，中小企业更多地要依靠信贷融资获得资金支持，主要包括银行类金融机构和民间金融两部分。

（3）中小企业信贷融资共生体系包括中小企业和信贷机构两种异类共生单元，中小企业信贷融资共生关系的核心在于以社区银行为主导、大银行和民间金融为补充的一体两翼共生模式，具体是指：依托民营资本组建社区银行，使其成为中小企业融资的主力军;大银行继续支持中小企业的发展,与社区银行形成互补;同时积极引导民间金融为中小企业提供融资支持,成为正规金融的重要补充。

(4) 通过实证测算银行和中小企业生产总值的共生度以及银行和中小企业净利润的共生度,最终结果都显示我国中小企业和银行之间存在共生关系,但中小企业对于银行业的影响要大于银行对中小企业的影响,这说明我国银行类金融机构对中小企业的支持不足,有待于进一步加强。

(5) 社区银行和中小企业的主质参量是相容的,并形成了一个共生界面,从共生体系中获得共生能量,满足共生关系的充分必要条件。社区银行和中小企业形成了连续共生的组织模式和互惠共生的行为模式,可以说社区银行的建立可以有效地缓解中小企业的融资难题。

(6) 大银行可以利用自身的资金和信息优势,为中小企业集群提供大规模的资金支持,集群性中小企业的互相担保和互相监督功能有效地降低了银行的风险。在目前资金紧缺的情况下,在中小企业集群和大银行的共生体系中,大银行将持续处于竞争优势地位,可以获得较多的共生能量,一般不能达到对称性互惠共生的模式。但通过长期的合作,大银行和中小企业之间的共生组织模式将从点共生和间歇性共生模式向连续共生模式转变。

(7) 民间金融的非正规性决定了无论是贷款机制,还是担保机制都比较灵活,在降低中小企业融资成本的同时,更容易实现资源配置的高效率。在正规金融供给不足的情况下,大量追逐高额利润的民间金融和中小企业的特点决定了它们之间存在共生关系,但这种共生关系是点共生或间歇共生的偏利共生关系。民间金融需要相关机构的正确引导和监管,才能更好地为中小企业服务。

(8) 共生环境对于中小企业信贷融资共生体系具有非常重要的保障和支持作用,包含制度和机制、担保体系、信用体系、技术支持和人才支持等多个方面。在政府和市场的共同作用下,建设良好的共生环境对于中小企业的信贷融资共生体系建设尤为重要。

第二节 研究展望

  中小企业融资难作为一个世界性的难题，受到了世界各国学者的广泛关注。我国中小企业同样面临融资难的问题，国家对此高度重视并出台了一系列文件支持其发展，同时理论界也进行了广泛的探讨和深入的研究，然而，中小企业融资难题仍然没有得到解决。

  本书针对中小企业较为依赖的信贷融资展开研究，构建了中小企业信贷融资共生体系，对于中小企业与信贷机构之间的共生性进行了实证分析，并提出了建议和结论，但有待在具体实践中进一步验证，同时相关的理论指导和实证分析，也是今后努力的方向。另外，本书只从银行和民间金融两个角度对于中小企业的信贷融资问题展开研究，中小企业的融资还涉及资本市场、债券市场、担保、信托、融资租赁、典当、风险投资以及互联网金融等多个方面的发展，特别是互联网金融作为一种新的融资形式，应该引起广泛的关注，这对于缓解中小企业融资难来说也相当重要，这些都可以作为未来理论界研究的命题。

  总之，我国中小企业信贷融资共生体系的研究是一项涉及面广、实践性强、内涵丰富的工作，需要通过长期、广泛、深入地研究，掌握大量的理论和第一手资料，才能准确把握我国中小企业发展特点、资金需求等特征，提出更具操作性的政策建议。展望未来，相信随着我国信贷市场的发展、政府管理能力的提升、中小企业自身实力的增强以及外部环境条件的不断改善，我国中小企业信贷融资共生体系将不断得以完善，进而建立全面的金融支持体系，促进我国中小企业的快速发展。

附表

中小微企业划型标准参考

行业	中型企业 人数	中型企业 营业额(万元)	中型企业 资产(万元)	小型企业 人数	小型企业 营业额(万元)	小型企业 资产(万元)	微型企业 人数	微型企业 营业额(万元)	微型企业 资产(万元)
农业		500~20000			50~500			50以下	
工业	300~1000	2000~40000		20~300	300~2000		20以下	300以下	
建筑业		6000~80000	5000~8000000		300~6000	300~5000		300以下	300以下
批发业	20~200	5000~40000		5~20	1000~5000		5以下	1000以下	
零售业	50~300	5000~20000		10~50	100~5000		10以下	100以下	
交通运输业	300~1000	3000~30000		20~300	200~3000		20以下	200以下	
仓储业	100~200	1000~30000		20~100	100~1000		20以下	100以下	
邮政业	300~1000	2000~30000		20~300	100~2000		20以下	100以下	
住宿业	100~300	2000~10000		10~100	100~2000		10以下	100以下	
餐饮业	100~300	2000~10000		10~100	100~1000		10以下	100以下	
信息传输业	100~2000	1000~100000		10~100	50~1000		10以下	50以下	
软件和信息技术服务业	100~300	1000~10000		10~100	50~1000		10以下	50以下	
房地产开发经营业		1000~20000	5000~10000		100~1000	2000~5000		100以下	2000以下
物业管理业	300~1000	1000~5000		100~300	500~1000		100以下	500以下	
租赁和商务服务业	100~300		8000~120000	10~100		100~8000	10以下		100以下
其他行业	100~300			10~100			10以下		
备注	该标准由工业和信息化部、国家统计局、国家发展和改革委员会、财政部联合制定（参见工信部联企业 [2011] 300号文）								

参 考 文 献

[1] Aghion, Pand Bolton, P: An Incomplete Contracts Approach to Financial Contracting [J]. Review of Economic Studies, 1992 (59).

[2] Allen N. Berger, Gregory F. Udell. Relationship Lending and Lines of Credit in Small Firm Finance [J]. Journal of Business, 1995 (68).

[3] A. N. Berger & G. F. Udell, The Economics of Small Business Finance: The Role of Private Equity and Debt Markets in the Finance Growth Cycle [J]. Journal of Banking and Finance, 1998.

[4] Angelini, P., Salvo. R. D., Fewi, G.. Availability and Cost for Small Businesses: Customer Relationship and Cooperatives [J]. Journal of Banking and Finance, 1998 (22): 925-954.

[5] Banerjee A. V. Besley T. Guinnane T. W. The Neighbor's Keeper: The Design of a Credit Cooperative with Theory and a Test [J]. Quarterly Journal of Economics, 1994 (10).

[6] Bascha. A. and Walz. U.. Convertible Securities and Optimal Exit Decisions in Verture Capital Finance [J]. Journal of Corporate Finance, 2001 (7).

[7] Berger, Udell. Relationship Lending and Lines of Credit in Small Firm Finance [J]. Journal of Business, 1995 (68): 351-381.

[8] Black S. and R. J. Gilson. Does Venture Capital Require and Stock Market Working Paper [J/OL]. www.ssrn.com, 1998 (10).

[9] Charles Ou. Banking and SME Financing in the United States [C]. Working Paper Small Business Research Summary, 2006 (7).

[10] De Young, R. Hunter, W. C. and Udell, G. E. 2003, The Past, Pres-

ent, and Probable Future for Community Banks [J]. Federal Reserve Bank of Chicago WP, 2003.

[11] De Young, R., Hunter, W. C., and Udel, G. F., Relationship Finance in the Information Age [J]. Chicargo Fed Letter, 2002.

[12] Donia Trabelsi Ghasem Shiri, Vwnture Capital and the Financing of Innovation [R]. PRISM_ Sorbonne November, 2010.

[13] Eichengreen, Barry and Pipat Luengnaruemitchai. Why Doesn't Asia Have Bigger Bond Markets? [J/OL]. NEBR Working Paper, 2003.

[14] Foltz, J. D., Credit Market Acess and Profitability in Tunisian Agriculture [J]. Agricultural Economics, 2004.

[15] Friedberg, E. and Neuville, J. P., Interfirm Networks, Organization and Industrial Competitiveness [J]. London: Routledge, 2006.

[16] Hellmann, T., IPOs, Acquisitions and the Use of Convertible Securities in Venture Capital [J]. Mimeo, Standford University, 2000.

[17] Hodgman, Donald R., The Deposit Relationship and Commercial Bank Investment Behacior [J]. Review of Economics and Statistics, 1961 (8): 43.

[18] Hogan T., Hutson E.. Capital Structure in New Technology Based Firms: Evidence from the Irish Software Sector [J]. Global Finance Journal, 2005, 15 (3): 369-387.

[19] Jaffee D., Russell T.. Imperfect Information and Credit Rationing [J]. Quarterly Journal of Economic, 1976, 90: 651-666.

[20] Junsok Yang. Small and Medium Enterprises (SME) Adjustments to Information Technology (IT) in Trade Facilitation: The South Korean Experience [C]. Working Paper Series, 2009 (1): 61.

[21] Karla Hoof, Joseph E.. Stiglitz. Moneylenders and Bankers: Price-increasing Subsidies in a Monopolistically Competitive Market [J]. Jounnal of Development Econmics, 1998 (55): 485-518.

[22] Kevin Crowston, Michael D.. Myers. Information Technology and the Transformation of Industries: Three Research Perspectives [J]. Journal of Strategic Information Systems, 2004 (13).

[23] King, R. G., Levine, R Finance, Entrepreneurship and Growth: Theory and Evidence [J]. Journal of Monetary Economics, 1993 (32).

[24] May R. M.. Simple Mathematical Models with Very Complicated Dynamics [J]. Nature, 1976.

[25] Malcolm Gillis, Dwight H.. Perkins, Michael Roemer and Donald R.. Snodgrass [J]. New York and Lodon, W. W. Norton and Company, 1987.

[26] P. Arestis, P. Demetriades. Financial Development and Economic Growth: Assessing the Evidence [J]. The Economic Journal, 1997, 107 (5).

[27] Peek & Rosengren. Small Business Credit Availability: How Important is Size of Lender? [J]. Journal of Saunders, 1996.

[28] Repullo, R., and J. Suarez. Venture Capital Finance: A Security Design Approach [J]. Centre for Economic Policy Research, London, 1999.

[29] Sahlman, W. A. The Structure and Governmance of Venture Capital Organization [J]. Journal of Finance Economics, 1990 (27): 473-521.

[30] SBA. Small Business and Micro Business Lending in the United States [J]. 2002 Edition, 2003 (12).

[31] SBA. A Reference Guide to the latest Data on Small Business Activity, Including State and Industry Data [M]. Small Business Economic Indicators for 2003. 2004 (8).

[32] SBA. The State of Small Business 1991, A Report to the President [J]. United States Government Printing Office, Washington, 1992.

[33] Stiglitz, Weiss. Credit Rationing in Markets with Imperfect Inofrmation [J]. The American Economic Review, 1981 (6).

[34] Trester J.. Venture Capital Contracting Under Asymmetric Information [J]. Journal of Banking and Finacnce, 1998 (22).

[35] Townsend, R. M., Federal Reserve Bulletin [J]. US Federal Reserve, 1980-1998.

[36] Williamson, O., Corporate Finance and Corporate Governance [J]. The Journal of Finance, 1998 (3).

[37] Zucker L.. Production of Trust: Institutional Source of Economic Struc-

ture, 1840-1920 [J]. Research in Organizational Behavior, 1986 (8).

[38] 白钦先, 薛誉华. 各国中小企业政策性金融体系比较 [M]. 北京：中国金融出版社, 2001.

[39] 陈乃醒, 傅贤治, 白林. 中国中小企业发展报告 (2008-2009) [M]. 北京：中国经济出版社, 2009.

[40] 傅家骥. 技术创新学 [M]. 北京：清华大学出版社, 1998.

[41] 孔德兰. 基于发展方式转变的中小企业金融支持体系研究 [M]. 北京：中国金融出版社, 2012.

[42] 李建军. 中国地下金融规模与宏观经济影响研究 [M]. 北京：中国金融出版社, 2005.

[43] 李颖. 科技与金融结合的路径和对策 [M]. 北京：经济科学出版社, 2011.

[44] 刘友金. 企业技术创新论 [M]. 北京：中国经济出版社, 2011.

[45] 陆立军, 盛世豪. 科技型中小企业：环境与对策 [M]. 北京：中国经济出版社, 2002.

[46] 马克思, 恩格斯. 马克思恩格斯全集 [M]. 北京：人民出版社, 1972.

[47] 马克思. 资本论 [M]. 北京：人民出版社, 1974.

[48] 马克思, 恩格斯. 马克思恩格斯选集（第4卷）[M]. 北京：人民出版社, 1995.

[49] 马时雍. 商业银行小微企业信贷研究 [M]. 北京：中国金融出版社, 2013.

[50] 阮铮. 金融支持研究 [M]. 北京：中国金融出版社, 2008.

[51] 史建平. 中国中小企业金融服务发展报告（2013）[M]. 北京：中国金融出版社, 2013.

[52] 王凤昭. 银企关系制度比较研究 [M]. 北京：人民出版社, 2001.

[53] 吴季松. 知识经济 [M]. 北京：科学技术出版社, 1998.

[54] 吴晓求. 中国资本市场（2011-2020）[M]. 北京：中国金融出版社, 2012.

[55] 杨再平, 闫冰竹, 严晓燕. 破解小微企业融资难最佳实践导论

[M]. 北京：中国金融出版社, 2012.

[56] 杨兆廷, 李吉栋. 自主创新的金融支持体系研究 [M]. 北京：经济管理出版社, 2009.

[57] 姚王信. 企业知识产权融资研究 [M]. 北京：知识产权出版社, 2012.

[58] 于春红. 我国高新技术企业融资体系研究 [M]. 北京：中国经济出版社, 2009.

[59] 袁纯清. 共生理论及其对小型经济的应用研究 [M]. 改革, 1998.

[60] 袁纯清. 金融共生理论与城市商业银行改革 [M]. 北京：商务印书馆, 2002.

[61] 约瑟夫·熊彼特. 经济发展理论 [M]. 孔伟艳译. 北京：北京出版社, 2000.

[62] 张捷. 结构转换期的中小企业金融研究 [M]. 北京：经济科学出版社, 2003.

[63] 张陆洋. 风险投资发展国际经验研究 [M]. 上海：复旦大学出版社, 2011.

[64] 张文彬. 小微企业信贷融资问题研究 [M]. 北京：经济科学出版社, 2012.

[65] 赵昌文, 陈春发, 唐英凯. 科技金融 [M]. 北京：科学出版社, 2009.

[66] 赵坚, 金岩. 微小企业贷款的研究与实践 [M]. 北京：中国经济出版社, 2007.

[67] 中国银监会完善小企业金融服务领导小组办公室. 小企业融资工作经验借鉴 [M]. 北京：中国民主法治出版社, 2007.

[68] 鲍国峰. 交通银行内蒙古分行发展中小企业融资业务的现状与对策研究 [D]. 内蒙古大学硕士论文, 2012.

[69] 卞彬. 集群融资与重庆小微企业融资机制创新的对策研究 [J]. 探索, 2013 (02).

[70] 卞闻. 韩国支持中小企业融资的四点经验 [N]. 中国改革报, 2009-12-12.

[71] 柴璞. 我国中小企业外部融资法律制度研究 [D]. 云南财经大学硕士论文, 2011.

[72] 陈晨. 我国中小企业融资困难的财政支持研究 [D]. 四川：西南财经大学硕士论文, 2012.

[73] 陈建明. 基于信息不对称的中小企业成长融资约束分析 [J]. 财会通讯, 2010 (35).

[74] 陈时兴. 对我国民间金融及其发展前景的思考 [J]. 宏观经济研究, 2005 (01).

[75] 程丽华. 对欠发达地区中小企业融资问题的调查与思考——以庆元县中小企业贷款难的问题分析为例 [J]. 时代金融, 2012 (07).

[76] 褚撄宁. 浅析小额信贷在国内发展的状况 [J]. 浙江金融, 2012 (07).

[77] 丛飞. 中小企业融资中的政府扶持体系研究 [J]. 陕西师范大学硕士论文, 2011.

[78] 陈勇青. 我国中小企业新要素资本配置研究 [D]. 山东：中国海洋大学硕士论文, 2010.

[79] 邓超, 敖宏等. 基于关系型贷款的大银行对小企业的贷款定价研究 [J]. 经济研究, 2010 (02).

[80] 邓吉宁. 解决中小企业融资难问题的美国经验与启示 [J]. 吉林金融研究, 2009 (08).

[81] 樊瑞莉. 我国中小企业的政策困境分析——以日本经验为借鉴 [J]. 管理学刊, 2013 (04).

[82] 付世俊. 我国大银行和中小企业共生关系研究 [D]. 湖南大学硕士论文, 2012.

[83] 付彦霞. 城市商业银行市场定位问题的思考 [J]. 河北金融, 2012 (04).

[84] 高太平. 加快中小企业发展的财税政策探讨 [J]. 企业经济, 2012 (01).

[85] 郭斌, 刘曼路. 民间金融与中小企业发展：对温州的实证分析 [J]. 经济研究, 2002 (10).

[86] 郭光耀. 经济周期波动中的金融摩擦：一个综述 [J]. 上海金融, 2012 (10).

[87] 郭建芳. 借鉴发达国家经验促中小企业公平发展 [J]. 现代商业, 2013 (12).

[88] 郭良. 中小型饭店业绩评价的现状分析 [J]. 中国证券期货, 2011 (03).

[89] 郭沛. 中国农村非正规金融规模估算 [J]. 中国农村观察, 2004 (02).

[90] 郭阳阳. 中国银行业上市公司资本结构的影响因素分析 [J]. 特区经济, 2011 (02).

[91] 贺琛, 宁洋洋. 对我国民间金融发展问题的思考 [J]. 金融与经济, 2011 (07).

[92] 何田. "地下经济"与管制效率：民间信用合法性问题实证研究 [J]. 金融研究, 2002 (11).

[93] 何自力, 徐学军. 一个银企关系共生界面测评模型的构建和分析：来自广东地区的实证 [J]. 南开管理评论, 2006 (04).

[94] 贾琼. 韩国小微企业融资及借鉴 [J]. 金融与经济, 2012 (05).

[95] 姜妮. 我国中小企业项目管理能力评价研究 [D]. 燕山大学硕士论文, 2011.

[96] 江曙霞, 秦国楼. 现代民间金融的政策与思考 [J]. 决策借鉴, 2000 (04).

[97] 金耀斌. 进一步完善中国农村金融体制改革的思考 [J]. 经济研究导刊, 2012 (08).

[98] 阚景阳. 西方中小企业融资约束问题研究回顾分析 [J]. 河北金融, 2011 (05).

[99] 李强, 魏巍. 共生理论在城市群研究中的应用研究综述 [J]. 榆林学院学报, 2010.

[100] 李晓玲. 温州民间金融与中小民营企业的共生关系研究 [D]. 山东财经大学硕士论文, 2013 (05).

[101] 李亚娟, 李元华. 民间金融与微小企业的共生演进 [J]. 福建商业高等专科学校学报, 2012.

[102] 李志赟. 银行结构与中小企业融资 [J]. 经济研究, 2002 (06).

[103] 林声强. 信贷配给与中小企业贷款难问题的探讨 [J]. 福建论坛 (人文社会科学版), 2006 (01).

[104] 林毅夫, 林永军. 中小金融机构发展与中小企业融资 [J]. 经济研究, 2001 (01).

[105] 林毅夫, 孙希芳. 信息、非正规金融与中小企业融资 [J]. 经济研究, 2005 (07).

[106] 林志伟. 对中小企业融资扶持的国际比较与启示 [J]. 福建金融, 2013 (3).

[107] 刘凤. 我国完善中小企业征信体系建设的对策建议 [J]. 经济视角 (中旬), 2011 (05).

[108] 刘泉红. 2012 年前三季度中小企业形势分析及政策建议 [J]. 中国物价, 2012 (10).

[109] 刘泉红, 刘方. 当前中小企业发展态势及政策建议 [J]. 中国经贸导刊, 2013 (01).

[110] 刘颖斐, 周帆. 我国上市银行不良贷款率及行业风险分析 [J]. 天津经济, 2014 (02).

[111] 刘社芳. 当前制约中小企业融资的深层次原因及对策 [J]. 金融发展研究, 2012 (06).

[112] 陆岷峰, 王虹. 完善与深化民间金融体制改革研究 [J]. 河北金融, 2013 (03).

[113] 罗德明, 奚锡灿. 金融契约与民间金融市场的局部性 [J]. 浙江大学学报 (人文社会科学版), 2010 (02).

[114] 马翠兵. 美国扶持小企业发展对策研究分析及启示 [N]. 安徽经济报, 2012 (10).

[115] 马素红. 多元化是银行业的改革方向 [J]. 金融博览, 2012 (06).

[116] 麦琳娜. 新疆中小企业发展的外部环境分析, 2014 (01).

[117] 莫易娴. 美国: 以融资政策鼓励中小企业创新 [N]. 中国财经报, 2006-2-24.

[118] 彭芳春. 中西部民间金融研究: 武汉特点与规模测算 [J]. 统计与

决策，2010（10）．

[119] 彭宏超．关于建立我国民间金融体系的探讨［J］．商业会计，2011（07）．

[120] 彭建刚，王睿．交易成本与地方中小金融机构发展的内在关联性［J］．财经理论与实践，2005（06）．

[121] 彭建刚，周鸿卫．发展极的金融支撑：我国城市商业银行可持续发展的战略选择［J］．财经理论与实践，2003（02）．

[122] 齐友发．美国中小企业融资经验及启示［J］．财会通讯，2011（06）．

[123] 邱宇．中小企业融资研究［D］．西南财经大学博士论文，2011．

[124] 任启哲，仪明金．我国民间借贷"阳光化"发展探析［J］．经济问题探索，2012（12）．

[125] 单传梅．中小企业融资困境与对策分析［D］．山东大学硕士论文，2013．

[126] 孙家胜．舒城县中小企业技术创新的现状、困难及对策［J］．安徽科技，2011（06）．

[127] 史晋川．温州模式：从人格化交易与非人格化交易视角的观察［J］．浙江经济，2004（05）．

[128] 时祝华．刍议中小企业融资难的原因及对策［J］．经济管理者，2012（08）．

[129] 谭颖．基于制度创新的中小企业创业环境研究［D］．中南大学硕士论文，2009．

[130] 田耘．后危机时代中国小微企业发展的政策支持研究［J］．经济研究导刊，2012（08）．

[131] 天津经济课题组，虞冬青，王黎明等．金改新征程［J］．天津经济，2014（02）．

[132] 王富强，王冠群．美国中小企业融资模式及启示［J］．中国金融，2011（09）．

[133] 汪国庆．基于金融共生理论的银行与保险关系研究［J］．金融与经济，2009（07）．

[134] 王合丽．基于民间金融视角的中小企业融资渠道［J］．经营与管

理，2012（03）.

[135] 王俊峰，王岩. 我国小微企业发展问题研究 [J]. 商业研究，2012（09）.

[136] 王美丽. 对巴彦淖尔市不同行业小微企业融资有关情况的调查 [J]. 内蒙古金融研究，2012（5）.

[137] 王淼. 我国中小企业融资难的原因及对策探究 [J]. 当代经济，2012（04）.

[138] 王秋实. 民间金融与中小企业融资 [D]. 北京：中国青年政治学院硕士论文，2012（05）.

[139] 王思洁. 高风险中小企业融资风险分担机制案例研究 [D]. 天津财经大学硕士学位论文，2012.

[140] 王晓迪. 我国中小商业银行流动性风险成因分析 [J]. 商场现代化，2012（07）.

[141] 王雪丽. 我国上市中小企业板上市公司融资效率实证研究 [D]. 山东农业大学硕士论文，2012.

[142] 王宇露. 银行共生机理、共生型和共生进化研究 [J]. 上海金融，2007（12）.

[143] 王珍珍，鲍星华. 产业共生理论发展现状及应用研究 [J]. 华东经济管理，2012（10）.

[144] 武宏波. 民间融资与小企业共生的经济学分析 [J]. 华北金融，2011（08）.

[145] 吴敏敏. 银行供给视角下我国中小企业融资难的因素分析及对策 [J]. 经济论坛，2010（11）.

[146] 吴文佳. 重庆市中小企业融资模式研究 [D]. 重庆工商大学硕士论文，2012.

[147] 吴欣欣. 民间借贷风险的形成机理及其规范化 [J]. 特区经济，2014（01）.

[148] 肖东升，石青. 基于共生理论在湖南3+5城市群经济一体化中的应用分析 [J]. 价值工程，2011（01）.

[149] 萧灼基. 启动民间投资是维持经济快速增长的重要途径 [J]. 中外

企业家, 2002 (10).

[150] 谢金, 龙玲. 基于金融共生理论的我国商业银行与保险的关系研究 [J]. 改革与开放, 2010 (22).

[151] 谢子远. 民营金融机构发展与中小企业融资创新——以台州商业银行为例 [J]. 创新, 2011 (01).

[152] 熊泽森. 中小企业信贷融资约束及其对策研究——从制度性约束和信息不对称视角考察 [J]. 财会通讯, 2011 (03).

[153] 徐洪才. 中国货币政策分析与展望 [N]. 政群时报, 2012-02-08.

[154] 徐建. 基于金融共生理论的我国社区银行发展研究 [D]. 苏州大学硕士论文, 2013.

[155] 徐丽, 刘朝晖. 金融共生理论对银行与保险关系的研究 [J]. 新疆财经学院学报, 2005 (04).

[156] 许宁. 吉林省中小企业与银行共生关系研究 [D]. 长春理工大学硕士论文, 2010.

[157] 徐伟. 中小企业技术进步面临的问题与对策建议 [J]. 经济研究参考, 2013 (06).

[158] 颜玉霞. 我国中小企业融资问题综述 [J]. 求知, 2013 (05).

[159] 杨鸿运. 民间金融与正规金融交互关系研究 [J]. 现代产业经济, 2013 (05).

[160] 杨明. 韩国: 扶持中小企业不遗余力 [N]. 经济日报, 2012-07-22.

[161] 杨婷婷. 我国中小企业融资问题研究 [D]. 山西财经大学硕士论文, 2013.

[162] 杨晓庆. 日本韩国中小企业融资研究 [D]. 吉林大学博士论文, 2013.

[163] 杨旸. 温州民间金融与区域经济发展的实证研究 [J]. 对外经贸, 2012 (11).

[164] 尹德洪. 商业集群、分工与市场的共生 [J]. 商业研究, 2013 (08).

[165] 尹楠, 李东泽. 全市银行业加大对小微企业的支持力度 [N]. 济宁日报, 2011-12-05.

[166] 游会龙，秦建华，涂志强．帮扶小微企业走出发展困境的对策[J]．中国井冈山干部学院学报，2012（09）．

[167] 油永华，牟萌．银行同非银行的金融机构间的共生能力评价[J]．消费导刊，2007（12）．

[168] 俞金金．全球化背景下中国中小企业融资制度研究[D]．河南农业大学硕士论文，2010．

[169] 虞群娥，李爱喜．民间金融与中小企业共生性的实证分析——杭州案例[J]．金融研究，2007（12）．

[170] 袁穆．信贷配给理论与关系融资理论研究综述[J]．经济研究导刊，2013（09）．

[171] 袁中兵．基于信息不对称的中小企业融资困境分析[J]．当代经济，2011（16）．

[172] 恽少景．中小企业信用担保体系建设国际经验及对我国的启示[J]．环渤海经济瞭望，2013（09）．

[173] 应晓燕．温岭民间融资思考[J]．统计科学与实践，2012（08）．

[174] 詹文渊．两岸投资环境及产业升级发展研究[D]．云南大学博士论文，2012．

[175] 张捷．中小企业的关系型借贷与银行组织结构[J]．经济研究，2002（06）．

[176] 张菊朋．小微企业融资的实际态势与中长期情况[J]．改革，2013（09）．

[177] 张建国．大银行服务小微企业的金融模式[J]．中国金融，2013（06）．

[178] 张军．中小企业融资途径优化问题研究[D]．山东财经大学硕士论文，2012．

[179] 张倩倩．共生关系与中小企业融资模式的创新研究——兼论我国"社区银行"的构建[J]．区域金融研究，2012（11）．

[180] 张沁．共生原理下民间金融生态秩序将调整[J]．中国证券期货，2012．

[181] 张曙光．民间金融活动不宜管死[J]．中国国情国力，2001（06）．

[182] 张同功. 我国老龄产业融资支持体系研究 [D]. 北京:中国社会科学院研究生院博士论文, 2012.

[183] 张维迎. 金融圈里的3枚伏雷 [J]. 资本市场, 1998 (08).

[184] 张维迎. 中国企业的生存环境与经济学家的社会责任 [J]. 中国企业家, 2004 (14).

[185] 张讯. 当前小微企业发展的现状与困境分析——以济南市为例 [J]. 福建省社会主义学院学报, 2013 (10).

[186] 张瑶瑶. 财政资金多维度扶持中小企业发展 [N]. 中国会计报, 2012-3-23.

[187] 张亿. 小企业融资难破解途径探析:民间信贷的体制内转化 [D]. 上海外国语大学硕士论文, 2010.

[188] 张占斌, 程书华. 促进中小微企业健康发展的建议 [J]. 中小企业管理与科技, 2012 (02).

[189] 赵立成. 国内保理业务风险分析及防范建议 [J]. 河北金融, 2012 (05).

[190] 赵良臣. 基于社会资本的集群私营企业融资问题研究 [D]. 南京农业大学硕士论文, 2010.

[191] 赵晓琳. 科技部力推国家级创导基金 [N]. 上海证券报, 2012-11-20.

[192] 赵雪霞. 青岛市中小企业融资问题研究 [D]. 西南财经大学硕士论文, 2012 (03).

[193] 赵鑫. 我国金融抑制背景下的民间金融发展 [J]. 发展研究, 2012 (11).

[194] 赵玉珍. 构建中小企业征信体系化解融资难题 [J]. 金融预警机, 2012 (07).

[195] 赵玉珍. 科技型中小企业融资信息不对称及其破解模型研究 [J]. 科技进步与对策, 2013 (09).

[196] 赵玉珍. 中小企业融资视角下我国社区银行发展的模式选择 [J]. 金融与经济, 2013 (04).

[197] 赵越. 影响中小企业发展的财政政策分析 [J]. 中国商贸, 2013

（03）．

[198] 郑婧渊．我国金融支持高科技中小企业发展研究［D］．天津财经大学硕士论文，2010．

[199] 周浩．企业集群的共生模型及稳定性分析［J］．系统工程，2003（04）．

[200] 周勤．商业银行小微金融业务的创新与管理［D］．浙江大学硕士论文，2013．

[201] 周再清，彭建刚．农村金融协调发展：理论依据与经验借鉴［J］．财经理论与实践，2012（09）．

[202] 朱军先，童军，吴克文，熊福平．中小企业融资的国际经验和政策选择［J］．新金融，2011（02）．

[203] 朱坤林．中小企业融资理论综述［J］．商业研究，2011（5）．

[204] 庄佳林．支持我国中小企业发展的财政政策研究［D］．财政部财政科学研究所博士论文，2011．

[205] 祝健，沙伟婧．发展产业集群是降低小微企业融资成本的新思路［J］．经济纵横，2013（04）．

[206] 邹洪．四川民营小企业发展政策研究［D］．西南财经大学硕士论文，2011．

[207] 左梦瑶．当前民间金融与中小企业发展关系初探［J］．中外企业家，2013（05）．

后 记

尽管中小企业对于我国经济发展和社会稳定具有重要作用，但是中小企业在融资过程中始终处于劣势地位，与各融资主体之间处于不对等的关系，单纯研究金融体系创新来支持中小企业发展的操作性不是很强。在现代经济中，企业与金融已经成为经济发展的两大重要引擎，两者相互融合，共生共荣，形成了一种唇齿相依的共生关系。因此本书从金融共生理论的视角出发，将中小企业和信贷机构看作是一个系统中紧密联系、相互依存的共生单元，通过一定的方式相互作用或者结合，构建了中小企业信贷融资支持体系。这不仅将中小企业和信贷机构紧密地联系在一起，而且有助于改善中小企业的弱势地位、降低信贷机构的风险，有效地缓解中小企业融资难题，推动整个社会的进步和国民经济的发展。

本书是以我的博士论文为基础修改和扩充而成的，在此首先要感谢我的导师臧跃茹研究员，臧老师不仅学识渊博、学风严谨，而且具有非凡的人格魅力，无论在学习上还是在生活上都给予了我无微不至的帮助。导师严谨的治学态度、乐观的生活态度，将是我一生学习的典范。同时感谢投资系的王一鸣老师、陈东琪老师、刘福垣老师、曹玉书老师、张长春老师、罗云毅老师、肖金成老师、刘立峰老师、程翼老师和杜月老师的帮助和指导。

其次，感谢我的先生对家庭的照顾和对我无微不至的关心，先生一直是我生活的导师，正因为有了先生的帮助，才成就了今天的我。感谢女儿锦仪的乖巧懂事和对妈妈的理解，博士生活的第一年我全年在北京学习，读幼儿园大班的女儿因故转入新的幼儿园，女儿既要适应妈妈不在身边的日子，又要适应新幼儿园的老师和小朋友，每每听到电话中啼哭的声音，我都对女儿充满了无限的愧疚！感谢我所有的家人，是你们的支持让我不断前进！！

最后，感谢青岛科技大学的领导和同事，在我博士学习期间，无论是课程安排还是教研学习上都给予了我很多帮助和照顾，使我有时间和精力投入到博士论文的写作中。

再次向所有关心我的师长、亲人和同学们致以最诚挚、最衷心的感谢！

赵玉珍

2014 年 4 月 18 日